Dominikanische Republik

Ulrich und Stephanie Fleischmann

Reise-Taschenbuch

Inhalt

Schnellüberblick	6
Tropische Neue Welt	8
Lieblingsorte	10

Reiseinfos, Adressen, Websites

Informationsquellen	14
Wetter und Reisezeit	16
Rundreisen planen	17
Anreise und Verkehrsmittel	20
Übernachten	22
Essen und Trinken	24
Sport- und Aktivurlaub	27
Feste und Veranstaltungen	30
Reiseinfos von A bis Z	32

Panorama – Daten, Essays, Hintergründe

Steckbrief Dominikanische Republik	42
Geschichte im Überblick	44
Die Tainos	50
Der Schatz der Nuestra Señora de la Concepción	52
Piraten in der Kathedrale	54
Die Väter der Unabhängigkeit	56
Tod eines Diktators	58
Die kreolische Kultur	61
Karibische Klänge: die Merengue	63
Nuestra Señora de la Altagracia – zwischen Frömmigkeit und Kult	66
Tabak und Rum braucht der Cowboy	68
Abenteuer Straße	72
Kindheit und Jugend	74
Ein Leuchtturm für Kolumbus	76
Der Macho – ein verwundeter Kampfhahn	78
Die Republik und Haiti – eine schwierige Nachbarschaft	80

Inhalt

Unterwegs in der Dominikanischen Republik

Santo Domingo	86
Hauptstadt der Gegensätze	88
Die Altstadt	89
Der Malecón und die Neustadt	120
Das Ostufer des Ozama	129
Das Landesinnere	134
Von hohen Bergen und fruchtbaren Tälern	136
Die Carretera Duarte	137
Von Villa Altagracia nach Bonoa	138
In der Cordillera Central	139
Von San José des Ocoa nach Constanza	140
Constanza	141
Jarabacoa	143
Zum Pico Duarte	145
Weitere Wanderungen und Ausflüge	147
Im Cibao-Tal	147
La Vega	148
Santo Cerro und La Vega Vieja	153
Moca und Salcedo	154
Santiago de los Caballeros	154
Der Westen des Cibao	163
Von Santiago nach Dajabón, Dajabón	163
An der Grenze zu Haiti, Carretera Internacional	165
Puerto Plata und die Nordküste	166
Feine Badebuchten und alte Strände	168
Die Region Puerto Plata	168
Die Stadt Puerto Plata	170
Die Küste westlich von Puerto Plata	177
Playa Cofresi und Playa Maimón, Luperón	177
El Castillo und La Isabela	182
Punta Rucia	183
Monte Cristi	184
Sosúa und die Küste bis Samaná	188
Wellen, Winde und Wale	190
Sosúa	190
Cabarete	198
Der Weg nach Samaná	201
Gri-Gri	201

Inhalt

Cabo Francés Viejo	202
Nagua	202
Die Halbinsel Samaná	204
Santa Bárbara de Samaná	205
Las Galeras	210
Las Terrenas	213
Sánchez	218
Der Nationalpark Los Haitises	218
Der Osten	**220**
Badeorte und Zuckerrohrland	**222**
La Caleta und der Parque Submarino	222
Boca Chica	224
Juan Dolio und Guayacanes	226
San Pedro de Macorís	228
Cueva de Maravillas	230
La Romana	230
Casa de Campo	231
Bayahibe	234
Die Isla Saona und der Parque Nacional del Este	234
Boca de Yuma	237
San Rafael de Yuma	240
Higüey	240
Von Punta Cana zur Samaná-Bucht	242
Die Ferienregion Punta Cana	242
Playa de Bávaro	243
Cap Cana	245
El Cortecito	245
Die Lagunen Redonda und Límón und Miches	246
Sábana de la Mar	247
Der Südwesten	**248**
Unbekannte Welten entdecken	**250**
Auf der Zuckerroute	251
San Cristobál und La Toma	251
Baní	256
Azua	257
Das Tal von San Juan	260
An der haitianischen Grenze	261
San Juan und Umgebung	261
Im Zentrum Maguanas	261
Elias Pina	264
Die Enriquillo-Senke	264
Auf der Nordroute zum Lago Enriquillo	264
Am Lago Enriquillo	268
Jimaní	269

Inhalt

Die südliche Route am See	269
Barahona	271
Küstenstraße der Sierra de Baoruco	272
Nationalparks auf der Baoruco-Halbinsel	278
Besuch in der Sierra de Baoruco	278
Im Jaragua-Nationalpark	278
Pedernales	279
Sprachführer	280
Kulinarisches Lexikon	282
Register	285
Abbildungsnachweis/Impressum	288

Auf Entdeckungstour

Santa María la Menor	94
Der Alcázar de Colón	106
Der Santo Cerro und La Vega Vieja	150
Centro León – ein Land entdeckt seine Kultur	158
La Isabela	178
Der Wasserfall von Limón	214
Altos de Chavón	232
Boca de Yuma	238
Die »Zuckerroute«	252
Isla Cabritos	266

Karten und Pläne

Santo Domingo: Die Altstadt	90
Santa María la Menor	98
Der Alcázar de Colón	108
Santo Domingo: Der Malecón und die Neustadt	124
La Vega Vieja	151
Santiago	156
Puerto Plata	174
La Isabela	180
Der Wasserfall von Limón	215

▶ Dieses Symbol im Buch verweist auf die
Extra-Reisekarte Dominikanische Republik

Schnellüberblick

Puerto Plata und die Nordküste
Westlich der größen Stadt des Nordens, Puerto Plata, rücken die Gebirgszüge der Nordkordilleren immer näher an die Küste heran. Die Landschaft ist bewegt, abwechslungsreich, aber verkehrstechnisch auch schwer zu erschließen. Es ist eine Gegend des Individualtourismus in kleinen, voneinander durch Vorgebirge getrennten Badebuchten. S. 166

Das Landesinnere
Es besteht aus zwei gegensätzlichen Teilen – auf der einen Seite die dünn besiedelten Zentralkordilleren mit ihren teilweise über 3000 m hoch aufragenden Gipfeln, auf der anderen Seite der dicht besiedelte Cibao, die »Kornkammer« des Landes, der zugleich auch eine vielfältige Kulturlandschaft mit großen Städten und wohlhabenden Dörfern ist. S. 134

Der Südwesten
Das heiße Karstgebirge von Baoruco, die schwüle Senke um die zentralen Salzseen, die unendlichen Zuckerfelder und schließlich das abgelegene Bauernland des Tals von San Juan sind Eckpunkte einer landschaftlichen Vielfalt, die ihresgleichen in der Karibik sucht. S. 248

Sosúa und die Küste bis Samaná
Östlich von Puerto Plata begleitet die Straße die Küste und führt zu den größten und beliebtesten Badestränden des Landes mit ihren Hotelpalästen, den Sport- und Amüsierangeboten in der Umgebung der Palmenwälder und der grandiosen Natur der ›wilden‹ Halbinsel Samaná. S. 188

Der Osten
Flach, trocken, sonnenverbrannt – ein Land der Zuckerrohrfelder und Rinderfarmen, an dessen südlichen Küstenrändern aber auch die langen, palmenbestückten Sandstrände von Julio, Bayahibe, Punta Cana und Bávaro locken. S. 220

Die Hauptstadt Santo Domingo
Die älteste Stadt des spanischen Amerika mit gotischem Bauensemble im historischen Zentrum ist zugleich die größte Stadt der Karibik. Sie zeigt mit ihrer schönen Altstadt und den breiten Avenuen der Neustadt einerseits und den großen Elendsquartieren andererseits ein doppeltes Gesicht. S. 86

Die Autoren

Mit Ulrich und Stephanie Fleischmann unterwegs
Ulrich Fleischmann hat als Dozent für Lateinamerikanistik an der FU Berlin mit dem Schwerpunkt Karibistik unzählige Male die Antillen besucht – darunter immer wieder die Dominikanische Republik, wo er als Gastredner der Feierlichkeiten zum 500sten Jubiläum der Entdeckung Amerikas auftrat. Stephanie Fleischmann, seine Tochter, arbeitete als Dozentin für spanische/lateinamerikanische Kulturwissenschaft an der Universität Mainz und hat derzeit ein Forschungsstipendium am Lateinamerika-Institut FU Berlin. Der Reiseführer ist das Ergebnis ihrer Zusammenarbeit.

Tropische Neue Welt

Wenn sich nach stundenlangem Flug über den Atlantik langsam Land abzeichnet und immergrüne Wälder sichtbar werden, gesäumt von Sandstränden und dem zwischen hellen Türkistönen und dunklem Blau changierenden Meer, dann versteht man Kolumbus, der Hispaniola, ›die Spanische‹, seine Lieblingsinsel nannte. Er bezeichnete sie wegen ihrer lieblichen Buchten, Täler und Ebenen sowie der höchsten Berge der Karibik zu Recht als »Naturwunder«. Das Grün der Vegetation, das Weiß des Sandes und das Blau des Wassers sind die dominierenden Farben. Zusammen mit den warmen Passatwinden bereiten sie dem aus dem europäischen Winter Anreisenden ein glückliches Willkommen.

Willkommen fühlt man sich auch in der Mitte des dominikanischen Lebens: Es ist stark auf den menschlichen Kontakt und die Straße ausgerichtet. Am liebsten sitzt man hier auf der offenen Veranda der kleinen karibischen Häuschen im gedrechselten Schaukelstuhl und befindet sich in ständiger Kommunikation mit den Vorbeifahrenden und Spaziergängern. Abends versammelt man sich zu lautstarker Merengue-Musik um die örtliche Bar. Reisende werden hier sofort mit großer Neugierde und Hilfsbereitschaft einbezogen und gerne auch gleich in geschäftliche Beziehungen verwickelt.

Fern vom Massentourismus: die ›andere‹ Seite der Republik
Es lohnt sich, die enge Welt der Hotels und der abgesteckten Strandzonen zu verlassen und durch die Gassen zu schlendern, vorbei an Gesprächsrunden vor den *colmados*, den Gemischtwarenläden, in den *frituras*, den Garküchen am Straßenrand, den frittierten Fisch mit Kochbananen zu kosten und in den *balnearios*, den Naturbädern, abseits vom Tourismus ein Badevergnügen dominikanischer Art auszuprobieren. Auch den stolzen Kampfhahnbesitzern in ihre Arena zu folgen ist ein Erlebnis oder ganz einfach land-

Ein bezaubernder Anblick: die Costa de Coco

einwärts zu wandern, vorbei an den unter Bananenstauden und Maniokpflanzen versteckten bunten Holzhäusern, den noch mit Ochsengespannen pflügenden Bauern, den Reitern und heimkehrenden Marktfrauen. Abends, zum Strand zurückgekehrt, bewundert man bei einem Gläschen Rum auf dem wackeligen Holzstuhl die untergehende Sonne und wartet auf den gebratenen Fisch, den die Fischersfrau mit Reis und Bohnen servieren wird.

Eintauchen in die karibische Großstadt

Im krassen Gegensatz zu dieser ländlichen Ruhe steht die Millionenmetropole Santo Domingo, in der fast die Hälfte aller Dominikaner lebt – der problematische Brennpunkt, in dem Alt und Neu, Reich und Arm direkt aufeinanderprallen. Es ist eine arme und zudem sehr karibische Welt, gefüllt mit Menschen, überlauter Radiomusik, ratternden und hupenden Autos und Abfällen. Zwischen den Fahrzeugen erkämpfen sich Fußgänger ihren Weg, denn die Bürgersteige sind mit Kiosken, Karren und Plastikmatten der Händler besetzt, alle bestückt mit Ghettoblastern und den neuesten Merengue-CDs. Fällt, was nicht gerade selten passiert, auch noch der Strom aus, so brüllen Dutzende von knatternden japanischen Generatoren vor den Geschäften und setzen zusätzlich Akzente im allgemeinen Geräuschchaos.

Santo Domingo: geschichtsträchtige Wiege der Neuen Welt

Aber die dominikanische Hauptstadt hat auch ihre Oasen: die koloniale Altstadt, teils noch von Mauern umgeben, mit ihren engen Gassen, die sich zu Plätzen und Kirchen einer großen Zeit hin öffnen. Das einzige gotische Bauensemble der Neuen Welt hat die Bausünden einer geschichtsunkundigen Zeit überlebt und ist heute, geputzt und restauriert, ein Leckerbissen für den kunstsinnigen Spaziergänger, der hier schöne Details aus Gotik, Renaissance oder Barock entdecken wird. Zuletzt wird er fast zwangsläufig wieder auf dem Platz vor der Kathedrale ankommen, auf dem Kolumbus steht und mit großer Geste auf die schönste Insel seiner Entdeckungen weist.

Mit den Füßen im Balneario San Rafael wird jedes Picknick zum Fest, S. 274

Blick vom Café El Conde in die gleichnamige Gasse, S. 111

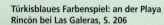

Lieblingsorte!

Türkisblaues Farbenspiel: an der Playa Rincón bei Las Galeras, S. 206

Zum Träumen schön: die Terrasse des Hotels Todo Blanco, S. 211

Kitesurfen am Strand von Cabarete, S. 196

Die Küsten vor dem tiefsten Punkt des Atlantiks: das Cabo Francés Viejo, S. 203

Die Reiseführer von DuMont werden von Autoren geschrieben, die ihr Buch ständig aktualisieren und daher immer wieder dieselben Orte besuchen. Irgendwann entdeckt dabei jede Autorin und jeder Autor seine ganz persönlichen Lieblingsorte. Dörfer, die abseits des touristischen Mainstream liegen, eine ganz besondere Strandbucht, Plätze, die zum Entspannen einladen, ein Stückchen ursprüngliche Natur – eben Wohlfühlorte, an die man immer wieder zurückkehren möchte.

Die Ruinen von Engombe zeugen vom einstigen Zuckerboom, S. 258

In den idyllischen Ruinen des Franziskanerklosters, S. 102

Reiseinfos, Adressen, Websites

Plátanos, Kochbananen, sind in der Dominikanischen Republik allgegenwärtig

Informationsquellen

Infos im Internet

www.godominicanrepublic.com
Offizielle Website der Secretaría de Estado de Turismo mit Infos zu Kultur, Geschichte, Kunst und Freizeitangeboten, mit interaktiver Landkarte und aktuellen Veranstaltungshinweisen. In diversen Sprachen, auch Deutsch, verfügbar.

www.domrep-magazin.de
Internetzeitschrift mit deutschsprachigen Artikeln zu aktuellen Themen und Ereignissen in der Dominikanischen Republik, z. T. auf Boulevard-Niveau.

www.provinciasdominicanas.org
Internetportal auf Spanisch zu den einzelnen Provinzen, das in erster Linie eine Auswahl an interessanten Lokalnachrichten liefert.

www.domrep.ch
Weit gefächerte Schweizer Website, die Links zu Hotels und andere Diensten anbietet. Mit einem breiten Diskussionsforum, das sich vor allem aus Insiderquellen und »Tratsch« nährt.

www.dominican-republic.de
Touristikportal der Dominikanischen Republik in deutscher Sprache. Es gibt die Möglichkeit zur Flug- und Hotelsuche und Buchung von Pauschalreisen. Außerdem bietet diese Seite eine Liste wichtiger Adressen, Kartenmaterial und allgemeine Reiseinformationen sowie einen Link zu Kinder-Hilfsprojekten.

www.dominikanische-republik2000.de
Internetseite mit zahlreichen touristischen Informationen zu Sehenswürdigkeiten, Währung, Wetter. Die Seite bietet auch einen Zugang zum Fahrplan von Caribe Tours bietet, einer der größten Busgesellschaften des Landes.

www.dominicanadventures.com
Internetführer für Freizeitaktivitäten, Abenteuertouren und Extremsport, mit einigen Hintergrundinformationen zum Land. Ausführliche Beschreibung der einzelnen Nationalparks. Auf Englisch.

www.turismosantodomingo.com
Website mit praktischen Tipps für Flug- und Hotelsuche, generellen Informationen zur Landeskultur und diversen Hinweisen zu touristischen Attraktionen, einzelnen Städten und Regionen. Auf Spanisch.

www.dumontreise.de
Weitere Informationen zur Reisevorbereitung und ständig aktualisierte Internetadressen auf der Seite des Du-Mont-Reiseverlags.

Fremdenverkehrsämter

... in Deutschland
Fremdenverkehrsamt der Dominikanischen Republik
60313 Frankfurt, Hochstraße 54, Tel. 069 91 39 78 78, Fax 069 28 34 30, germany@godominicanrepublic.com. Es ist das einzige Büro im deutschsprachigen Europa. Prospekte werden nur gegen Gebühr zugestellt oder ausgegeben.

... in der Dominikanischen Republik
Secretaría de Estado de Turismo
Santo Domingo, Av. México/Calle 30 de Marzo, Tel. 809 221 46 60/61, Fax 809 682 38 06, info@sectur.gov.do. Diese Hauptanlaufstelle ist sehr bürokratisch, wenig ergiebig und nicht beson-

Reiseinfos

ders gut organisiert. Meist wird man mit Lesematerial abgespeist.

Besser ist die kompetente und freundliche Stadtinformation im
Palacio Borgella
Santo Domingo, Calle Isabel la Católica 103, Tel. 809 686 38 58

Empfehlenswert ist ebenso die
Touristeninformation in Puerto Plata:
Puerto Plata, Calle José del Carmen Ariza 45 (beim Parque Central), Tel. 809 586 36 76, Fax 809 586 38 06

Auskunft über Nationalparks

Informationen zur geografischen Lage, den touristischen Besonderheiten und der Flora und Fauna der Umweltschutzzonen liefert die Webseite des Umweltministeriums **www.ambiente.gob.do/**.

Subsecretaría de Áreas
Protegidas y Biodiversidad
Santo Domingo, Av. Reyes Católicos/Ecke Av. Máximo Gómez, Tel. 809 4 72 42 04, Fax 809 472 40 12, areas.protegidas@medioambiente.gov.do

Inzwischen verfügen auch viele Touristenorte über eigene Auskunftsbüros und in kleineren Städten erteilen teilweise sogar die Rathäuser Auskünfte. Man sollte hier jedoch nicht zu viel erwarten; Hotelbedienstete sind oft kompetenter.

Angaben zu den einzelnen Informationsstellen finden Sie im Reiseteil »Unterwegs in der Dominikanischen Republik« jeweils vor Ort (ab S. 84).

Lesetipps

Alvarez, Julia: Die Zeit der Schmetterlinge. Piper, München 2001. Ein literarisches Denkmal zum Leben und Tod der drei, unter Trujillo ermordeten Schwestern Mirabal (s. S. 155).
Alvarez, Julia: Im Namen der Salomé. Piper, München 2001. Eine Reverenz an die Nationaldichterin der Republik – Salomé Ureña de Henríquez.
Cousteau, Jacques: Silberschiffe. Droemer/Knaur, München 1983. Berichte und Geschichten um die versunkenen Schiffe der spanischen Silberflotten in der frühen Kolonialzeit.
Fichte, Hubert: Petersilie. Die afroamerikanischen Religionen – Santo Domingo, Venezuela, Miami, Grenada. Fischer, Frankfurt 1980. Immer noch sehr lesenswert – präzise gezeichnete, sehr subjektive und teilweise auch polemische Stimmungsbilder des weit gereisten Autors.
Gewecke, Frauke: Der Wille zur Nation. Nationsbildung und Entwürfe nationaler Identität in der Dominikanischen Republik. Vervuert, Frankfurt 1996. Empfehlenswerte, anspruchsvolle Darstellung dominikanischer Geschichte und Gegenwart.
Kolumbus, Christoph: Bordbuch. Insel, Frankfurt 2006. Der Klassiker der Entdeckungsgeschichte.
Díaz, Junot: Das kurze wundersame Leben des Oscar Wao. S. Fischer, Frankfurt 2009. Roman über eine Familie, die von der Trujillo-Diktatur zerstört wird und später zwischen Santo Domingo und New Jersey hin- und hergerissen ist. Für das innovative Erzählwerk bekam Díaz den angesehenen Pulitzerpreis.
Vargas Llosa, Mario: Das Fest des Ziegenbocks. Suhrkamp, Frankfurt 2001. Der bekannte peruanische Autor beschreibt die letzten Tage des Diktators Trujillo und reflektiert zugleich durch ein raffiniertes literarisches Arrangement die Schwierigkeiten der heutigen dominikanischen Gesellschaft, mit der Erinnerung an diese grauenhafte Zeit fertigzuwerden.

Wetter und Reisezeit

Klima

Grundsätzlich hat die Dominikanische Republik ein typisch ›karibisches‹, also tropisches Klima mit einer hohen Luftfeuchtigkeit, plötzlich auftretenden, sturzbachartigen Regenfällen und einer relativ beständigen Temperatur, die in Santo Domingo das ganze Jahr hindurch im Durchschnitt etwa 25 °C beträgt. Dies gilt auch für tageszeitlich bedingte Temperaturunterschiede.

Die Differenz zwischen der morgendlichen Kühle und der mittäglichen Hitze beträgt statistisch zwar nur etwa 8 °C . Das heißt allerdings nicht, dass es an Stellen, die dem Wind ausgesetzt sind, sowie in größeren Höhen nicht auch wesentlich kühler werden kann. Dies gilt vor allem für die Zentralkordilleren, in denen die winterlichen Temperaturen sogar den Gefrierpunkt unterschreiten können.

Klimadiagramm von Santo Domingo

Regenzeiten

Aufgrund dieser Temperaturen gibt es für die Dominikanische Republik keine besonderen Reisezeiten. Sie sollten jedoch in jedem Fall berücksichtigen, dass es in bestimmten Monaten erheblich öfter und sehr viel ausgiebiger regnet als in anderen:

Eine längere Regenzeit herrscht von Mai bis August, eine zweite, etwas kürzere im November und Dezember. Doch auch in diesen Monaten folgt auf überraschende Regengüsse wieder ein klarer Himmel. Die längeren Perioden ›schlechteren‹ Wetters in den Sommermonaten weisen oft darauf hin, dass in der Nachbarschaft ein Hurrikan tobt.

Auch die Dominikanische Republik wird immer wieder von tropischen Wirbelstürmen heimgesucht, die aufgrund des Klimawandels tendenziell häufiger und dramatischer werden. Aber der karibische Raum wird sehr gut mit langfristigen Wetterprognosen versorgt, sodass man genügend Zeit hat, um seine Reiseplanungen danach auszurichten.

Kleinklimazonen

Die sehr gebirgige Natur bringt es mit sich, dass die Insel in unterschiedliche ›Kleinklima‹-Zonen aufgeteilt ist, die fast übergangslos nebeneinander liegen und daher gut zu beobachten sind. So liegt die kühlste Zone der östlichen Zentralkordilleren in der Luftlinie nur wenige Kilometer von der stickig-heißen Enriquillo-Senke entfernt.

Die Höhe der Gebirge und die Windseite bestimmen auch die jeweilige Niederschlagsmenge. In den höher ge-

Reiseinfos

legenen Gegenden nimmt sie vor allem auf der nordöstlichen Seite dramatisch zu (ebenfalls in den Zentralkordilleren, was wiederum die große Fruchtbarkeit des Cibao-Tals bedingt). Auf der anderen Seite ist sie dort am geringsten, wo Ebenen im Windschatten, d. h. auf der Lee-Seite von Gebirgen liegen und die Regen bringenden atlantischen Passatwinde abhalten. So finden sich größere Trockenzonen vor allem im äußersten Nordwesten der Republik im weiteren Umkreis von Monte Cristi und im Südwesten um die Stadt Azua, die Enriquillo-Senke und das Baoruco-Gebirge.

Wassertemperaturen

Die Wassertemperaturen liegen in der Karibik im Durchschnitt bei 28 °C im Sommer und 26 °C im Winter.

Am Atlantik betragen die Temperaturen während der Sommermonate etwa 26 °C, im Winter liegen sie etwa 2 °C tiefer; in den Lagunen klettern sie bis auf 30 °C.

Rundreisen planen

Der Karte nach ließe sich eine Rundreise durch alle Landesteile wohl durchführen, in der Praxis sieht es jedoch anders aus, denn die an der haitianischen Grenze entlangführende Nord-Süd-Verbindung ist selbst mit einem geländetauglichen Fahrzeug nur schwer zu bewältigen. Das Gleiche gilt für die Nord-Süd-Verbindung durch die Cordillera Central, hier gibt es einige schlechte Straßenabschnitte, deren aktueller Zustand auch von den Wetterbedingungen abhängt und daher im Einzelnen vorher bei den Einheimischen erfragt werden sollte. Auch den abgelegenen Südwesten lohnt es zu erkunden, vor allem für alle, die Hitze, Natur und Einsamkeit lieben.

Eine optimale Rundreise ist auch die vorgeschlagene Route durch den Osten und Norden nicht, da sie verschiedene Abstecher zu abseits gelegenen Sehenswürdigkeiten beinhaltet, die man bequem nur mit eigenem Fahrzeug erreichen kann (z. B. La Isabela).

Zu beachten ist bei dieser Route insbesondere, dass die Fähre von Sábana de la Mar zur Halbinsel Samaná nicht für Motorfahrzeuge eingerichtet ist (ein leichtes Motorrad bringt man mit Vorsicht, gutem Zureden und Trinkgeld noch unter).

Um den Norden und Osten zu bereisen, gibt es daher folgende Alternativen: Wer mit einem eigenen Fahrzeug unterwegs ist und daher nicht mit der Fähre übersetzen kann, zerteilt die Rundreise am besten in zwei Abschnitte – den Osten und den Norden – und kehrt dazwischen nach Santo Domingo zurück.

Wer zumindest für einen Teil des Weges – vorzugsweise für den östlichen Abschnitt – öffentliche Transportmittel verwendet, kann dagegen eine komplette Rundreise unternehmen.

La Romana und Higüey können ohne Probleme mit dem Bus erreicht werden. Auch die Strecke nach Sábana de la Mar wird von *colectivos* bedient, meist von robusten Pick-ups.

In Miches muss man meist umsteigen. Nach der Überfahrt nach Santa Bárbara de Samaná kann man sich ein Fahrzeug mieten (im Allgemeinen aber nur Motorräder), von hier aus führen jedoch auch bequeme Überlandbusse (Caribe Tours) nach Sosúa

Reiseinfos

und Puerto Plata, wo Leihwagen für die Weiterreise verfügbar sind. Im Einzelnen könnte eine Rundreise folgendermaßen aussehen:

Rundreise durch den Norden und Osten

Für diese Rundreise sollten mindestens zwölf Tage Zeit eingeplant werden.
1. Tag: Man verlässt Santo Domingo in Richtung Osten auf der zum Flughafen führenden Autobahn. Bevor man diesen erreicht, lohnt ein kurzer Besuch in Caleta. Auf dem Weg nach Romana können Strandliebhaber in Boca Chica einen Halt einlegen, Stadtinteressierte einen Rundgang durch San Pedro de Macorís unternehmen.
2. Tag: Badeausflug nach Bayahibe. Beabsichtigt man einen Ausflug mit dem Boot zur Insel Saona, so sollte man sich spätestens um 10 Uhr am Strand von Bayahibe einfinden.
3. Tag: Weiterfahrt bis nach Higüey (35 km), Besichtigung der Kathedrale. Die landschaftlich reizvolle Weiterfahrt über Miches nach Sábana de la Mar (85 km) sollte man nur mit einem robusten Fahrzeug unternehmen. Auf der Strecke lohnt sich auch ein Abstecher (11 km) zum schönen Strand von Macao. Alternative: die bequemere Straße durchs Landesinnere über El Seibo und Hato Mayor (103 km).

4./5. Tag: Mit der Fähre von Sábana de la Mar nach Samaná (sehr schöne Überfahrt von einer Stunde, kein Transport von Autos). Von hier aus lassen sich die Strände der Umgebung erkunden und ein Ausflug in das schöne Innere der Halbinsel unternehmen. Ein paar Tage Strandurlaub lassen sich im ruhigen Las Galeras oder im betriebsamen Las Terrenas einlegen.
6. Tag: Von Santa Bárbara de Samaná direkt über Sánchez oder von Las Terrenas über die Passstraße mit Aussicht über die ganze Halbinsel nach Nagua, zum Cabo Francés Viejo (Aussichtspunkt, Naturschutzpark), über Río San Juan (Laguna Gri-Gri) nach Sosua auf einer schönen Küstenstraße (155 km). Zahlreiche Übernachtungsmöglichkeiten in Sosua und Puerto Plata.
7. Tag: Von Sosua nach Puerto Plata (25 km). Besuch der schönen Strände um diese beiden Orte, Besichtigung von Puerto Plata.
8. Tag: Von Puerto Plata nach Luperón (Strand) und La Isabela (Besichtigung des Ruinenfeldes, 42 km). Von hier zur Autopista Duarte und durch eine zusehends trockener werdende Landschaft nach Monte Cristi (133 km, günstige Übernachtungsgelegenheiten dort).
9. Tag: Besichtigung von Monte Cristi (Platz mit Uhrenturm, Salzfelder nördlich der Stadt). Fahrt nach Dajabón (35 km, Grenze nach Haiti) und von dort auf guten Straßen über Sabaneta nach Santiago de los Caballeros.
10/11. Tag: Von Santiago (Altstadt) über den Cerro Santo und die Ausgrabungsstätten von La Vega Vieja nach La Vega und am besten zum Übernachten noch weiter in die Urlaubsorte der Cordillera Central: nach Jarabacoa (hin und zurück 60 km) oder Constanza über die aufregende Passstraße (hin und zurück 140 km). In beiden Orten lohnt es sich, einen Tag mit Ausflügen und Outdooraktivitäten zu verbringen.

Reiseinfos

12. Tag: Auf der Autopista Duarte zurück nach Santo Domingo (126 km).

3-tägiger Ausflug in den Südwesten

1. Tag: Anfahrt von Santo Domingo nach Barahona (200 km), eventuell verbunden mit einer Besichtigung der Plantagenruinen bei San Cristóbal. Barahona – in der Umgebung finden sich auch akzeptable Strände – bietet sich als Ausgangspunkt für zwei oder drei Tagesausflüge an (schöne Hotels ein paar km südlich an der Küste).

2. Tag: Von Barahona nach Pedernales, der südlichsten Stadt an der Grenze zu Haiti. Besonders attraktiv ist die erste Hälfte der Strecke entlang der Küste bis Oviedo. Da man auf der gleichen Strecke wieder zurück nach Barahona muss, wird man sich eventuell auf diesen Teil beschränken, denn die Gesamtstrecke nach Pedernales und zurück beträgt 270 km.

3. Tag: Um den Lago Enriquillo: Die nördliche Strecke über Neiba ist schöner und bietet auch Zugang zum Naturschutzpark der Isla Cabritos. Eventuell sehr einfache Übernachtungsmöglichkeit in La Descubierta. Nördliche Strecke 107 km, südliche 101 km.

Auch ein Ausflug in das touristisch kaum erschlossene Valle San Juan ist möglich. Hierfür muss man allerdings wieder bis fast nach Azua zurückfahren (60 km). Die Gesamtstrecke von Barahona nach San Juan und zurück beträgt 266 km.

Trockenwald und Kakteen kennzeichnen den Südwesten der Republik

Anreise und Verkehrsmittel

Einreisebestimmungen

Besucher aus Deutschland brauchen für die Einreise einen Reisepass, der mindestens bis zum Tag der Ausreise gültig sein muss, möglichst jedoch noch bis 3 Monate nach dem Einreisedatum. Ein Visum ist bei einem touristischen Aufenthalt bis zu 90 Tagen nicht nötig. Zur Einreise ist außerdem der Erwerb einer Touristenkarte für 10 US-$ vorgeschrieben, sie kann entweder direkt bei Buchung des Flugs erstanden werden oder bei der Ankunft auf dem dominikanischen Flughafen. Diese Karte ist für 30 Tage gültig, bei längeren Reiseaufenthalten muss im Ausländeramt (Avenida 30 de Mayo/Ecke Héroes de Luperon, Santo Domingo, Tel. 809 508 25 55, www.migracion.gov.do) eine Verlängerung beantragt und eine Zusatzgebühr bezahlt werden, die sich nach der Aufenthaltsdauer richtet. Bei Ausreise ist schließlich eine Flughafengebühr von 20 US-$ fällig, die manchmal bereits im Flugpreis enthalten ist.

Anreise

Liniendienste und Chartergesellschaften fliegen (meist mehrmals täglich) folgende Flughäfen an: Las Américas (Tel. 809 947 22 25, ca. 25 km von Santo Domingo); Punta Cana bei Higüey (Tel. 809 959 23 76); Gregório Luperón bei Puerto Plata (Tel. 809 291 00 00), die man alle nur mit dem Taxi erreichen kann (Internetseite der dominikanischen Flughäfen: www.aerodom.com). Die Flugpreise variieren stark je nach Anbieter und Saison. Am preiswertesten sind Air Berlin und Chartergesellschaften, z. B. Condor, die auch Last-Minute-Angebote offerieren, aber auch für frühzeitige Bucher ein Kontingent an billigen Flügen anbieten. Grundsätzlich gilt, dass die Differenz zwischen dem Flug allein und einer All-inclusive-Reise kleiner ist, als man erwarten sollte.

Vom Flughafen in die Stadt

Zubringerdienste in Form öffentlicher Verkehrmittel gibt es nicht; Pauschalurlauber werden in der Regel von ihren Reiseveranstaltern abgeholt. Ansonsten ist man auf Taxis angewiesen, die überdurchschnittliche Preise verlangen. Es gibt in Las Américas und auch auf anderen Flughäfen offizielle, nicht immer leicht zu findende Aushänge, die die jeweils gültigen Preise angeben.

Verkehrsmittel vor Ort

Reisebus

Das sicherste und preiswerteste Verkehrsmittel im Lande sind die großen Buslinien, vor allem Caribe Tours (www.caribetours.com.do) und Metro (www.metrotours.com.do), die mit bequemen Großbussen alle zentral gelegenen Ortschaften nach Fahrplan miteinander verbinden. Wenn zentrale Busbahnhöfe fehlen, ist der Abfahrtsort in der Regel das örtliche Büro der Gesellschaft, in kleineren Orten der Marktplatz, die Ausfallstraße oder der nächstgelegene Punkt an der Hauptstraße.

Die Haltestellen können wechseln, doch das Hotelpersonal kann immer zuverlässige Auskünfte geben. Es empfiehlt sich, das Ticket (mit dem ein An-

Reiseinfos

spruch auf einen Sitzplatz verbunden ist) rechtzeitig zu besorgen. Dies ist allerdings nur in größeren Städten sowie an den Anfangs- und Endpunkten der Linien möglich.

Taxis

Kollektivtaxis sind Kleinbusse und gewöhnliche PKW zumeist schon etwas älterer japanischer Bauart. Sie verkehren in den großen Städten – Santo Domingo und Santiago – zwischen dem Zentrum und den Außenbezirken und haben feste Routen, allerdings sehr viele verschiedene, sodass man sich besser an Ort und Stelle erkundigt. Es gibt feste Haltepunkte, aber auf ihrer Strecke nehmen sie im Allgemeinen jeden mit, der sich durch Handzeichen bemerkbar macht. Solange man auf der Route bleibt, sind die Fahrpreise festgelegt, deren Höhe man beim Hotelpersonal erfragen kann. Im Allgemeinen verlangen die Fahrer nicht mehr als ihnen zusteht, sie versuchen aber, die größtmögliche Menge an Fahrgästen einzuladen, weshalb man sich auf dicht gedrängtes Sitzen einstellen sollte.

Insgesamt sind die Grenzen zwischen städtischen Verkehrsmitteln und Überlandverkehr nicht deutlich gezogen. Man begegnet Kollektivtaxis auch bei Überlandfahrten ebenso wie Minibussen und Kleinlastwagen, die bei Bedarf auch innerhalb der Stadt arbeiten.

Bei Individualtaxis muss der Fahrpreis vor Fahrtbeginn, am besten vor dem Einsteigen, ausgehandelt werden, doch gibt es ein Minimum, das ausreicht, um in Santo Domingo von einem Stadtviertel in das benachbarte zu gelangen. Es wird kaum jemals gelingen, den Preis der Einheimischen zu bezahlen, selbst wenn man ihn kennt. Wer Gelegenheit hat, sollte sich z. B. vom Hotel oder Restaurant aus ein Funktaxi rufen lassen. Die Wagen sind in einem besseren Zustand und die Fahrpreise lassen sich gut kontrollieren, denn sie werden von der Zentrale genannt, wenn man darauf besteht.

Am teuersten sind die ausgesprochenen Touristentaxis, meist schwere amerikanische Limousinen, die am Flughafen und an den großen Hotels warten.

Mietwagen

Mietwagen sind bereits ab ca. 30 US-$ pro Tag zu bekommen, allerdings zu nicht besonders guten Versicherungskonditionen. Diese können stark variieren und sollten immer im Vorhinein genau erfragt werden. Die Versicherung schließt häufig eine relativ hohe Selbstbeteiligung ein; nur bessere Firmen bieten gegen erheblichen Aufpreis eine Vollkaskoversicherung ohne Selbstbeteiligung. Die Preise für Mietwagen sind meist verhandelbar, auch bei bekannteren Firmen wie Avis oder Hertz.

Daneben gibt es eine kaum überschaubare Zahl kleiner und kleinster lokaler Anbieter, die mit gebraucht gekauften Autos arbeiten. Dies bedeutet nicht, dass man mit diesen Autos schlecht fährt; bei kleinen Anbietern ist es gelegentlich nur schwieriger, im

Alternative Moped

An der Nordküste, in Sosúa, Puerto Plata und Samaná, kann man sich auch einfach Motorroller und Mopeds mieten (nicht aber in Santo Domingo!). Allzu große Distanzen sind damit nicht zurückzulegen, doch man erreicht bequem die abgelegeneren Strände. Es kommt allerdings vor, dass sie gestohlen werden, in diesem Fall haftet der Mieter für den gesamten Verlust (siehe auch »Abenteuer Straße« im Panorama-Teil, S. 72).

Reiseinfos

Falle einer Panne einen Ersatzwagen gestellt zu bekommen. Das größte Risiko besteht letztendlich im Versicherungsschutz: Selbst wenn man an einem Schaden nachweislich und von der Polizei aufwendig bestätigt schuldlos ist, bleibt man oft zumindest auf der Eigenbeteiligung sitzen, denn gegnerische Versicherungen zahlen nur unter großem Druck und mit Zeitverzögerung und daher rücken die Verleihfirmen im Schadensfall nur ungern die hinterlegte Kaution wieder heraus.

Trotzdem ist ein Leihauto, und zwar mit Nachdruck ein Geländewagen, für jeden zu empfehlen, der die Dominikanische Republik besser kennenlernen will und sich den Tücken und Unzulänglichkeiten des öffentlichen Transportsystems nicht aussetzen möchte. Schließlich sind sehr viele Sehenswürdigkeiten und auch einsame, schöne Strände mit den lokalen Verkehrsmitteln kaum zu erreichen – es sei denn mit den kostspieligen Taxis.

Zum Anmieten reichen im Allgemeinen der nationale Führerschein und eine Kreditkarte.

Benzin

Die Benzinpreise sind erheblich gestiegen, aber trotzdem im Vergleich zu den europäischen noch relativ niedrig; es ist allerdings nicht ganz einfach, sie zu berechnen, da das Benzin in Gallonen (= 3,7854 l) abgegeben wird.

Übernachten

Einfache und All-inclusive-Herbergen

Das ›typische‹ dominikanische Hotel ist heute für die meisten Besucher das Ferien-Großhotel mit mehreren hundert Zimmern; etwa 80 % der Hotelbetten gehören zu dieser Kategorie. Mit wenigen Ausnahmen sind diese Hotels erst vor einigen Jahren gebaut worden, liegen außerhalb größerer Siedlungen direkt am Meer und sind gut an die Landschaft angepasst. Sie häufen sich in den touristischen Hochburgen des Landes und die Buchung ist meistens mit einem All-inclusive-Arrangement verbunden. Sie bieten gewöhnlich allen möglichen Luxus und diverse Freizeit-Aktivitäten und Ausflüge an, schotten sich jedoch weitgehend von der dominikanischen Alltagsrealität ab.

Nur bei einem im Voraus gebuchten Pauschalangebot sind sie preiswert; manchmal kann man sie auch vor Ort und für kürzere Zeit buchen, doch dann schrecken die Preise ab. Insbesondere dominikanische Touristen, aber auch Individualreisende sind auf das preiswertere lokale Übernachtungsgewerbe angewiesen, dessen Qualität sich in den letzten Jahren deutlich verbessert hat.

Mittelklassehotels

Früher überwogen einfache, unwohnliche *cabañas* (Hütten), die außer einem Bett allenfalls einen Stuhl enthielten und als Strandquartier aus örtlichen Materialien (Holz, Stroh, Lehm) gebaut waren. Heute bieten sich auch in touristisch weniger erschlossenen Orten meist einige Mittelklassehotels an, die vom Preis her mehr dem dominikanischen Geldbeutel entsprechen und deren Ausstat-

Reiseinfos

Überall an der Küste laden Freiluftrestaurants zum Verweilen ein

tung von einfachen, aber akzeptablen Zimmern über das sachlich eingerichtete Kleinhotel bis zu dem originell und nett arrangierten Bungalow in Gartenanlagen mit Pool reicht. Viele von ihnen werden von europäischen, amerikanischen oder kanadischen Einwanderern betrieben. Eine Klimaanlage ist zwar nicht die Regel, wird aber meist als eine teurere Alternative angeboten.

Dagegen ist das eigene Badezimmer obligatorisch und meist sogar gut ausgebaut, wenn es auch in einigen Häusern kein warmes Wasser gibt.

Einfache Motels

Eine besondere Kategorie sind die an den Ortseinfahrten gelegenen Motels, die häufig ebenfalls *cabañas* genannt werden. An den Namen und Schildern, spätestens aber an den Sichtblenden und an der gänzlich anonymen Form des Registrierens und Bezahlens merkt man, dass man in einem diskreten Liebesnest gelandet ist. Dies schließt nicht aus, dass man sie auch als normales Nachtquartier benutzt, das mit 20–30 US-$ sogar relativ preiswert ist.

Die Preise für Hotels und Restaurants werden in diesem Buch wegen des starken Inflationsschubs in US-Dollar angegeben, auch wenn sie meist in Dominikanischen Pesos bezahlt werden. Trotzdem sind sie nur Richtwerte und können beträchtlich abweichen, je nachdem, in welcher Saison man reist und ob der jeweilige Betrieb seine Preise am Dollarkurs orientiert oder nicht.

Essen und Trinken

Man sollte keine Angst vor Anpassungsschwierigkeiten in der Magengegend oder vor ›Caonabos Rache‹ im Gedärm haben: In den großen Hotels und in den Tourismuszentren hat sich eine Vielzahl von Restaurants angesiedelt, deren internationale Speisekarte eine allmähliche Annäherung an die dominikanische Küche erlaubt.

Nach einigen Tagen kann man sich dann in das kleine *restaurante criollo* am Strand oder gar in einen *comedor* wagen. In Ersterem findet sich eine Auswahl an einheimischen Speisen auf der (oft auch in Englisch vorliegenden) Speisekarte, im *comedor* gibt es allenfalls noch die Option, zwischen zwei oder drei Varianten (Fleisch oder Fisch) zu wählen, die von der Kellnerin angesagt werden oder in einer Vitrine ausliegen. Manchmal gibt es überhaupt nur das Stammessen – reichlich und billig, wie es der Dominikaner wünscht.

La bandera dominicana
Die traditionelle Beilage ist Reis, zu dem eine Soße aus braunen Bohnen serviert wird. Zusammen mit gebratenem Fleisch oder Fisch ist dies das typische dominikanische Alltagsessen, das daher auch scherzhaft *bandera dominicana* (›dominikanische Flagge‹) genannt wird.

Reis und Bohnen spielen übrigens eine bedeutende Rolle in der lateinamerikanischen Kulturgeschichte im Zusammenhang mit Sklaverei und Plantagenwirtschaft: Sie konnte man – neben Salzfleisch und Salzfisch, die man in der Dominikanischen Republik auch, aber seltener findet – leicht importieren und lagern, daher gehörten sie zu dem (gesetzlich kontrollierten) Speisezettel der Sklaven.

(Man schaue ruhig ungeniert auf das Essen am Nachbartisch – Gäste wie Bedienung beteiligen sich gerne mit Ratschlägen bei der Bestellung!)

Bei Ausflügen in die volkstümliche Gastronomie sollte man einiges Grundsätzliche beachten: Alles Gekochte, das heiß oder noch warm ist, kann man ohne großes gesundheitliches Risiko essen (es sei denn, die Zutaten sind schon verdorben). Wenn man allerdings einen empfindlichen Magen hat, sollte man den obligaten Salat liegen lassen. Vorsicht ist hier auch geboten, da nach dem Erdbeben in Haiti seltene Fälle von Cholera aufgetreten sind.

Grundlagen der dominikanischen Küche

Wie in allen lateinamerikanischen Ländern werden Fleisch und Fisch fast immer gebraten oder frittiert. In der Dominikanischen Republik findet man aber auch leckere Eintöpfe, die meist auf der Basis von Hühnersuppe (*sopa de pollo*) beruhen: *asopao* mit Tomaten, Erbsen oder anderem europäischen Gemüse, oder *sancocho*, in der vor allem einheimische Gemüsesorten (Yuca, Kochbananen, Yam) Verwendung finden. Letzteres gilt sogar als ein Nationalgericht, ist aber nicht leicht zu bekommen.

In einfacheren Restaurants – vor allem an der Küste – sollte man Fisch den Vorzug geben – es sei denn, man hat Lust, kräftig zu kauen.

Das indianische Erbe

Mit diesen Grundkenntnissen kann man sich an die exotischeren Feinheiten der dominikanischen Gastronomie heranwagen. Zum indianischen Vermächtnis gehören einige sehr wichtige Grundnahrungsmittel: zunächst die Kochbanane *(plátano)*, die sich durch ihre Größe von den Obstbananen unterscheidet und weniger süß schmeckt. Meist wird sie grün geerntet und in kleine schräge Scheiben geschnitten; jede Scheibe wird mit einem kräftigen Schlag breitgequetscht (daher die hämmernden Geräusche, die die Mittagszeit ankündigen!) und frittiert. Für das goldbraune Ergebnis gibt es verschiedene Namen: *tostón, frito verde, banano pisado* oder *patacón*. Seltener – aber lecker – ist die Verarbeitung der reifen Frucht *(plátano maduro)*, die im Ganzen gekocht als Beilage dient.

Indianischer Tradition entstammen auch zwei Sorten von Maniok: die süße Variante, die hier *yuca* heißt und in gekochten gelben Stücken als Beilage dient. Die bittere Variante *casabe* erfordert eine komplizierte Vorbereitung, denn ihr Saft enthält Blausäure (und wurde, so heißt es, von den Indianern als Mittel zum Massenselbstmord nach der Ankunft der Spanier verwendet). Die Knollen werden daher zunächst gerieben; die Masse lässt man in einem Tuch abtropfen. Danach wird sie, wenn man sie nicht einfach als Maniok-Mehl belässt, auf eine heiße Platte gestrichen und als knuspriges *casabe*-Brot zum Essen gereicht.

Mit anderen Gemüsefrüchten (z. B. den hellgrünen Christophenen oder den Okraschoten) wird man seltener konfrontiert werden. Von ihrer Geschichte her kennt man sicher die Brotfrüchte, die als schwere Kugeln an mächtigen Bäumen wachsen: Nach mehreren vergeblichen Versuchen – die Meuterei auf der Bounty hängt damit zusammen – gelang es, die Schößlinge 1793 von Tahiti in die Karibik zu bringen, um sie als billige Nahrungsquelle für Sklaven zu nutzen. Brotfrüchte gelten daher immer noch als Arme-Leute-Essen.

Aus dem Meer

Ein ganzes Kapitel müsste man dem Fisch widmen, doch nur ein intimer Kenner hat hier die Chance, seine Wahl zu treffen. Viele einheimische Köche können die Arten nicht richtig bezeichnen und der Tourist gerät in ein noch größeres Dilemma: Sucht er sich den Namen in einem Lexikon, so findet er auch in der deutschen Spalte exotische Namen, mit denen nur ein Zoologe etwas verbinden kann. Keine Sorge, sie schmecken alle. Schalentiere – *langostas* und *camarones* (Krabben) – finden sich preiswert auf allen Speisekarten. Bemerkenswert ist die *lambi*, die riesige Meeresschnecke, deren wunderbar rosafarben glänzendes Gehäuse am Strand feilgeboten wird. Ihr

Die andere Erfrischung: frío-frío
Eine Glaubensfrage ist das bei Dominikanern beliebte *frío-frío*. Auf einem handgeschobenen Karren liegt ein meist mit einem Tuch abgedeckter Eisblock, umrandet von Sirup-Flaschen in den buntesten Farben. Mit einem kleinen Hobel schabt der Verkäufer Eis vom Block, das er in eine spitze Papiertüte füllt und mit einem Schuss Sirup übergießt. Den meisten Geschmacksrichtungen ist ihr synthetischer Ursprung deutlich anzumerken, doch kann man auch nach dem köstlichen *limón natural* (stark gesüßter Limonensaft) fragen. Synthetischer Bonbon-Geschmack ist auch bei Erfrischungsgetränken in Flaschen beliebt; sie werden *cola* genannt, sodass der erste Versuch meist auf einem Irrtum beruht.

Reiseinfos

Fleisch ist zäh und muss erst weichgeklopft werden. Dennoch hat sie viele Liebhaber, vielleicht wegen der aphrodisischen Wirkung, die ihr zugeschrieben wird.

Die Welt der tropischen Früchte

Interessant wird es auch beim Obst, dessen Vielfalt man allenthalben begegnet. Orangen, Bananen *(guineo)* und Ananas *(piña)* werden an jeder Straßenecke von Karren herunter verkauft. Die Orangen, die hier *china* heißen, wurden erst von Kolumbus auf die Insel gebracht. Im Straßenverkauf sehen sie aus wie Tennisbälle, da sie von ihrer Schale befreit sind und so als Erfrischung leichter ausgelutscht werden können.

Zu den tropischen Köstlichkeiten gehören zudem die Passionsfrüchte *(chinolas)*, Guaven *(guyaba)* und Mangos, die man aufgrund ihres dicken, klebrigen Saftes am besten am Meer oder in der Nähe eines Wasserhahnes isst. Schwieriger wird es mit dem violetten apfelgroßen *caimito*, der nach Melone schmeckt (Honig- und Wassermelonen gibt es natürlich auch in Hülle und Fülle), mit dem avocadoförmigen braunen *zapote* mit seinem süßen orangefarbenen Fruchtfleisch oder mit der Frucht des Cashew-Baums *(cajuil)*: Sie ist apfelförmig, gelb und rot und schmeckt herbsüß. Vorsicht: Man sollte nicht den außen liegenden Kern in den Mund nehmen, denn er ätzt und wird erst durch eine spezielle Behandlung zu einer genießbaren Nuss.

Manche der Früchte wird man nur als Saft kennenlernen, wie z. B. die Tamarindenschote *(tamarindo)*, aus der man durch langes Kochen ein deutlich an Apfelsaft erinnerndes Getränk gewinnt. Oder die Stachelannone *(gua-nábana)*, eine große grüne und stachelbesetzte Frucht, deren weißes fasriges Fleisch einen aromatischen Saft ergibt. Wer Säfte liebt, ist ohnehin in ein Paradies geraten: Alle genannten Früchte und viele mehr dienen hierfür als Grundlage, sei es als natürlicher *licuado* oder als *batida* (mit Milch gemixt). Man kann sich auch die gewagtesten Mischungen kreieren lassen – wobei ein Schuss Rum das Ganze abrundet. Lediglich den Griff zur Zuckerdose sollte man überwachen, denn die Dominikaner lieben es sehr süß.

Bestimmte Früchte – die Ananas, die Banane oder Passionsfrüchte – müssen im Mixer mit einem Schuss Wasser versetzt werden. Man kann auch an kleinen Ständen den Verkäufern im Allgemeinen glauben, dass sie gereinigtes Trinkwasser dazu verwenden; dennoch sollte man, wenn man einen empfindlichen Magen hat, vorsichtig sein und sich an Orangensaft halten, dessen Herstellung man besser überwachen kann.

Rum in allen Varianten

Ansonsten trinkt man in der Dominikanischen Republik Bier – und dies reichlich. Man hat verschiedene Marken zur Auswahl: am häufigsten sind jedoch Presidente und Bohemia, beide eher wässrig im Geschmack und daher am besten eiskalt zu genießen.

Abends kommt der Rum zu seinem Recht, und zwar – vor allem in volkstümlichen Bars – flaschenweise. Die bekannteren Firmen (Brugal, Bermúdez, Barceló) bieten verschiedene Qualitäten auch in ›halben‹ oder noch kleineren Flaschen an, darunter auch eine *añejo* genannte über Jahre gealterte Sorte von herrlicher dunkel-rotbrauner Farbe; man kann sie ohne Enttäuschung auch pur genießen. Für die ver-

Reiseinfos

schiedenen Cocktails – vor allem die Piña Colada (mit Ananassaft) und den Daiquiri (mit Limonensaft) – sind die weißen Sorten mit weniger Eigengeschmack vorzuziehen; die beliebte Mischung mit Coca-Cola (Cuba libre) gelingt wiederum besser mit den dunklen Sorten.

Es fehlt also nicht an Alkoholika; nur der Weintrinker kommt selten auf seine Kosten. Wein ist relativ teuer, sodass er teilweise wie eine Kostbarkeit gereicht wird. Allein die besseren Restaurants bieten ihn an, wobei die Auswahl dem Kenner zeigt, dass er sich in einem Land ohne Weinkultur befindet.

Sport- und Aktivurlaub

Aktivitäten in den Nationalparks

Die Parques Nacionales werden zu einer immer wichtigeren und anerkannten Attraktion in der Dominikanischen Republik, allerdings in unterschiedlichem Maße. Ohne Probleme für Individualreisende zugänglich sind die kleinen Parks, die direkt an großen Straßen liegen: so z. B. das Cabo Francés Viejo (s. S. 203) und die Reserva Científica Isabel Torres bei Puerto Plata. Andere Reservate sind bereits für den Massentourismus erschlossen, und was vielleicht als Ausflug in die einsame Natur geplant war, stellt sich als Gruppenspektakel heraus. Das gilt vor allem für den Parque Los Haitises mit seinem hügeligen Karstgebiet zwischen verschlungenen Flussmündungen und Mangrovenwäldern; er wird von Booten von Samaná und Sabaneta de la Mar aus angefahren.

Ein »Großereignis« sind ebenfalls die feuchtfröhlichen Tagesausflüge zu der Insel Saona, die direkt in den großen Hotels gebucht werden und meist von Bayahibe aus starten. Das Ziel sind in erster Linie die schönen Badestrände der Insel. Der Parque Nacional del Este, einer der größten des Landes, hat aber viel mehr zu bieten: Hier finden sich viele endemische Pflanzen- und Vogelarten, aber auch die beiden einheimischen Säugetierarten, die hutia (Baumratte) und der urtümliche Schlitzrüssler. Das wasserlose Plateaugebiet des Parks ist wohl geschützt, aber auch schwer zugänglich, sodass man kaum Gelegenheit hat, die vielen Höhlen zu besuchen, in denen Tainos ihre Felsbilder hinterlassen haben; eine Ausnahme bietet die von Boca de Yuma aus zu erreichende Cueva de Berna.

Ebenso schwer zu erforschen ist der größte Nationalpark des Landes Sierra de Barouco, der Teil der Insel, den Tainos als letztes Rückzugsgebiet diente und in dem sich ebenfalls viele ihrer urtümlichen Felzeichnungen finden. Alle diese Gebiete, wie auch die um den Pico Duarte herum gelegenen Parks, sind kaum bewohnt; Ausflüge dorthin müssen sorgfältig geplant und vorbereitet werden.

Badeurlaub

Etwa 800 km Strände umrahmen die Dominikanische Republik und bieten viel Platz und gute Bedingungen für sportliche Aktivitäten aller Art. Strandurlaub und Wassersport sind die Hauptinteressen der meisten Touristen und prägen größtenteils die Wahrnehmung des Landes: Die Lieblingsbeschäftigungen der Urlauber sind Schwimmen, Bräunen im feinen Sand in der ganz-

27

Reiseinfos

jährig prallen Sonne oder unter Palmen und Familienpicknicks, wie es die Dominikaner selbst lieben und in großen Mengen am Wochenende vor allem am Strand von Boca Chica veranstalten. Aber auch Spaziergänge an kilometerlangen Buchten und einsamen Stränden sind möglich; für stilles Träumen mit den Füßen im Wasser sind z. B. die einsame Playa Grande und andere Strände um Nagua geeignet.

Fahrradfahren

Auch Fahrradausflüge und Mountainbike-Touren werden überall im Lande unternommen, sogar entlang der Carretera Internacional zwischen Haiti und der Dominikanischen Republik.

Schiffswracks: künstliche Tauchgebiete

Aber Vorsicht! Zu dieser Strecke gibt es nur wenig gesicherte Erfahrungsberichte. Die gebirgigen Regionen im Landesinneren sind nahezu menschenleer, daher kann man nicht immer mit Übernachtungsmöglichkeiten rechnen und sollte ausreichend Wasser und Verpflegung mitnehmen. Gerade in Gegenden, in denen keine touristische Infrastruktur mehr verfügbar ist, hat man jedoch Gelegenheit, die herzliche Gastfreundschaft der Landbevölkerung zu erleben. Bauen sollten man darauf allerdings nicht.

Rafting und Canyoning

Besonderen Freizeitspaß bieten die Bergflüsse Río Yaque del Norte und Jimenoa: Beide sind zum Rafting, dem tumultösen Abfahren mit Schlauchbooten, oder Canyoning, dem mit Seilen gesicherten Abstieg durch Wasserfälle, geeignet.

Dies alles erfordert eine geeignete Ausrüstung und eine gute Führung; für entsprechende Abenteuertouren gibt es verschiedene Anbieter in Jarabacoa. Der wichtigste ist in den letzten Jahren der Veranstalter Rancho Baiguate (s. S. 143), der diverse professionell organisierte Touren im Programm hat, so auch Trecks zu dem höchsten Gipfel der Karibik, dem Pico Duarte, und den beiden Nationalparks um ihn herum.

Schnorcheln und Tauchen

Mit der pazifischen Unterwasserwelt können sich die karibischen Tauchreviere und Korallenriffe nicht ganz messen, aber trotz der im Vergleich zum Pazifik etwas kleineren Zahl und Varietät von Korallen, Mollusken und Fischen kann man in der Dominikani-

Reiseinfos

schen Republik wunderbar tauchen – zumal die Wassertemperaturen deutlich angenehmer sind.

Eine Besonderheit sind hier die Höhlen und Vorgebirge, die für die Küsten mit Karsträndern charakteristisch sind. Sie finden sich vor allem im Norden der Insel, so z. B. in Las Terrenas, wo sich mehrere Tauchbasen eingerichtet haben (z. B. Aquadive) und Tagestouren zu den vorgelagerten Ballenas-Inseln anbieten. Ein spezieller Leckerbissen ist der kleine Ort Punta Rucia mit seiner paradiesisch einsamen Küste, die 80 km Rifflandschaft, z. T. mit Steilabhängen, bietet. Hier, in unmittelbarer Nachbarschaft zu dem Morro, gibt es auch die letzten Seekühe *(manatís)* der Karibik, die einen besonderen Schutz genießen (Tauchbasis ist Caribe-Punta-Rusia: www.caribe-punta-rusia.com). Ebenfalls attraktiv, wenn auch weniger einsam, sind die Küsten vor Sosúa, dem Ort mit der wohl umfangreichsten Infrastruktur und den meisten Tauchschulen.

Etwas weniger besuchte Tauchgebiete finden sich auch im Nordwesten bei Monte Cristi und an vielen anderen Stränden, z. B. denen von Cofresi, wo es sich lohnt, die Unterwasserwelt zumindest beim Schnorcheln zu erkunden, vor allem wenn sie von Felszungen und Vorgebirgen eingerahmt sind.

Die südlichen Küsten der Karibischen See bieten andere Tauchbedingungen: Das Wasser ist wärmer, seichter und im Allgemeinen weniger bewegt – also auch für Anfänger gut geeignet. Allerdings ist die Unterwasserwelt hier etwas weniger spektakulär und mannigfaltig. Dies gilt nicht für einzelne Orte, an denen Riffe, ins Wasser ragende Felsen oder auch versenkte künstliche Hindernisse – vor allem Schiffwracks, die allmählich auch von Korallen überwuchert werden und zu künstlichen Riffen werden – einer bunten Menge insbesondere kleinerer Fische Schutz bieten.

Sehr bekannt geworden ist das als offizieller ›Unterwasserpark‹ geschützte La Caleta, in dem vor Jahrzehnten mehrere Schiffwracks versenkt worden sind. Von Santo Domingo aus ist das eine nur kurze Reise, die man, zusammen mit einem Besuch der Tainogräber (s. S. 223), zu einem attraktiven Ausflug verbinden kann. Etwas weiter östlich bietet Boca Chica mit seinem langen Riff und einer Landzunge gute Tauchbedingungen. Auch bei Bayahibe lässt sich gut tauchen, vor allem bei der Insel Saona oder bei der fast unbewohnten schönen Insel Catalina mit ihrem attraktiven Tauchplatz »The Wall«.

Surfen

Windsurfen, Kitesurfen, Wakeboarding und Wellenreiten ist vor allem am turbulenten Strand von Cabarete und den Stränden in der Umgebung angesagt. Hier werden auch regelmäßig

Hochsee- und Süßwasserangeln
Sowohl das Hochsee- als auch das Süßwasserangeln werden als Urlaubsaktivitäten an manchen Orten angeboten, spielen aber gegenüber den anderen Wassersportarten eine eher untergeordnete Rolle. Bekannteste Stationen für das Hochseeangeln sind Punta Cana (z. B. El Cortecito) oder auch die Halbinsel Samaná (Las Galeras und Las Terrenas). Ein beliebtes Gebiet sind aber auch die Gewässer des Parque Nacional del Este (vor allem rund im die traumhafte Insel Saona).

Süßwasserfische lassen sich in den vielen Binnenseen der Dominikanischen Republik angeln.

Reiseinfos

World-Cup-Rennen veranstaltet, da sich ideale Bedingungen finden: ein ständiger, im Laufe des Tages auffrischender Passatwind, der das Kite- und Windsurfen mit verschiedenen Schwierigkeitsgraden zulässt; hinzu kommt ein 800 m von der Küste entferntes Riff, vor dem das zunächst flache Wasser größere Tiefen erreicht, Wellen schlägt und das Springen und Abreiten möglich macht. Kitesurfen findet vor allem im Westen des Strandes statt; aus Sicherheitsgründen darf dieser Sport nur 50 m von der Küste entfernt betrieben werden. Zum Wellenreiten sind die nahen Strände Playa Encuentro und Playa Canal ideal. Cabarete gilt allgemein als auch für Anfänger geeigneter Strand und als das Surf-Paradies der Insel schlechthin mit einer riesigen Auswahl an Surfschulen und anderen Wassersportangeboten (zahlreiche Informationen gibt es im Internet, zur Orientierung dienen folgende Websites: www.dominicanadventures.com, www.activecabarete.com).

Weniger bekannte zum Surfen geeignete Strände finden sich aber auch an vielen anderen Orten an der Nord- und Südküste.

Wandern

Geeignete Wege zum Wandern – meist Wirtschaftswege der einheimischen Bevölkerung – findet man eigentlich in allen Teilen des Landes, doch sind sie gewöhnlich nicht als Wanderwege ausgeschildert und markiert. Es ist daher sehr sinnvoll, einen ortskundigen Führer anzuheuern, den man meist problemlos über einheimische Familien vermittelt bekommt. Besonders schöne Gegenden sind das Innere der Halbinsel Samaná, das Bergland um den Ort Padre Cicero im Tal von San Juan oder auch die Baoruco-Halbinsel. Für organisierte sportliche Abenteuer im Binnenland sind die Orte Constanza und Jarabacoa bekannt. Vor allem letzterer ist auch für wohlhabende Dominikaner ein beliebtes Ziel, denn Jarabacoa bietet die Attraktionen eines »Höhenkurortes«: Typische Sportarten sind hier Wandern, Reiten und Mountainbiking.

Feste und Veranstaltungen

Die Dominikaner feiern gerne und ausgelassen. Neben den vielen festen christlichen Feiertagen gibt auch eine Anzahl beweglicher Feste:

Karwoche

Die ganze Woche finden Feierlichkeiten statt und die meisten Ämter und öffentlichen Einrichtungen haben geschlossen. Viele Dominikaner fahren an den Strand, daher findet man in den einfacheren, preiswerten Hotels nur schwer eine Unterkunft, wenn man nicht lange vorher gebucht hat. In einigen Gemeinden finden Karprozessionen statt, so auch in Santo Domingo, wo bei abendlichen Umzügen in weißen Gewändern Kreuze und Statuen durch die Altstadt getragen werden – eine stimmungsvolle Umgebung für diese düstern, musikbegleiteten Trauerzüge, die an die Prozessionen in Südspanien erinnern. Der Ostermontag ist wieder ein normaler Arbeitstag.

Karneval

Im Februar, nicht immer zu den üblichen Karnevalstagen, gibt es Umzüge und maskiertes Treiben auf den Straßen, vor allem in den traditionellen

Reiseinfos

Festkalender

Januar
Día de los Reyes/Heilige Drei Könige: 6. 1., großer Feiertag mit Prozessionen, an diesem Tag findet die weihnachtliche Bescherung statt.
Nuestra Sra. de la Altagracia/Tag der Jungfrau zur Hohen Gnade: 21. 1., Pilgerströme ziehen zum Gnadenbild in Higüey, wo an diesem Tage Volksfeststimmung herrscht. Bereits die vorhergehenden Abende werden an vielen Orten festlich begangen (s. auch S. 242)
Día de Duarte/Geburtstag des Nationalhelden Pablo Duarte: 26. 1., patriotischer Feiertag, der vor allem in Santo Domingo mit Böllerschüssen und Gottesdiensten gefeiert wird.

Februar
Día de la Independencia/Unabhängigkeitstag: 27. 2.

Mai
Día del Trabajo/Tag der Arbeit: 1. 5., an diesem Tag wird gefeiert, getanzt, gegessen und viel getrunken.

August
Día de la Restauración/Tag der Wiederherstellung der Republik: 16. 8., Feiertag anlässlich der erneuten Unabhängigkeit im Jahr 1863.

September
Nuestra Señora de las Mercedes/Tag der Gnadenreichen Jungfrau: 24. 9.

November
Día de la Constitución/Tag der Verfassung: 6.11.

Dezember
Navidad/Weihnachten: 25.12.

Karnevalshochburgen La Vega, Santiago und La Romana, aber auch in kleineren Orten wie Monte Cristi oder Duvergé. Hier gibt es Karnevalsvereine, die die kunstreichen traditionellen Masken anfertigen. Auch Santo Domingo hat seine Karnevalstradition wiederentdeckt: Hauptschauplatz ist der Malecón, auf dem auch die krönende Abschlussparade mit typischen Delegationen aus dem ganzen Land entlangzieht. Der bekannteste Karneval bleibt jedoch der in der Stadt La Vega: Jeden Sonntagnachmittag der Karnevalszeit vergnügen sich Gruppen von »Teufeln« in der Stadt.

Merengue-Festival
Im Juli oder August feiert Santo Domingo ein recht junges Fest, dessen Beliebtheit auf dem Auftritt bekannter Merengue-Bands, Tanzvorführungen und anderen Darbietungen beruht. Eingeläutet wird die drei Tage lange Party (erkundigen Sie sich nach dem genauen Termin) mit einer bunten Parade auf dem Malecón.

Festival Internacional de Jazz
Im Oktober oder November finden in mehreren Städten an der Nordküste ein Wochenende lang meist Freiluftkonzerte mit Jazz-Musikern aus aller Welt statt. Zentrum ist der Strand von Cabarete, aber auch Sosúa und Puerto Plata (www.drjazzfestival.com).

Fiestas Patronales
In nahezu allen Gemeinden finden lokale Kirchweihfeste statt, meist am Namenstag des Heiligen, dem die jeweilige Kirche gewidmet ist.

Reiseinfos von A bis Z

Apotheken

Es gibt erstaunlich viele, sogar gut sortierte Apotheken *(farmacia)* auch in kleineren Städten. Oft findet man Medikamente nicht unter dem in Europa bekannten Markennamen, doch die Apotheker kennen Mittel mit den gleichen oder ähnlichen Inhaltsstoffen. Daher sollte man den Beipackzettel von regelmäßig eingenommenen Medikamenten mitführen. Viele Apotheker setzen auch Spritzen.

Ärztliche Versorgung

In touristisch erschlossenen Gebieten kennt das Hotelpersonal geeignete Ärzte, die auch Fremdsprachen beherrschen; andernfalls kann man sich an die Touristenpolizei wenden. Nur in besonderen Notfällen sollte man die landesweit gültige Notfall-Nummer 911 wählen, die auch Ambulanz und Feuerwehr herbeiruft.

Einige öffentliche und vor allem private Kliniken sind gut ausgestattet und genießen einen sehr guten Ruf. Allerdings sind in Privatkliniken die Kosten erheblich und müssen direkt bezahlt werden. Es ist empfehlenswert, sich bei der Krankenkasse vor der Reise nach den Erstattungsmöglichkeiten zu erkundigen und eventuell eine Zusatzversicherung abzuschließen.

Autofahren

Die dominikanische Art, Auto zu fahren, ist für Europäer ungewohnt und anstrengend; man sollte sich daher keine zu großen Strecken vornehmen. Zwar hat sich die Zahl der Verkehrsschilder in den letzten Jahren erhöht, doch entspricht sie noch immer nicht dem uns gewohnten Standard. Der Straßenverkehr ist unübersichtlich, Regeln scheinen für die Dominikaner eher Vorschlagscharakter zu haben. Auch der Zustand der Landstraßen fordert eine erhöhte Konzentration (siehe »Abenteuer Straße« S. 72). Die einheimischen Autofahrer sind im Allgemeinen geduldig und hilfsbereit; auch die Polizei selbst wird nun stärker kontrolliert, sodass die Fälle, in denen sie Touristen zur Bezahlung von »Strafen« auffordert, selten geworden sind.

Autoreparaturen können auch in kleineren Orten meist schnell und günstig durchgeführt werden, vor einer Reparatur sollte man sich jedoch zuerst mit der Leihwagenfirma in Verbindung setzten. Wer einen Autounfall mit geringem Blechschaden gebaut hat, sollte sich gut überlegen, ob er sich auf die lange Prozedur der Erstellung eines Polizeiprotokolls einlassen möchte oder den Schaden lieber über eine sofortige Geldzahlung regelt, wie bei den Dominikanern meist üblich. Das Vertrauen in die Versicherungen ist gering, es ist daher nicht üblich, sich bei einem fremdverschuldeten Unfall auf die gegnerische Versicherung zu verlassen. Die meisten Autoverleihfirmen ziehen jeden Schaden bei der Selbstbeteiligung ab, unabhängig vom Verschulden.

Diplomatische Vertretungen

... in Deutschland
Botschaft
Embajada de la República Dominicana
10963 Berlin, Dessauer Str. 28–29, Tel. 030 257 57 76-0, Fax 030 257 57 76-1,

Reiseinfos

www.dr-botschaft.de, info@embajada dominicana.de, Mo–Fr 10–15 Uhr

Generalkonsulat Hamburg
20354 Hamburg, Neuer Wall 39, info@consuldom.de, Tel. 040 47 40 84, Fax 040 460 51 97, www.dominikanischeskonsulathamburg.de, Mo–Fr 10–14 Uhr

Generalkonsulat Frankfurt a.M.
60313 Frankfurt a.M., Stiftstr. 2, Tel. 069 743 87 71, Fax 069 74 38 26 40, conrdomffm@aol.com, Mo–Fr 10–14 Uhr

Honorarkonsulat Stuttgart
70372 Stuttgart, Waiblinger Str. 11, Tel. 0711 55 20 04, Fax 0711 509 42 59, Mo– 8.30–12, 14–17.30 Uhr

... in Österreich
Konsulat Wien
1040 Wien, Möllwaldplatz 5, Tel. 01 504 64 37, Fax 01 505 32 36, consudom.viena@iip.at, Di, Mi, Do 10-12 Uhr

Botschaft mit Konsularabteilung
1040 Wien, Prinz Eugen Straße 18, Tel. 01 505 85 55, Fax 01 505 85 55/-20, mprdoiv@yahoo.com

… in der Schweiz
Botschaft mit Konsularabteilung Bern
3015 Bern, Weltpoststr. 4, Tel. Botschaft: 031 351 15 85, Tel. Konsulat: 031 351 25 62, Fax 031 351 15 87, embaj.rep-dom@sunrise.ch, Mo–Fr 10–16 Uhr

Generalkonsulat in Zürich
8001 Zürich, Löwenstr. 65, Tel. 043 818 93 44, Fax 043 818 93 46, Mo–Fr 9–14 Uhr

... in der Dominikanischen Republik
Botschaft von Deutschland
Santo Domingo, Calle Gustavo Mejía Ricart 196 (Ecke Av. Abraham Lincoln), Torre Piantini, Tel. 809 542 89 49, 542 89 50, Notfälle: Tel. 809 543 56 50, Fax 809 542 89 55 (Botschaft), 809 542 89 61 (Konsularabteilung), www.santodomingo.diplo.de, info@santo-domingo.diplo.de, Mo 7.30–16, Do 7.30–16.30, Di, Mi, Fr 7.30–15 Uhr (Botschaft), Mo–Fr 8–11.30 Uhr (Konsularabteilung)

Generalkonsulat der Schweiz
Santo Domingo, Av. Jiménez Moya 71, Edificio Aeromar, Tel. 809 533 37 81, Fax 809 532 37 81, www.eda.admin.ch, Mo–Fr 9–12 Uhr

Drogen

Der Besitz und Genuss von allen Drogen – auch in kleinen Mengen – wird sehr streng bestraft. Das Strafgesetzbuch sieht für fast alle Fälle Gefängnisstrafen vor, die zudem ausdrücklich von jeder Kautionszahlung ausgenommen sind.

Elektrizität

Bei 110 Volt und den amerikanischen Steckdosen ist ein Adapter nötig (problemlos in Haushaltswarengeschäften erhältlich). Viele größere Hotels haben ein Notnetz, das bei Stromausfall durch Generatoren versorgt wird. Da das Notnetz vom Hauptnetz unabhängig ist, sollte man sich die hierfür geltenden Lichtschalter zeigen lassen.

Fotografieren

Die Dominikaner lieben es, fotografiert zu werden, und stellen sich fast immer sofort in Positur. Auf dem Lande und in touristisch nicht erschlossenen Gegenden sollte man jedoch um Erlaubnis fragen, die immer gerne gewährt wird.

Reiseinfos

Frauen unterwegs

›Anmache‹ ist ein obligates Männer-Gesellschaftsspiel – im Vorübergehen auf der Straße wie auch in Restaurants oder Bars. Die Machos sind oft hartnäckig, aber selten gefährlich. Allein reisende Frauen, die nicht gestört werden wollen, halten sich besser an die großen Hotels und Restaurants; auch die All-inclusive-Hotels sind meist gut abgeschirmt.

Geld

Währung ist der Dominikanische Peso, abgekürzt RD-$. Kleinere Münzen (Centavos) spielen kaum noch eine Rolle. Es gibt Münzen zu 1, 5, 10 und 25, Scheine zu 10, 20, 50, 100, 500, 1000 und 2000 Pesos. Große Scheine sind schwer zu wechseln; es empfiehlt sich, beim Geldabheben in der Bank um Kleingeld zu bitten.

Bis 2002 war der Peso relativ stabil; unter der Regierung Leonel Fernández ist sein Wert ins Rutschen geraten: Feb. 2005: 1 US-$ = 30,24 RD-$, 1 Euro = 38,13 RD-$; 2011: 1 US-$ = 35 RD-$, 1 Euro = 50 RD-$; diese inflationäre Tendenz wird sich unter der nächsten Regierung Fernández wohl fortsetzen. US-Dollars und Euros werden problemlos gewechselt (andere Währungen nur in der Zentralbank von Santo Domingo). Vor ›schwarzen‹ Wechselgeschäften wird gewarnt. Sie sind verboten und lohnen sich auch nicht; fast immer ist Betrug eingeplant!

Mit der EC-/Maestro-Karte kann man am preiswertesten Bargeld bekommen. Sie wird von allen mit diesem Zeichen ausgewiesenen Geldautomaten angenommen, die man in größeren Orten findet. Oft sind die Geldautomaten jedoch defekt, sodass man es in ländlichen Gebieten nicht auf den letzten Peso ankommen lassen sollte. Zur Not kann man sich auch mit Scheckkarte und Reisepass in der Bank Geld auszahlen lassen.

Reiseschecks werden nur sehr selten als direktes Zahlungsmittel akzeptiert, größere Hotels und Restaurants nehmen auch immer Dollarnoten in bar. Dort werden auch alle gängigen Kreditkarten akzeptiert, es fallen dabei allerdings recht hohe Gebühren und Steuern (bis zu 16 % der Rechnungssumme) an.

Mit Kreditkarte und Geheimzahl lässt sich auch Geld vom Automaten abheben, aber auch hier liegen die Kosten höher als beim Gebrauch der EC-/Maestro-Karte. Unerlässlich ist eine Kreditkarte bei der Anmietung eines Leihwagens.

Gesundheitsvorsorge

Impfungen sind derzeit nicht vorgeschrieben, das Auswärtige Amt empfiehlt jedoch Impfschutz gegen Tetanus, Diphtherie und Hepatitis A, bei Langzeitaufenthalten über vier Wochen auch gegen Hepatitis B, Tollwut und Typhus. In der Regenzeit werden im Westen vereinzelte Fälle von Malaria *(Malaria tropicana)* sowie Fälle von Dengue-Fieber gemeldet. Für Ersteres soll man eine Malaria-Notfall-Medikation mitbringen, für Letzteres hilft nur Vorsorge gegen Mückenstiche durch entsprechende Sprays, Coils (Rauch produzierende Spiralen zum Anzünden), oder Ton bzw. Geruch erzeugende Apparaturen für die Steckdose. Wer sichergehen möchte, sollte ein Moskitonetz und Haken zur Befestigung mitnehmen.

Selten ist die Ciguantera-Krankheit (mit Lähmungen); sie wird in den Monaten April bis September durch den Verzehr von Riff-Fischen hervorgerufen, die eine besondere Algenart gefressen haben. Auch der Barracuda und der Zackenbarsch, die sich von diesen kleineren Fischen ernähren, können die tückische Krankheit übertragen.

Um Magen-Darm-Störungen und Durchfall zu vermeiden, verzichtet man besser auf Wasser, dessen Herkunft unklar ist, z. B. Eiswürfel, frío-frío und mit Wasser verdünnte Fruchtsäfte sowie Salate. Vor allem sollte man in den ersten Tagen in Bezug auf Ort und Art der Speisen vorsichtig sein. Auch wenn die Nahrungsmittel einwandfrei sind, rebelliert der europäische Magen gelegentlich gegen die fremde Kost. Hilft alles nichts, muss man zu einem Durchfall-Medikament greifen (auch in der einheimischen Apotheke erhältlich).

Zuletzt eine wichtige und ernst zu nehmende Warnung: Die Immunschwächekrankheit AIDS ist in der Republik weit verbreitet; man rechnet derzeit mit einem Anteil von 1,7 % HIV-Infizierten an der Gesamtbevölkerung, zu denen jährlich etwa 2300 Neuinfektionen hinzukommen. Dies ist nach Haiti die zweithöchste Rate in der Karibik.

Internet

In so gut wie allen Touristenorten finden sich mittlerweile Internetcafés und einige Hotels bieten WLAN an, wenn auch oft nicht mit Hochgeschwindigkeiten in der Datenübertragung.

Maßeinheiten

Neben den international gebräuchlichen Maßeinheiten werden auch andere verwendet, die aus den USA oder der fernen spanischen Vergangenheit stammen. Benzin und Flüssigkeiten werden z. B. in *galones* verkauft (ca. 3,8 l), von denen jede 128 Flüssigkeits-Unzen fasst. Stoffe verkauft man in *yardas* (Yards). Unter den Gewichten findet man das amerikanische Pfund, das 10 % unter dem europäischen liegt und 16 Unzen umfasst.

Vor allem bei Längen- und Flächenmaßen schlagen altspanische Traditionen durch: Land misst man in *tareas* (Tagwerk), die 624 m^2 umfassen. Größere Lasten werden in *arrobas* gemessen (ca. 25 Pfund); vier arrobas ergeben ein *quintal* und 30 *quintales* eine *tonelada* (Tonne).

Ganz unübersichtlich wird es auf ländlichen Märkten, wo jeder Verkäufer seine eigenen Maße – leere Dosen und Kisten – verwendet. Die Käufer kennen sie und wissen, wo das preisgünstigste Maß zu erwerben ist. Diese subjektiven Maße trifft man immer wieder auch bei Entfernungsangaben, die fast nie in Kilometern, sondern immer in Stunden angegeben werden. Wer die dominikanischen Straßen kennt, weiß, dass dies sinnvoll ist.

Notruf

Landesweit gilt in allen Städten die 911 (Polizei, Ambulanz, Feuerwehr, Rotes Kreuz, auch Hilfe bei Vergiftungen usw.).

Die Policía de Turismo (POLITUR) ist speziell für die Belange der Touristen zuständig und setzt fremdsprachenkundige Beamte ein. Die Telefonnummer des Hauptsitzes in Santo Domingo lautet 809 221 46 60. In allen von Touristen frequentierten Orten ist die Touristenpolizei bei nicht allzu dringenden Problemen auch über die Nummer des lokalen Büros zu erreichen.

Reiseinfos

Dosen: die dominikanische Art, zu wiegen

Öffnungszeiten

Banken: Mo–Fr ca. 8.30–17, Sa ca. 8.30–12 Uhr. In touristisch wenig erschlossenen Gegenden wird eine Mittagspause (meist 13–14 Uhr) eingelegt.
Ämter: Manchmal Mo–Fr 7.30–14.30 Uhr.
Post: Mo–Fr 8–17.30 Uhr.
Geschäfte: Kaufhäuser, Supermärkte, Souvenirläden u. a. öffnen in der Regel um 9 Uhr und schließen zwischen 18 und 20 Uhr. Im Allgemeinen wird eine Mittagspause eingehalten, meist von 12.30 bis 14.30 Uhr. Colmados und Supermercados sind meist auch samstags, sonntags und feiertags (außer an Ostern) geöffnet.

Post

Das Postwesen hat sich in den letzten Jahren leicht verbessert. In den größeren Orten gibt es inzwischen akzeptable Postämter, auch wenn die Dominikaner selbst diese Institution kaum nutzen. Immerhin kann man jetzt eher damit rechnen, dass Sendungen wohl nicht schnell, aber in den meisten Fällen sicher ankommen. Man kann auch Briefe und Postkarten per Express schicken, wobei die Ankunft innerhalb von fünf Tagen versprochen wird. Die Hauptpostämter befinden sich in Santo Domingo (weit außerhalb im Centro de los Héroes: Calle Héroes de Luperón/Ecke Rafael Damirón) und in

Reiseinfos

Santiago (Calle del Sol/Ecke San Luís). es gilt die zentrale gebührenfreie Telefonnummer 809 534 58 38, www.inposdom.gob.do.

Wenn Sie Ansichtskarten versenden wollen, wenden Sie sich am besten an die Hotelrezeption, die meist auch Briefmarken verkauft.

Radio und Fernsehen

83 Radiostationen und neun lokale Fernsehsender (sowie die in größeren Hotels mittels Kabel eingespeisten ausländischen Sender) zeigen, dass die Dominikaner die Information durch das gesprochene Wort vorziehen, bzw. ohne Musik nicht leben können.

Deutschsprachige Sendungen bieten auf Kurzwelle die Deutsche Welle, Radio Österreich und Schweiz Radio International. Aufgrund der häufigen Änderungen empfiehlt es sich, die aktuelle Kurzwellenfrequenz bei den Radiosendern zu erfragen.

Rauchen

Das Rauchen unterliegt kaum Einschränkungen, ist aber in Behörden und Museen offiziell untersagt.

Reisekasse und Preise

US-Dollar und erst recht Euros werden vor allem auf dem Lande und in kleineren Restaurants und Geschäften nicht oder nur zu schlechten Kursen angenommen. Es ist daher ratsam, sich mit Dominikanischen Pesos zu versorgen, was dank der vielen Bankautomaten meist keine Schwierigkeiten macht (vgl. Geld).

Der früher recht stabile Peso zeigt deutlich inflationäre Tendenzen. Kleinere Hotels und Restaurants, die mit ihren Preisen dem Kursverfall (noch) nicht gefolgt sind, sind daher jetzt noch preiswerter. Insgesamt liegen die Lebenshaltungskosten deutlich unter denen der Euro-Zone; doch es gibt viele Hotels und etliche andere touristische Einrichtungen, die ihre Preise in nur US-$ angeben und die erheblich über dem dominikanischen Preisniveau liegen.

Reisen mit Handicap

Behinderten wird empfohlen, sich an die großen Hotels, am besten mit Pauschalarrangement zu halten. Einzelreisende würden auf viele Probleme stoßen, denn ein behindertengerechter Ausbau von Gehwegen, Hotels und Restaurants ist nahezu unbekannt.

Sicherheit

Trotz Armut und großer sozialer Gegensätze kann die Dominikanische Republik – vor allem im Vergleich zu anderen Karibischen Inseln – als relativ sicher gelten. Allerdings sind in der letzten Zeit auch Überfälle auf Touristen vorgekommen.

Es ist daher zu empfehlen, sich auch tagsüber nicht allein an einsamen Stränden aufzuhalten. Grundsätzlich sollten darüber hinaus, vor allem in Santo Domingo, einige Vorsichtsmaßnahmen beachtet werden: Lassen Sie sich auf der Straße nicht zu kleinen ›dunklen‹ Geschäften überreden, insbesondere nicht, wenn sie mit Drogen in Zusammenhang stehen.

Tragen Sie keine größeren Geldbeträge bei sich bzw. zeigen Sie sie nicht; das gleiche gilt für wertvollen Schmuck oder andere Wertgegen-

37

Reiseinfos

stände. Vermeiden Sie es, abends und nachts allein durch schlecht beleuchtete und einsame Viertel zu gehen. Umgehen Sie Streit in unklaren Situationen, in denen vielleicht Alkohol im Spiel ist.

Souvenirs

Die Suche nach Souvenirs und Mitbringseln macht keinerlei Schwierigkeiten: Händler sind allgegenwärtig und die Auswahl ist groß. Am günstigsten kauft man auf Kunsthandwerkermärkten, z. B. auf dem Mercado Modelo in Santo Domingo und in Santiago, hier werden allerdings auch häufig industrielle Billigprodukte verkauft. ›Fliegende Händler‹ bieten auch allerlei Waren an, doch sollte man kritisch sein und den Preis genau aushandeln. Schließlich findet man Andenkenstände und Souvenirläden in allen größeren Hotels und oft in der Nähe von Sehenswürdigkeiten.

Kunstgewerbliche Artikel gibt es in reicher Auswahl und sehr verschiedenen Geschmacksrichtungen, vom muschelbesetzten Kästchen bis zum Segelschiffmodell und den charakteristischen Limé-Puppen aus Ton und ohne Gesicht. Beliebte Mitbringsel sind außerdem haitianische Gemälde, die überall feilgeboten werden.

Ein ganz besonderes Kapitel ist Schmuck: Es wird alles Erdenkliche zu Ketten verarbeitet, wertvoll sind vor allem solche aus Bernstein und Larimar, einem hell türkisfarbenen Stein, der im Land gefunden wird. Leider werden auch Produkte aus gefährdeten Tierarten hergestellt und angeboten – schwarze Koralle und vor allem Schildpatt. Der Erwerb und Export solcher Güter ist allerdings verboten und strafbar.

Telefonieren

In jedem dominikanischen Dorf gibt es meist an zentraler Stelle eine Telefonzentrale, meist von Codetel oder Tricom.

Nach Anmeldung bekommt man eine Kabine zugewiesen, in der man selbst wählt: für Auslandsgespräche zuerst 011, dann die Landeskennzahl (+49 für Deutschland, +43 für Österreich, +41 für die Schweiz) und schließlich Ortskennzahl und Nummer. Für Ferngespräche innerhalb der dominikanischen Republik muss, ebenso wie für jede Handynummer, vor der eigentlichen Nummer eine 1 und dann 809 oder 829 gewählt werden.

Trinkgeld

In der Dominikanischen Republik ist vor allem in den Dienstleistungsbereichen, in Restaurants, Hotels, am Flughafen u. v. m., ein Trinkgeld *(propina)* üblich. In vielen Restaurants steht es mit 10 % bereits mit auf der Rechnung, außerdem wird eine zusätzliche Steuer von 16 % erhoben.

Trotzdem ist es Sitte, zumindest Kleinbeträge in den Tellerchen liegen zu lassen und bei besonderen Leistungen sogar noch etwas hinzuzufügen. Das Zimmermädchen im Hotel erwartet auch ein Trinkgeld und wird ihren Anspruch dadurch unterstreichen, dass sie sich an Ihrem Abreisetag in Ihrer Nähe zeigt.

Die Höhe variiert je nach dem touristischen Umfeld. In typischen Touristenregionen wird ein ›europäisches‹ Trinkgeld erwartet, das auch in Euro oder Dollar gegeben werden kann.

In den weniger touristischen Landesteilen ist die Palette der Dienstleistungen – es sind manchmal eher Gefälligkeiten – breiter. Hier ist es dann auch

Reiseinfos

An Souvenirs herrscht in der Dominikanischen Republik kein Mangel

angebrachter, den Einheimischen statt Geld ein kleines Geschenk zu geben. Geldforderungen, die nach der Inanspruchnahme scheinbarer Gefälligkeiten, wie beispielsweise dem Führen zu einem Hotel, gestellt werden, kann man jedoch guten Gewissens ablehnen.

Zeit

Der Zeitunterschied zwischen der Dominikanischen Republik und Mitteleuropa beträgt während der Winterzeit (minus) fünf und während der Sommerzeit (minus) sechs Stunden.

Zeitungen und Zeitschriften

Als seriöse und mit einem internationalen Nachrichtenteil ausgestattete Tageszeitung ist der – aufgrund des Anzeigenteils umfangreiche – Listín Diario (www2.listindiario.com) mit leicht konservativer Tendenz bekannt. Als linksliberal kann hingegen die Zeitung El Caribe eingeordnet werden.

Der etwas reißerische ¡Hoy! (www.hoy.com.do) ist als Massenblatt beliebt, von den einheimischen Lesern werden aber auch gerne die Abendzeitungen (Última Hora und El Nacional) gelesen, die ab 17 Uhr auf den großen Plätzen zum Verkauf ausliegen oder durch Zeitungsjungen vertrieben werden.

Vornehmlich für Touristen sind zwei englischsprachige Zeitungen bestimmt: die Santo Domingo News und die Puerto Plata News sowie das Magazin Bohio Dominicano. Man findet sie primär dort, wo ausländische Gäste verkehren, d. h. in großen Hotels und Souvenirläden.

Panorama – Daten, Essays, Hintergründe

Menschenleere palmenumsäumte Sandstrände finden sich an vielen versteckten Orten

Steckbrief Dominikanische Republik

Lage und Fläche: Das Staatsgebiet der Dominikanischen Republik umfasst 48 734 km², etwas weniger als zwei Drittel der Karibikinsel Hispaniola.
Hauptstadt: Santo Domingo.
Amtssprache: Spanisch.
Einwohner: 10 Mio. (2011), ca. ein Drittel davon lebt in der Hauptstadt.
Währung: Dominikanischer Peso; 1 € = 53 Peso (Stand September 2011), bei leicht fortschreitendem Wertverlust.
Zeitzone: »Atlantic Time« – 5 Stunden zur MEZ, während der Sommerzeit – 6 Stunden.

Geographie

Die Dominikanische Republik teilt sich mit Haiti die Insel Hispaniola – nach Kuba die zweitgrößte Insel in der Reihe der Großen Antillen. Sie ist sehr gebirgig; vier große Kordillerenketten durchlaufen sie in grob west-östlicher Richtung. Das Land hat einen überproportionalen Anteil an den fruchtbaren Ebenen der Insel (vor allem der Cibao), aber zugleich auch an den höchsten Bergregionen in den Zentralkordilleren, in der auch der Pico Duarte liegt, mit seinen 3098 m der höchste Berg der Karibik. Zugleich weist die Dominikanische Republik mit der 40 Meter unter dem Meeresspiegel gelegenen Enriquillo-Senke die tiefste Landregion und in der Meeresregion vor dem Cabo Francés Viejo die tiefste Stelle des Atlantiks auf.

Bevölkerung

Mit 205 Einwohnern pro km² ist die Dominikanische Republik relativ dicht besiedelt. Der Anteil der städtischen Bevölkerung ist in den letzten Jahren sehr stark gestiegen und wird auf über 60 % geschätzt. Die größte Zuwanderung kann die Hauptstadt Santo Domingo verzeichnen, die mit ihren Randgebieten die Drei-Millionen-Grenze überschritten hat. Zweite Stadt ist Santiago (574 000 Einwohner); es folgen San Pedro (219 000 Einwohner) und La Romana (215 000 Einwohner). Die durchschnittliche Lebenserwartung ist auf 73,4 Jahre gestiegen, das Bevölkerungswachstum beträgt 1,5 %. 87 % der Gesamtbevölkerung haben eine zumindest rudimentäre Schulbildung durchlaufen; über 90 % sind Katholiken. Die ethnische Zugehörigkeit wird seit einigen Jahren nicht mehr offiziell erhoben, doch gibt es Angaben, dass sich 16 % als »weiß«, 11 % als »schwarz« und 73 % als »gemischt« betrachten, wobei der tatsächliche Grad der ethnischen Vermischung wohl höher liegt.

Kultur

Für das Selbstverständnis der Dominikaner spielt die Zugehörigkeit zum spanischen Kultur- und Sprachkreis eine wichtige Rolle. Sie ergibt sich daraus, dass hier die ersten Siedlungsversuche der Spanier in Amerika, die erste koloniale Landnahme, die erste spanische Stadt mit ihren Institutionen, der Bau der ersten Kirche und Kathedrale und viele andere *primacias* (Premieren) stattfanden. Die ›spanische Kultur‹ ist zudem der wichtigste Beleg für die Verschiedenheit von dem wenig geliebten Nachbarstaat Haiti, wobei die Dominikaner gerne übersehen, dass sie mit den Nachbarn die ethnische Herkunft und vor allem auch die kreolische Kultur teilen (s. S. 61). Eine zentrale Rolle im kulturellen Selbstverständnis spielt die Wiederentdeckung der präkolumbischen Taino-Kultur (s. S. 50).

Deutlich zeigen sich in den letzten Jahren die US-amerikanischen Einflüsse, nicht zuletzt durch die Emigration und Rückwanderung von Dominikanern aus den USA und den Tourismus.

Staat und Verwaltung

Der Staat erlangte seine Unabhängigkeit nach langen Kämpfen am 27.2.1844, nach neuerlicher kurzer spanischer Kolonialzeit wiederum am 18.3.1861 (Restauration). Heute handelt es sich bei der Staatsform um eine präsidiale Republik mit einem Zweikammer-Parlament.

Alle vier Jahre wird gewählt, wobei für alle Dominikaner über 18 Jahre Wahlpflicht herrscht. Derzeitiger Präsident ist Leonel Fernández Reyna.

Wirtschaft

Das Bruttoinlandsprodukt beträgt insgesamt 44,7 Mrd. US-$, was etwa 4330 US-$ pro Einwohner entspricht (die Statistiken können hier allerdings stark divergieren).

Nur noch etwa 7 % der gesamten Summe werden durch die Landwirtschaft erzeugt, ca. 27 % durch die Industrie und etwa 66 % durch den aufgeblähten Dienstleistungssektor, der vom Schuhputzer bis zum Hotelmanager sehr verschiedene Berufs- und Einkommensgruppen umfasst. Offiziell sind 14 % der erwerbstätigen Bevölkerung arbeitslos, doch man kann davon ausgehen, dass diese Zahl anstiege, wenn man die einrechnete, die in Familienbetrieben mitarbeiten und/oder unterbeschäftigt sind.

Die wichtigsten Exportgüter sind Nickel (29 %), Rohrzucker (75 %), Kakao (4 %) und Tabak (3 %). Sie sind zum großen Teil (z. B. Nickel) in ausländischer Hand oder defizitär (z. B. Rohrzucker).

Tourismus

Der Tourismus ist in der Dominikanischen Republik eine Entwicklung der Zeit nach Trujillo. 1971 wurde das Tourismus-Förderungsgesetz erlassen, das für Unternehmer und direkte staatliche Investitionen besondere Privilegien vorsah und tatsächlich einen anhaltenden Boom auslöste.

Inzwischen hat die Zahl der jährlichen Besucher die Vier-Millionen-Grenze erreicht. Mehr als die Hälfte von ihnen kommen aus dem nahen Nordamerika; von den europäischen Besuchern stellen Franzosen, Spanier, Engländer und an vierter Stelle die Deutschen mit jährlich ca. 200 000 den Löwenanteil.

Die Dominikanische Republik

Geschichte im Überblick

Vorkoloniale Zeit und Kolonialgeschichte

bis ca. 200 Die Insel wird von Jägern und Sammlern, heute bekannt als Siboneys, bewohnt.

nach 200 Die Siboneys werden von den Tainos, einer Gruppe aus dem Volk der Arawak, verdrängt. Die Tainos betreiben bereits Ackerbau (*maniok*) und kennen die Töpferei

bis 1492 Die Tainos werden mehr und mehr von den kriegerischen Insel-Kariben bedrängt, die von den Kleinen Antillen hervorstoßen. Wichtiger für ihre Geschichte wird jedoch die Ankunft des Christoph Kolumbus, der am 5. Dezember des Jahres 1492 die Insel betritt. Er benennt sie als seine erste größere Entdeckung La Española (»die Spanische«, später Hispaniola) und gründet am Weihnachtstag die erste Siedlung an der Nordküste (im heutigen Haiti), die er dem Datum entsprechend La Navidad nennt.

1494 1493 nach Hispaniola zurückgekehrt, findet Kolumbus La Navidad zerstört vor. Er gründet am 6. Januar die erste dauerhafte Siedlung La Isabela, die fünf Jahre später zugunsten des 1496 gegründeten und verkehrstechnisch besser gelegenen Nueva Isabela (dem späteren Santo Domingo) am Ostufer des Ozama-Flusses aufgegeben wird.

1500 Kolumbus, mittlerweile beim spanischen König in Ungnade gefallen, wird in der Festung am Río Ozama gefangen gehalten und später nach Spanien zurückgebracht. Neuer Gouverneur wird Nicolás de Ovando, der die Siedlung an das Westufer verlegt und den Grundriss der Altstadt von Santo Domingo festlegt. Unter seiner Regierung wird das sogenannte Encomienda-System, eine über viele Jahrzehnte und in ganz Lateinamerika übliche Form der indianischen Zwangsarbeit, eingeführt.

1509 Diego, der Sohn des Kolumbus, wird neuer Gouverneur. Unter seiner Regierung erreicht Santo Domingo seine große Blüte als Zentrum von Spanisch-Amerika – und das, obwohl die Goldminen rasch erschöpft sind und die indianischen Zwangsarbeiter dahinsterben.

1533 Unter dem Kaziken von Jaragua, Enriquillo, versuchen die Tainos den einzigen größeren Aufstand.

1550 Die letzten in einem Reservat gehaltenen Tainos sterben aus. Auch der Import von schwarzen Sklaven geht zurück und die weißen Siedler haben die Insel verlassen, um sich der Jagd nach Gold auf dem Kontinent anzuschließen. Die Insel ist fast entvölkert.

1586	Der Freibeuter Francis Drake plündert Santo Domingo, das sich von diesem letzten Schlag vorerst nicht mehr erholt und in die Geschichtslosigkeit zurücksinkt.
1604	Die spanische Regierung beschließt per Dekret (*cédula de devastaciones*), den nördlichen Teil der der Insel aufzugeben und alle Siedlungen in diesem Bereich zu zerstören. Dadurch sollte dem Schmuggel Einhalt geboten werden.
1697	Im Frieden von Rijswijk tritt Spanien den westlichen Teil der Insel an Frankreich ab. Unter dem Namen Saint-Domingue wird dieser – dank seiner Zuckerrohrplantagen – zur »besten Kolonie der Welt«.

Freundlich wird Kolumbus beim Betreten Hispaniolas empfangen

1791	Ein Sklavenaufstand bricht in Saint-Domingue aus und führt nach einem zwölfjährigen Krieg 1804 zur Gründung der Republik Haiti. Zudem schafft der Führer der Schwarzen, Jean Jacques Dessalines, die Sklaverei endgültig ab. Da Spanien im Frieden von Basel 1795 auch seinen Teil der Insel an Frankreich abgetreten hat, gehört dieser ebenfalls – theoretisch – zu Haiti, das jedoch, erschöpft und mit inneren Zwistigkeiten belastet, keine Oberhoheit über den östlichen Landesteil ausübt.
1822	Der haitianische Präsident Jean Pierre Boyer besetzt den östlichen Teil der Insel, die damit vereint ist.
1825	Frankreich erkennt die Unabhängigkeit Haitis gegen eine ungeheure Entschädigungssumme an. Die Bezahlung ruiniert die haitianische Wirtschaft für Jahrzehnte und führt zu Widerstand im Osten der Insel.
1839	Der Rechtsgelehrte Juan Pablo Duarte gründet die Geheimgesellschaft La Trinitaria, die die Unabhängigkeit von Haiti und eine eigenständige Republik fordert.

Die Erste Republik

1844	Die Männer von La Trinitaria erstürmen die Festung von Santo Domingo, nehmen die haitianische Garnison gefangen und erklären die Unabhängigkeit des Landes, das den Namen Dominikanische Republik annimmt. Nach heftigen Auseinandersetzungen wird der General Santana zum ersten Präsidenten der Ersten Republik ernannt.
1861	Nach den glimpflich abgelaufenen haitianischen Invasionen von 1849 und 1855, bei denen Santana als Retter immer wieder in den Vordergrund gehoben wird, sucht die Dominikanische Republik eine Schutzmacht gegen Haiti. Da Frankreich und England nicht interessiert sind, unterstellt sich die Kolonie wieder Spanien. Dieses jedoch versteht es nicht, die zurückgekehrte Kolonie durch Konzessionen an sich zu binden. Schon zwei Jahre später bricht der Restaurationskrieg aus.

Die Zweite Republik

1865	Die Spanier verlassen geschlagen das Land; die Zweite Republik unter Ramón Báez wird ausgerufen. Es kommt zu blutigen Fehden zwischen seinen Anhängern, die weiterhin den Anschluss des Landes an eine Großmacht suchen, und nationalistischen Oppositionsgruppen.
1870	Der US-Kongress lehnt mit einer Stimme Mehrheit den Antrag von Báez ab, die Dominikanische Republik zu einem US-amerikanischen Bundesstaat zu machen.

Es konnte nicht elegant und üppig genug bei den Festen Trujillos zugehen – wie hier bei der Hochzeit seiner Tochter

1882	Ulises Heureaux tritt die Präsidentschaft an, die er bis zu seiner Ermordung 1899 als einer der schlimmsten Diktatoren innehaben wird. In dieser Zeit erreicht die Verschuldung der Republik fantastische Ausmaße.

US-amerikanische Besatzung und Trujillo-Diktatur

1916	US-amerikanische Truppen besetzen das Land – wie auch andere Teile der Karibik (z. B. Haiti) – bis 1924, um sich die Zone als Einflussgebiet gegenüber Europa zu sichern. Sie übernehmen die direkte Finanzhoheit, bemühen sich aber auch um einen Ausbau der Straßen, des Gesundheits- und des Schulwesens.
1930	Im Schatten einer Revolte gelangt der Brigadegeneral Rafael Leonidas Trujillo an die Macht, die er bis zu seiner Ermordung im Jahr 1961

in grausam-anarchischer Weise ausübt. Aus konstitutionellen Gründen schiebt er verschiedene Strohmänner an die Staatsspitze; der letzte von ihnen ist der spätere Präsident Joaquín Balaguer.

Die Dritte Republik

1962 Die ersten freien Wahlen der Dritten Republik gewinnt Juan Bosch. Er wird jedoch ein Jahr später durch das Militär gestürzt, u. a. weil ihm die USA wegen seiner Linksorientierung und seiner stark Europa zugewandten Wirtschaftspolitik ihre Unterstützung entziehen.

1963 Ein Triumvirat unter der Leitung von Donald Reid Cabral übernimmt die Macht im Land, in dem man nun mehr und mehr auch das schwierige wirtschaftliche Erbe der Trujillo-Zeit zu spüren beginnt. Durch Versuche, die Korruption einzudämmen, kommt Reid Cabral in Konflikt mit dem Militär, das ihn wiederum 1965 stürzt.

1965 Der neuerliche Putsch löst einen Gegenputsch linksgerichteter Militärkreise aus, der den legitimen Präsidenten, Juan Bosch, wieder an die Macht bringen soll. Es entbrennt ein Bürgerkrieg zwischen diesen ›Konstitutionalisten‹ und den rechtsgerichteten ›Loyalisten‹ unter General Wessin y Wessin. Letzterer bringt die US-amerikanische Regierung, die in den Konstitutionalisten eine kommunistische Gefahr wittert, dazu, militärisch einzugreifen.

1966 Joaquín Balaguer wird erneut zum Präsidenten gewählt und gewinnt auch die Wahlen von 1970 und 1974 – vor allem dank der Zerstrittenheit der Oppositionsparteien. Trotz Putschversuchen, wachsender Korruption und politischer Gewalt übersteht Balaguer die drei Amtsperioden glimpflich, nicht zuletzt weil sein größter Rivale, Juan Bosch, die größte Oppositionspartei PRD verlässt und seine eigene, noch schwache Partei PLD gründet.

1978 Balaguer muss seinem Gegenkandidaten, Antonio Guzmán von der PRD, den Wahlsieg zugestehen.

1982 Nach dem Selbstmord von Guzmán kann die PRD wiederum mit dem Präsidenten Salvador Jorge Blanco die Regierung stellen. Doch schon Guzmán war wenig reformfreudig, und Blanco, der unter den Verdacht der Korruption gerät, lässt sich so stark vom Internationalen Währungsfond unter Druck setzen, dass die PRD an Ansehen verliert.

1986 Balaguer gewinnt wieder die Wahlen, deren Anerkennung er im Übrigen ebenfalls durchsetzen muss. Jorge Blanco wird wegen Korruption verurteilt.

1990	Juan Bosch hat sich mit seiner neuen Partei innerhalb der politischen Hierarchie so weit nach oben gearbeitet, dass er zu einer ernsten Bedrohung für Balaguer wird. Entgegen allen Prognosen gewinnt jedoch Balaguer, allerdings unter dem Verdacht der ´Wahlmanipulation.

Die Zeit nach Balaguer

1994	Auch 1994 gewinnt der mittlerweile blinde und greise Balaguer mit einer ganz knappen Mehrheit die Wahlen. Der innen- und außenpolitische Druck wird so groß, dass Balaguer verspricht, bereits nach der halben Amtszeit endgültig zurückzutreten.
1996	Da Balaguers Partei PRSC nach dem Rücktritt ihres Führers keine Aussichten auf einen Wahlerfolg hat und sie einen Sieg seines wichtigsten Widersachers Peña Gómez auf jeden Fall verhindern möchte, unterstützt Balaguers Partei nun die PLD von Juan Bosch, die mit ihrem Kandidaten Leonel Fernández Reyna erwartungsgemäß die Wahl gewinnt.
1998	Überschattet von seinem großen Vorgänger hat Fernández Schwierigkeiten, eine eigene Machtbasis zu entwickeln. Die Dominikanische Republik erfreut sich jedoch unter ihm eines Wirtschaftsbooms. Im September verwüstet ein Hurrikan weite Teile des Landes.
2000	Balaguer tritt noch einmal als Spitzenkandidat der PRSC zur Wahl an, erreicht aber nur 24,61 % der Stimmen. Hipólito Mejía (PRD) wird mit 49,86 % der Stimmen zum neuen Präsidenten ernannt.
2002	Am 4. Juli stirbt Balaguer.
2004	Der Wind der Rezession weht der Dominikanischen Republik ins Gesicht. Hipólito Mejía verliert die Wahl. Leonel Fernández von der ›linken‹ PLD gewinnt auf Anhieb die absolute Mehrheit.
2008	Trotz seiner inflationären Wirtschaftspolitik, die in dem teuren U-Bahnbau von Santo Domingo gipfelt, gewinnt Leonel Fernández erneut die Wahlen, vor allem, weil er dank seiner Ausgabenfreudigkeit ein festes Klientel an sich binden kann.
2010	Ein katastrophales Erdbeben erschüttert am 12. Januar das Nachbarland Haiti. Die Dominikanische Republik reagiert mit viel Hilfsbereitschaft und Solidarität, die zunächst die historischen Ressentiments gegen den armen Inselnachbarn vergessen lassen. Auf lange Sicht könnte sich die Lage zwischen den beiden Ländern wegen der Zunahme des haitianischen Einwandererstroms aber wieder verschärfen.

Die Tainos

Ritzzeichnungen in Höhlen sind von den Indianern Hispaniolas überliefert

Mit der Entdeckung der Neuen Welt gerieten bis dahin unbekannte Ethnien in das Blickfeld der Europäer und zwangen sie zum Nachdenken: Sind das Menschen wie du und ich? Ist ihr Körper so beschaffen wie der unsere? Haben sie Gefühle wie wir? Sind sie Kinder Gottes oder des Teufels? Die Antworten auf diese Fragen waren zunächst sehr einfach und sagten mehr über die Europäer selbst als über die Fremden aus.

Am 15. Februar 1493, drei Monate, nachdem er die Neue Welt betreten hatte, schrieb Christoph Kolumbus von Hispaniola nach Hause: »Die Bewohner dieser Insel sind (…) ohne Unterschied des Geschlechts vollkommen nackt, wie Gott sie erschaffen. (…) Sie kennen weder Eisen noch Stahl, besitzen keine Waffen, mit denen sie umzugehen wüßten.« Wenn immer er mit ihnen handeln wollte, seien sie einfach weggelaufen, woraus er schließt: »Sie sind eben von unheilbarer Feigheit.« Diese wenigen Worte zeigen schon die Widersprüchlichkeiten in der Einordnung – und auch Behandlung – der Fremden: Einerseits beschreiben sie diese in einem den Vorstellungen der Renaissance entsprechenden Idealzustand des ›natürlichen Menschen‹, der keine Kleidung, keinen Besitz und keinen Krieg kennt; andererseits wird damit die Geringschätzung deutlich, mit der man solchen Menschen ohne Gott, ohne König und ohne Zivilisation gegenübertrat: Besuchten sie neugierig das Schiff des Kolumbus, so ließ der Admiral sie gefangennehmen, um sie genauso wie Papageien, Gold und exotische Pflanzen nach Spanien zu bringen und seinem König vorzuführen.

Das Erbe der Tainos

Die ersten Berichte sind, wie kann es anders sein, von dem Wissensstand und den Vorurteilen der Zeit geprägt. Heute wissen wir scheinbar sehr viel mehr, aber tatsächlich sehr wenig über diese ersten Indianer. Aus Quellen und Funden können wir schließen, dass die Indianer Hispaniolas eine komplexe politische und soziale Kultur entwickelt hatten: Die Insel war in fünf »Reiche« unterteilt, denen jeweils ein König oder Kazike und eine Gruppe von Edlen, die »Nitainos«, vorstanden; letztere Bezeichnung wurde irrtümlicherweise auf das ganze Volk übertragen.

Von einer Dichtung und Gesangskunst der Tainos wird berichtet, auf ihre religiösen Vorstellungen verweisen Figuren von Göttern oder Geistern, sogenannte »Zemis«, die man immer wieder als Statuen im Boden oder als Ritzzeichnungen in vielen Höhlen findet. Die materielle Kultur der Tainos war so weit entwickelt, dass die spanischen Eroberer vieles davon zusammen mit den indianischen Bezeichnungen übernahmen: das *bohio*, ein aus Holz und anderem Pflanzenmaterial errichtetes Haus; die Boote, die sie als *canoa* bezeichneten; die Tabak- und Maniokpflanzen (beides sind Tainowörter!) und die Techniken zu deren Verarbeitung.

Der Untergang der Indianer

Auch die »Feigheit« der Tainos war letztlich Mythos und Wunschdenken: Als die Indianer den wahren Charakter der Invasion erkannten, verwandelte sich die ursprüngliche Gastfreundschaft in verzweifelte Versuche des bewaffneten Widerstandes. Der war vergeblich: Schon dreißig Jahre nach dem ersten Kontakt mit den Europäern waren die meisten der Tainos elend gestorben: gehetzt, in Frondiensten erschöpft, mit unbekannten Krankheiten angesteckt, ihre Familien und Dörfer zerstört.

Als Arbeitskräfte wurden sie durch Bewohner anderer Inseln ersetzt, die nun ebenfalls entvölkert wurden. 1533 führte der Kazike Enriquillo – heute ein Nationalheld der Dominikaner – einen letzten Feldzug, der ihm und seinen Leuten für kurze Zeit eine Rückzugsstätte im Baoruco-Gebirge sicherte. Die letzten Tainos, die ursprünglich 500 000 bis eine Million gezählt hatten, starben dort um 1550.

(Eine umfassende, wissenschaftlich fundierte und anschauliche Präsentation der Taino-Kultur bietet die anthropologische Austellung »Signos de Identidad« im Centro León in Santiago de los Caballeros, sehen Sie dazu auch die Entdeckungstour auf S. 158.)

Der Schatz der Nuestra Señora de la Concepción

Gefährliche Riffe und kleine flache Inseln vor der Küste, die sogenannten »Silberbänke«, sind vor allem in der frühen Kolonialzeit zum Friedhof vieler Schiffe geworden, die Wind und Wellen in dieses Revier verschlagen hatten. Viele gehörten zur spanischen Silberflotte, die Silber und Gold aus ganz Amerika mit Begleitschutz nach Spanien brachte. Bis heute sucht und findet man in den flachen Gewässern die indianischen Edelmetalle, die Spanien nie erreichten – meist schon in Form von geprägten Münzen.

Von Anfang an hatte die letzte Reise der Nuestra Señora de la Concepción unter einem schlechten Stern gestanden. Der mächtige Dreimaster war schon in einem mangelhaften Zustand, als er als Nachhut für die Silberflotte des Jahres 1641 ausgewählt wurde. Da Spanien aber dringend Geld brauchte, musste die Admiralität überhastet einen Konvoi zusammenstellen. Um die Schatzfahrt vor Piraten zu sichern, wurde die Concepción mit Kanonen nachgerüstet, für die sie nicht gebaut war.

Doch es gab keine andere Lösung: Am 23. Juli, nachdem man schon viel Zeit für unaufschiebbare Reparaturen vergeudet hatte, stach eine Flotte von 30 Schiffen von Mexiko aus in See, beladen mit allem Erdenklichen, was das spanische Weltreich zu bieten hatte – vor allem ungeheure Mengen an Silber. Allein die Concepción hatte eine Silberladung, deren Wert nach dem heutigen Preis etwa 52 Millionen Dollar betrug.

Immer noch stößt man vor der Küste der Dominikanischen Republik auf Schiffswracks

Der Untergang der Silberschiffe

Weitere Reparaturen verzögerten die Fahrt so sehr, dass die Segel erst zur Zeit der Wirbelstürme gehisst werden konnten. Und tatsächlich geriet die Unglücksflotte vom 28. bis zum 30. September in einen Orkan. Der Konvoi wurde auseinandergetrieben, fast alle kleineren Schiffe sanken. Das Flaggschiff schaffte zwar allein die Rückfahrt, um dann jedoch – eine besondere Ironie des Schicksals – vor Sevilla zu sinken. Die Conception trieb, kaum manövrierfähig, an die Nordküste von Hispaniola, ein wegen seiner Korallenriffe gefürchtetes Gebiet. Zweimal lief das Schiff auf, zweimal konnte es ohne größere Schäden befreit werden. Es nützte nichts, die Lotsen hatten die Position falsch berechnet, sodass die Concepcion sich endgültig festfuhr und am 11. November sank.

Die Besatzungsmitglieder aber hatten sich wohl, ehe sie mit dem Tod rangen, Gedanken um den Silberschatz gemacht, der da unterging, und einen Teil der Silberstücke auf die Korallenbänke gelegt, wohl in der Hoffnung, diese später nur einsammeln zu müssen. Der Kapitän, der schließlich auf Umwegen nach Santo Domingo gelangte, organisierte mehrere Rettungsexpeditionen, die alle scheiterten.

Die Jagd nach dem versunkenen Schatz

Im 17. Jh. suchten Piraten und Abenteurer nach den mit Silberstücken überhäuften Korallenbänken, die man nun Banco de Plata – Silberriff – nannte. Sie blieben unauffindbar, bis 1687 der englische Seemann William Phips das Wrack in 50 m Tiefe fand. 57 Tage hoben er und einige Taucher mit primitivsten Methoden mehr als 50 000 Pfund Silber. Dann waren ihre Vorräte und Kräfte erschöpft und sie segelten direkt nach England zurück. Phips war ein gemachter Mann, obwohl er, wie man wohl wusste, nur einen Bruchteil des Silbers gehoben hatte.

1960 machte sich der berühmte Taucher Jacques Cousteau von Neuem auf die Suche. Er hatte ein Wrack gefunden, das in allen Einzelheiten dem der Conception ähnelte, bis man schließlich einige Gewichte mit dem Eichdatum von 1756 fand. Doch Cousteaus Expedition hatte neues Interesse geweckt; von nun an forschten amerikanische Berufstaucher – mit den neusten technischen Geräten ausgerüstet – nach dem Wrack. 1970 konnten sie die verstreuten Reste der Concepcion unter Tonnen von Korallenfelsen ausmachen. Sie brachten nicht nur das durch Korallenwuchs zusammengebackene Silber an Land, sondern auch verschiedenste Gebrauchsgegenstände. Gemäß einer Vereinbarung mit der dominikanischen Regierung, die der Republik auch die Hälfte des gefundenen Silbers sicherte, gingen diese kulturgeschichtlich interessanten Stücke an verschiedene Sammlungen und Archive wie das Museum der Casas Reales.

Ganz nebenbei erfuhr man auch, warum die spanische Krone damals so verarmt war. Mehr als die Hälfte des gefundenen Silbers trug keine Prägestempel, was bedeutete, dass es nach Spanien geschmuggelt werden sollte, ohne dass der König den ihm zustehenden Zehnten erhalten hätte. Wie professionell dieser Schwarzhandel organisiert war, zeigten die Koffer und Truhen mit doppeltem Boden, die nun, mehr als 300 Jahre später, ihr kriminelles Geheimnis preisgaben.

Piraten in der Kathedrale

Die Zeit der großen Entdeckungen war ebenfalls die Zeit der Religionskriege. Und diese wurden auch in der Neuen Welt ausgetragen – sogar mit Vorliebe, denn die Kolonien stellten, so abgelegen sie damals waren, eine Quelle der Macht und des Reichtums dar, mit deren Hilfe sich die neuen bürgerlichen Nationen modernisierten. Piratenüberfälle waren Teil der Strategie, das katholische, feudale Spanien zu schwächen.

Am 11. Januar 1586 bot sich den Einwohnern von Santo Domingo ein Bild des Schreckens, das sie gleichwohl schon lange erwartet hatten. Von der westlichen Küste herkommend, zog die Flotte des Freibeuters Francis Drake an der Stadt vorbei, um im Hafen von Haina an Land zu gehen. Mit wenig Hoffnung traf man einige Vorbereitungen: Gold und Schmuck wurden außerhalb der Stadt versteckt und die wehrfähigen Männer der Stadt den Freibeutern entgegengeschickt. Ihr Widerstand war jedoch nur symbolisch: Spanien und seine mächtige Armada waren weit weg und Drakes Leute konnten ungestraft einen ganzen Monat in dem heiligsten Ort der Stadt, der Kathedrale, biwakieren.

Im Hauptschiff hielten sie ihre Gelage ab, Drake residierte in der Kapelle Santa Ana, die Kapelle San Pedro war das Gefangenenlager und andere Kapellen dienten sogar als Pferdeställe. Diese Kirchenentweihung war mehr als die übliche Seeräuberei: eine gezielte Provokation des iberischen Katholizismus durch den Protestanten Drake. Schließlich packte er auch noch den Kirchenschatz ein, der sich bis heute in London befindet.

Erst 25 000 Dukaten, die die Bürger aus ihrem Vermögen zusammensammelten, bewegten Drakes Männer wieder zum Abschied, doch nahmen sie noch die Kirchenglocken, die Geschütze der Festung und alle Handelswaren mit, derer sie habhaft wurden.

Der Niedergang des spanischen Kolonialreichs

Dieser Überfall war ein Schock für die spanische Krone und zugleich ein Wendepunkt in der amerikanischen Kolonialgeschichte. Es war offenbar geworden, dass die Spanier ihre wichtigste amerikanische Stadt nicht verteidigen konnten. Zwei Jahre später folgte die Vernichtung der spanischen Armada, und damit war der Niedergang Spaniens offensichtlich geworden. Zu lange hatte das Land allein auf die Gold- und Silbertransporte aus Amerika gesetzt, sodass seine Wirtschaft und militärische Macht schließlich ganz von der Gnade der Atlantikstürme und der Piraten abhängig geworden waren.

Francis Drake, der für seine Beutezüge in England sogar zum Ritter geschlagen wurde, hatte dafür gesorgt, dass die Piraterie zum entscheidenden Faktor in jahrelangen Kämpfen um die Vorherrschaft in der Neuen Welt geworden war.

Piraten in der Karibik

Es verwundert daher nicht, dass die englische wie auch die französische Krone nun selbst Piratenschiffe ausstatteten, damit diese nicht nur reiche Beute ins Reich brächten, sondern auch die Eroberung ganzer Kolonien vorbereiteten. Jamaica, später auch Trinidad und Teile der atlantischen Küste Mittelamerikas fielen bald an England, und Frankreich konnte seine Piratennester auf der Insel Hispaniola zu einer eigenen Kolonie – dem späteren Haiti – ausbauen. Den größten Teil der Insel, der den französischen Piratenverstecken zu nahe lag, gaben die Spanier schließlich auf; war er doch ohnehin unrentabel geworden.

Wenige Jahre nach Drakes Überfall verlor Santo Domingo endgültig seine Rolle als grandiose Hauptstadt der Neuen Welt und erlebte seine *años de miseria*, die Jahre des Elends. Die Kathedrale Santa María la Menor aber blieb bis heute das gotische Kleinod Santo Domingos, dessen gründliche Erkundung sich allemal lohnt. Weitere Informationen rund um die Basilika finden Sie im Reiseteil zu Santo Domingo (s. S. 92) sowie als Entdeckungstour auf S. 94.

Santa María la Menor: Hier richtete sich Francis Drake mit Männern und Pferden nach der Eroberung Santo Domingos ein

Die Väter der Unabhängigkeit: Duarte – Mella – Sánchez

Sie sind allgegenwärtig, diese drei Helden: Auf Geldscheinen finden sie sich, Hauptstraßen und Plätze sind nach ihnen benannt, die drei Brücken über den Río Ozama und die großen Ausfallstraßen von Santo Domingo tragen ihre Namen. Wer waren Duarte, Mella und Sánchez?

Im Jahr 1838 gehörte die spätere Dominikanische Republik zu Haiti. Damals versammelten sich neun Männer heimlich, um im Namen der »Dreifaltigkeit des Allmächtigen Gottes« den Eid abzulegen, dass sie gegen das haitianische Joch kämpfen würden, um eine unabhängige Republik zu gründen. Jeder von ihnen sollte drei Mitglieder werben, die wiederum das Gleiche tun sollten. Im Schneeballsystem baute sich der Geheimbund bis 1843 zu einer mächtigen Organisation auf. Ihre Führer waren Juan Pablo Duarte, Ramón Mella und Francisco del Rosario Sánchez. Die immer wiederkehrende Zahl 3 gab der Organisation ihren Namen: *la trinitaria*, »Die Dreifaltigkeit«.

Die ›Geburt‹ der Republik

Die Revolution selbst war verworren. 1843 wurde das Komplott verraten, Mella nach Port-au-Prince verschleppt, Sánchez versteckte sich in Santo Domingo, Duarte ging nach Curaçao ins Exil. Dennoch verfolgte man den Umsturzplan weiter. Eine Gelegenheit bot sich, als Mella überraschend freigelassen wurde und sich ein Großgrundbesitzer der Verschwörung anschloss: Pedro Santana, der später eine wichtige Rolle in dem neuen Staat spielen sollte. Die folgenden Kämpfe eröffnete Mella mit einem Schuss und bald wehten neue Fahnen: Die Dominikanische Republik war geboren. Sie verteidigte sich später erfolgreich gegen zwei haitianische Armeen, die den rebellischen Landesteil zurückerobern wollten.

Die Nationalhelden

Duarte, der Führer, hatte das große Ereignis verpasst. Zudem musste er erfahren, dass die Koalition der Sieger nach dominikanischer Manier sofort zerfallen war. Santana und andere sahen keine Überlebenschancen für die neue Republik und wollten das Territorium Frankreich als neue Kolonie antragen. Die eigentlichen Freiheitskämpfer, Duarte, Mella und Sánchez, wurden als Staatsfeinde zu lebenslänglichem Exil verurteilt. Eine spätere Amnestie lehnte Duarte, der den Rest seines Lebens in Venezuela verbrachte, ab. Dass gerade er zum Haupthelden der dominikanischen Unabhängigkeit wurde, erklärt man heute damit, dass er sich so aus dem schmutzigen Geschäft der Politik heraushalten konnte.

Die drei Nationalhelden im Panteón

Tod eines Diktators

Als Wohltäter des Volkes ließ sich Trujillo gerne umjubeln

Wie die meisten Diktatoren fühlte sich Rafael Trujillo allmächtig und unsterblich – bis er einem Attentat zum Opfer fiel. Doch selbst als Leichnam machte er seinen Gegnern das Leben schwer und seine Ermordung zog ein groteskes Spektakel nach sich.

Wenn man den Malecón stadtauswärts in Richtung San Cristóbal fährt, stößt man an der Stadtgrenze auf einen meerseitigen Platz mit einer großen Tafel: Hier sind eine Reihe von Namen eingraviert, an die als Helden und Kämpfer gegen die Tyrannei, aber auch als Märtyrer erinnert werden soll: 28 Menschen, die an der Ermordung eines der grausamsten Diktatoren des 20. Jh. beteiligt waren und dann selbst sterben mussten, da das Attentat erfolgreich, aber doch stümperhaft ausgeführt worden war.

Das ›Opfer‹, Rafael Leonidas Trujillo, hatte selbst so viele Verbrechen verübt, dass sein Tod kaum Entrüstung hervorrief. Von einfacher Herkunft, war er fast instinktiv vertraut mit den politischen Spielregeln des Landes in den wirren Jahren nach der nordamerikanischen Besetzung des Landes.

Mit sehr viel Glück und äußerster Wendigkeit stieg er bald vom einfachen Soldaten zum Brigadegeneral auf und wurde schließlich 1930 zum Präsidenten gewählt. Seine Macht konsolidierte er rasch – durch Ausschaltung seiner politischen wie privaten Gegner und durch den Aufbau eines undurchdringlichen Systems von persönlichen Beziehungen, Pfründen und ihm verpflichteten Organisationen.

Trujillos Schreckensherrschaft

Nach seiner Wiederwahl 1934 war seine Herrschaft nicht mehr zu erschüttern: Aus Eitelkeit taufte er Santo Domingo in Ciudad Trujillo um. Seine Habsucht ließ jede Grenze zwischen Staatseigentum und persönlichem Besitz verschwinden.

Darüber hinaus schwebte über all seinen Handlungen eine Aura von Rachsucht und Gewalttätigkeit, die ihn auch außenpolitisch immer wieder in größte Schwierigkeiten brachte. Die Ermordung von mehreren tausend Haitianern (s. S. 80 »Die Republik und Haiti«) konnte zwar noch mit Geldzuwendungen vertuscht werden, doch im Laufe seiner langen Amtszeit wurde auch seine Selbstherrlichkeit zunehmend irrationaler.

Kritiker im Exil wurden in die Dominikanische Republik verschleppt und ermordet. Im Inland reichte es schon aus, ihm unsympathisch zu sein, um in ständiger Lebensgefahr zu schweben. 1960 ließ er aus persönlicher Antipathie ein Bombenattentat auf den venezolanischen Präsidenten Betancourt verüben und musste in Kauf nehmen, dass daraufhin die meisten amerikanischen Staaten die diplomatischen und wirtschaftlichen Beziehungen zur Dominikanischen Republik abbrachen.

Schließlich legte sich der Generalissimo und ›Wohltäter des Vaterlandes‹, wie er sich überall nennen ließ, sogar mit den USA und der katholischen Kirche an, Stützen, auf die er immer gebaut hatte.

Das Komplott gegen den Diktator

Trotz alledem war Trujillo kaum aus dem Sattel zu werfen und seine Beseitigung wurde zu einer blutigen Groteske. In jener Nacht des 30. Mai 1961 ließ sich der Diktator zu seinem Landsitz in San Cristóbal fahren, als ihn das Auto mit den Attentätern überholte und die Straße blockierte. Trujillo brach unter ihren Schüssen zusammen. Danach packten sie die Leiche in ihren Kofferraum und stürmten zurück in die Stadt. Dem Plan entsprechend sollte ein politisches Komitee sofort den Tod des Diktators über Rundfunk verkünden und eine provisorische Regierung ausrufen.

Doch die Scheu vor dem Diktator und der Glaube an seine Unverwundbarkeit waren groß: Der Führer der politischen Gruppe wollte den Regierungswechsel erst verkünden, nachdem er die Leiche Trujillos gesehen hatte. Während er sich also noch versteckt hielt, suchten die Attentäter verzweifelt ihr Oberhaupt in der Stadt. Er blieb unauffindbar, wodurch wiederum die Attentäter die Nerven verloren: Sie ließen das Auto mit der Leiche achtlos in einer Straße stehen, um sich selbst in Sicherheit zu bringen und verspielten damit ihren das Komplott entscheidenden Vorteil – den der Überraschung.

Ramfis grausame Rache

Inzwischen war der nur leicht verletzte Chauffeur ebenfalls nach Santo Domingo zurückgekehrt und hatte Alarm geschlagen. Trujillos Sohn Ramfis, telegrafisch aus Paris zurückgeholt, übernahm sofort das Amt des Präsidenten wie ein persönliches Erbe. Die Verschwörer wurden gestellt, verrieten sich unter der Folter gegenseitig und wurden schließlich auf grausame Weise ermordet.

Der letzte Akt des ›Schauerspiels‹

Als Ramfis erkannte, dass er sich außenpolitisch nicht halten konnte, bereitete der Trujillo-Clan seine Abreise vor. Ende November des Jahres 1961, am Abend vor seiner Abreise, ließ Ramfis die sechs überlebenden Attentäter in sein Haus bringen, angeblich um ihnen zu verzeihen – und exekutierte sie in guter, alter Trujillo-Tradition persönlich. Dann ließ er die Leiche seines Vaters auf dessen Privatjacht bringen und verließ mit der Familie das Land.

Trujillos Leichnam auf Reisen

Doch damit ist die Geschichte noch immer nicht zu Ende: Die Regierung unter dem offiziellen Stellvertreter Balaguer hatte diese Ereignisse wie gelähmt verfolgt. Als das Schiff die Insel Martinique erreichte, meuterte die Mannschaft, angeblich im Auftrag Balaguers, und brachte die Jacht in die Dominikanische Republik zurück – natürlich ohne Ramfis. An Bord fand man vier bis fünf Millionen Dollar Bargeld – ein kleiner Teil des ungeheuren Vermögens, das die Trujillos außer Landes geschafft hatten. Und natürlich die Leiche des toten Diktators, die man eilends per Luftfracht zu Ramfis nach Paris sandte. So war der Generalissimo der letzte seiner Familie, der das Land verließ.

Die kreolische Kultur

Die Dominikaner bezeichnen sich als »criollos«, als Kreolen, doch geht die Bedeutung dieses Wortes weit über unser stereotypes Verständnis des Kreolischen hinaus: Denn hinter dem Wort versteckt sich ein Stück Kulturgeschichte der Neuen Welt.

Das Wort »kreolisch« ist für Europäer heute mit Assoziationen verbunden, die auf tropische Sinnenlust verweisen: kreolische Rum-Drinks, kreolisches Essen, kreolische Musik und nicht zuletzt die ›schöne Kreolin‹ der frühen Berichte, deren laszive Sinnlichkeit wohl zum Abenteuer einlade, nicht aber zur Gründung eines geregelten, ordentlichen Haushaltes.

Für die Kreolen selbst ist dieser Begriff viel weiter gesteckt. Er entstand mit der Eroberung Amerikas und verweist auf die vielen Veränderungen, mittels derer die europäischen Einwanderer ihre Kultur den Bedingungen der Neuen Welt anpassten und zu einem eigenen Lebensstil fanden, der von andersartigen Nahrungsmitteln, Gewürzen, Baumaterialien und ethnischer Vermischung geprägt war.

Kreolische Autarkie

Als *criollo* wurden in der spanischsprachigen Welt zunächst die in Amerika geborenen Nachfahren spanischer Familien bezeichnet, die damit sowohl von den einheimischen Ethnien, den ›Mischlingen‹, als auch von den Spaniern, die frisch aus Europa kamen, unterschieden wurden. Das Wort »kreolisch« benannte dann zunehmend die Eigenheit einer lateinamerikanischen Kultur, die sich von ihrem Mutterland

Spanien emanzipieren wollte. Auf Hispaniola wurden insbesondere die Nachfahren schwarzer Sklaven als *criollos* bezeichnet und die Entfaltung der karibisch-kreolischen Kultur hängt hier eng mit der Sklavenbefreiung zusammen: Sie entwickelte sich mit dem Rückzug der ehemaligen Sklaven in die abgelegenen, bergigen Landgebiete, in denen sie von Verwaltung und Oberschicht unbehelligt blieben und ein möglichst autarkes Leben führen konnten. So errichtet man bis heute die Häuser selbst und baut auf kleinen Landflächen, den *conucos*, in Mischwirtschaft weitgehend alle Nutzpflanzen an, die für den eigenen Haushalt nötig sind. Die kleinen Überschüsse werden auf dem örtlichen Markt verkauft.

Probleme und Streit regelt man in nachbarschaftlicher Zusammenarbeit, wobei der Rat der Älteren großen Einfluss hat – neben Geschichten, Märchen, Rätseln und Sprichwörtern. Die Anrufung von Polizei oder Gerichten und der Umgang mit Behörden sind verpönt. Da die kreolischen Bauern weder offiziell heiraten noch ihre Kinder eintragen lassen, entziehen sie sich den amtlichen Statistiken.

Das moderne kreolische Leben

In dieser traditionellen Form trifft man die kreolische Kultur natürlich nur noch selten. Auch in die entferntesten Orte gelangt heute das moderne Leben in Form von Verwaltungsbehörden, Schulen, Krankenstationen und Konsumgütern. Geld und moderne Berufe gewinnen zunehmend an Bedeutung.

Gleichzeitig bewahrt die kreolische Kultur aber auch ihre Eigenheiten: die gute Nachbarschaft, die wirtschaftliche Selbständigkeit und die Geschichten, die man sich abends in den dörflichen Gemeinschaften erzählte, als es noch kein elektrisches Licht und keinen Fernsehapparat gab.

Viele junge Leute verlassen die Dörfer, nicht zuletzt, weil das Leben ihnen dort – nach heutigen Begriffen – zu langweilig ist. Die große Stadt ist jedoch ein schwieriges Terrain und auch das große Geld, das man sich erhofft, bleibt meist aus. Also schließt man sich wieder zusammen: So wie das kreolische Leben in den Dörfern schwindet, dehnt es sich in einer neuen städtischen Variante wieder aus. An die Stelle des Esels tritt das Moped, die alten Geschichten werden durch Comics und Fernsehabenteuer ersetzt, doch anderes, Wesentliches, bleibt: der freundschaftliche Umgang mit den Nachbarn und auch Fremden, das Bedürfnis nach Autarkie, aber auch das Misstrauen den Behörden und der Polizei gegenüber.

Mein Tipp

Mangú – das kreolische Frühstück

Kochbananen sind ein Hauptbestandteil der kreolischen Küche der Dominikanischen Republik wie der ganzen Karibik. Probieren Sie zum Frühstück einmal das delikate traditionelle Mangú, ein Püree aus gekochten Bananen, roten Zwiebeln und allerlei Gewürzen.

Dazu werden gebratener Frischkäse, Salami oder Eierspeisen serviert.

Karibische Klänge – die Merengue

Niemand tanzt so gern wie die Dominikaner und was immer für eine Musik der internationale Zeitgeist auftischt, die Merengue setzt sich hier am Ende immer durch. Der Besucher, der vielleicht Salsa oder sogar Rumba kennt, steht meist etwas verwirrt vor der Vielfalt dessen, was als Merengue gilt. Aber was sollen die akademischen Dispute, sagen die Dominikaner, Merengue muss man einfach tanzen.

Dass die Merengue nicht nur ein Schaumgebäck oder gar ein Südseetanz aus Tahiti ist, lernt man in der Dominikanischen Republik sehr schnell. Als Lieblingsmusik der Dominikaner schallt sie aus jedem Lautsprecher und hiervon gibt es mehr, als einem lieb sein wird. Jeder kennt die neuesten Stücke, kann sie mitsingen oder summen, der Kellner oder Türsteher, sogar die Kinder auf der Straße verfallen sofort in die charakteristischen »Hinkeschritte«, wenn eine mitreißende Merengue aufgelegt wird. Merengue bestimmt das Tempo des Landes und das Neueste ist immer gerade gut genug.

Die Tradition der Merengue

Neben den neusten Moden gibt es unendlich viele Traditionen der Merengue, die die *aficionados* kennen, schätzen und auch unterscheiden. Afrikanische Musikformen spielten bei ihrer Entwicklung sicherlich eine große Rolle – die Chroniken nennen die als »lasziv« gesehene *calenda* als Einfluss – doch diese Ahnherren sind schwer dingfest zu machen. Denn zum einen wurden sie über Jahrhunderte verleugnet, zum anderen sollen sich – und zwar in Form einer Parodie – auch europäische Gesellschaftstänze in der Merengue erhalten und vererbt haben: die Quadrille oder der Contredanse, der als Tumba Francesa weiterlebte. Wo immer die Vorfahren zu finden sind, sicher ist, dass die Merengue in der Mitte des 19. Jh. ihren Weg in die bessere Gesellschaft angetreten hat. Ob sie zuerst in Haiti, auf Kuba oder in der Dominikanischen Republik auftauchte, ist kaum zu entscheiden, denn immer gab es einen regen musikalischen Austausch zwischen diesen Ländern. Und trotzdem gilt die Merengue in der Dominikanischen Republik als eine eigene nationale Errungenschaft.

Variantenreichtum

Aber was ist dann eigentlich Merengue mehr als – wie behauptet wird – eine ins Musikalische gewendete Form eines süßen Gebäcks? Sie ist eine eigene komplizierte Welt mit allerlei Varianten, von denen jede ihre Liebhaber hat. Manche schwören auf die traditionellen Merengue-Gruppen, *perico ripiao* (frikassierter Papagei) genannt, die eigentlich nur aus drei Instrumenten bestehen sollten: dem Akkordeon, einer doppelseitig bespannten kleinen Trommel, die auf der einen Seite mit der Hand, auf der anderen mit dem Stock geschlagen wird, und als spezifisch dominikanische Zugabe die *güira* oder *guayo*, ein heute meist aus Weißblech gefertigter Hohlkörper in Form unserer Küchenreibe, dessen Höcker und Narben beim Streichen mit einem Metallstab ein kratzendes Geräusch ergeben. Es können aber auch noch eine *marimba* – eine Reihe zu zupfender Metallbänder über einem Klangkörper – oder die bekannten Maraca-Rasseln hinzukommen. Bei einer modernen Merengue-Gruppe kennt die Palette der Instrumente keine Grenzen: verschiedene Trompeten und eine elektrische Gitarre sind üblich, nicht einmal eine Violine ist ausgeschlossen. Das bedeutet, dass der Name Merengue mehr und mehr eine Gattungsbezeichnung wird, unter die auch die romantische Bachata oder der langsame, liebessehnsüchtige Bolero fallen, aber auch schnelle und heftige Musik- und Tanzformen wie Salsa.

Merengue ist einfach kreolische Musik, und das bedeutet, dass alles erlaubt ist, was gefällt. Für die Texte gilt das Gleiche: Aus der balladenartigen altspanischen Romanze oder der Tradition der Décima kommen die eher konservativen Inhalte, in denen Liebesleid und -freud thematisiert werden, vor allem die Klage der Verlassenen und das Leiden des Machos. Aber es gibt genauso die boshaften Texte, wie sie im Calypso üblich sind: die oft verstecke Anspielung auf diesen oder jenen Politiker, die ironische Klage über die steigenden Preise oder sogar, in doppelter ironischer Brechung, der Seufzer über die Verderbnis der Sitten. Aber auch ganz einfach Späße, die den Uneingeweihten als der reine Unfug erscheinen und nur Insidern verständlich sind, werden zum Thema der Merengue.

Kurze Unterweisung im Tanzen

Doch was, wenn man überraschend zum Tanzen aufgefordert wird? Hier ein paar Grundregeln des Merengue-Tanzes: Zunächst einmal bewege man sich, wie es einem gefällt oder wie es der Nachbar oder Partner vormacht.

Wenn man die Grundschritte des Tanzes genauer beobachtet, sieht man, dass sie sehr einfach sind. Die Raffinesse liegt in den Körperbewegungen: Ein enthemmtes Schlenkern der Extremitäten wäre ganz falsch, aber auch ein In-den-Hüften-Wiegen reicht nicht aus.

Der ganze Körper ist beteiligt und zwar in einer dialektischen Form. Die Bewegung der einen Partie (z. B. der Hüften) wird unterstrichen durch die Ruhe oder sogar bewusste Starrheit der anderen (z. B. Oberkörper). Auf die Beine übertragen entsteht aufgrund der Schnelligkeit der Bewegung jener widersinnige Eindruck eines Hinkens. Übung allein reicht für die Tanzfertigkeit nicht aus. Man muss sich auch im Kopf auf die Merengue einlassen, indem man sich mit den ersten Takten auf eine innere Spannung einstellt – die Spannung zwischen Bewegung und Bewegungslosigkeit, zwischen Freiheit und Disziplin, zwischen Zurückweisung und Exhibitionismus, von dem der Merengue-Tanz eine ganze Menge mitbringt. Es ist die gleiche Form der Spannung, die in jeder gelungenen Verführung liegt: die Gleichzeitigkeit von Anlocken und Abwehren. Man lernt daher Merengue-Tanzen am besten, wenn man seinem Partner das Arsenal der in der Körpersprache enthaltenen Verführungsgesten zukommen lässt, ihn gleichzeitig aber auch in die gesellschaftlichen Schranken weist.

Die Dominikaner haben sichtlich Freude an den feurigen Schritten der Merengue

Nuestra Señora de la Altagracia – zwischen Frömmigkeit und Kult

»Altagracia« – »die hohe Gnade« – ist ein in der Dominikanischen Republik allgegenwärtiger Begriff: Menschen, Straßen, Regionen und sogar eine ganze Provinz tragen diesen Namen. Als Marienfigur findet man die »Jungfrau der hohen Gnade« in Kirchen, an Hausfassaden, aber auch in Kneipen, Autobussen und auf Voodoo-Altären. Wie lässt sich die besondere Rolle im kollektiven Selbstverständnis der Dominikaner erklären?

Zweimal im Jahr boomt die ansonsten nicht sehr aufregende Provinzstadt Higüey im Osten der Republik: am 21. Januar und am 15. August. In den Januar fällt ein nationaler Gedenktag: der Sieg der Spanier über die Franzosen in der Schlacht von La Limonade 1691. Im August hingegen wird ein eher bäuerliches Brauchtum zelebriert: Dann werden Stiere durch die Stadt getrieben und zugunsten der Kirche versteigert – ein »Opfer«, das an heidnische Fruchtbarkeitskulte erinnert.

Die Verehrung der *Nuestra Señora de la Altagracia* an beiden Festtagen knüpft somit ein Band zwischen nationaler Mythologie und uralter Volksfrömmigkeit, die – ebenso wie viele christliche Feiertage – wohl noch aus vorchristlichen Traditionen stammt: In der Altagracia-Verehrung sind nicht nur spanischen Wurzeln zu finden, sondern wahrscheinlich auch indigene Bräuche, auf die die Wahl des Ortes Higüey als alter »heiliger« Ort zurückgeht. Dazu kommen religiöse Traditionen der schwarzen Bevölkerung, denn der Madonna entspricht im Pantheon der Voodoo-Götter die »Liebesgöttin« Ezili, die vor allem im Haiti verehrt wird. So erlangt die Altagracia-Verehrung eine internationale Bedeutung: Zu den Festtagen von Higüey kommen Wallfahrer aus anderen Teilen Lateinamerikas und ganz besonders aus Haiti, um die Altagracia als christliche, aber auch afrikanische »Göttin« zu feiern.

Bilderkult und Wunderglaube

Dieser komplexe Hintergrund, der so exemplarisch wie kaum ein anderer das Zusammenfließen alter indigener, christlicher und afrikanischer Traditionen vor Augen führt, erklärt aber nicht die Rolle des Gnadenbildes selbst, das am Eingang der Kirche ausgestellt ist und den Mittelpunkt der Riten und Prozessionen darstellt. Es ist ein kleines, einfaches Bild wahrscheinlich flämischer Schule, das eine liebliche Maria in Anbetung des ausnehmend klein gezeichneten Jesus-Kindes zeigt, umgeben von Sternen. Sie wird nicht als »Abbild« verstanden, sondern als eine Repräsentation, ein Unterschied, der es erst möglich macht, Marientraditionen mit unterschiedlichen »Titeln« – die Schmerzenreiche, die Gnadenreiche u. a. – zuzulassen. Das Gnadenbild, auf das sich diese »Anrufung« bezieht, besitzt, wie so oft, seine eigene Geschichte, die mit Wundern gewürzt ist: Es wurde, so ist belegt, 1514 von zwei spanischen Hidalgos von Spanien nach Higüey gebracht – und so oft man es auch an einen anderen Ort zu bringen versuchte, es kehrte immer wieder dorthin zurück.

Hinzu kommen wunderbare Heilungen und andere Wohltaten, die die Altagracia bewirkt haben soll – ein ›Aberglaube‹, dem die katholische Kirche ambivalent gegenübersteht, mit einer Mischung aus Kritik und Duldsamkeit, um die Gläubigen nicht zu irritieren. Immerhin hat Papst Johannes Paul II. 1979 Higüey besucht, um die Altagracia mit einem Diadem zu beschenken. Er hat damit selbst die dünne Grenze verletzt, mit der die katholische Kirche versucht, sich von dem »heidnischen« Bilderkult abzusetzen.

Allerdings kann auch der Heilige Stuhl kaum übersehen, dass der Katholizismus in ganz Lateinamerika offensichtlich auf einem synkretistischen und damit teilweise »heidnischen« Sockel steht, der, würde er eingerissen, den gesamten kirchlichen Überbau mit einem Mal zum Einsturz bringen könnte.

Als Attribute eines etwas hemdsärmeligen Männervergnügens gehören die beiden Genussmittel seit jeher zusammen und teilen auch einen großen Teil ihrer Kulturgeschichte, die eng mit der karibischen Welt verbunden ist.

Die Tabakpflanze ist in Amerika beheimatet. Kolumbus bekam schon kurz nach seiner Ankunft auf der Insel einige trockene Blätter geschenkt, mit denen er zunächst nicht viel anzufangen wusste. Offenbar schrieben die Indianer ihnen eine magische, berauschende Wirkung zu, und so blieb der

über Madeira, die Kapverdischen Inseln und Brasilien – in die Karibik. Rum war zunächst ein beiläufiges Nebenprodukt der Zuckererzeugung: Er entstand aus der Melasse, die als brauner Sirup nach der Kristallisierung des Zuckers zurückblieb. Tropische Hitze und der hohe Zuckergehalt wirkten zusammen, um eine geradezu explosionsartige Gärung hervorzurufen, die dann in eine kontrollierte Destillation übergeleitet wurde. Das Wort Rum stammt aus dem Slang von Devonshire, in dem *rumbullion* Aufruhr bedeutet – ein Hinweis auf den ursprünglich schlechten Ruf des ›Teufelstöters‹, mit dem

Tabak und Rum braucht der Cowboy

Tabak in den ersten Jahren ein ›Kraut des Teufels‹. Nur Menschen zweifelhaften Rufes, wie Seeleute oder Sklaven, nutzten die aufputschende Wirkung des mysteriösen Krautes. Erst gegen Ende des 16. Jh. kam das Rauchen in Mode. Der erste große Tabakboom lockte Tausende armer Kleinbauern auf die Karibischen Inseln. Ihr Glück verging jedoch rasch – durch die Konkurrenz des Virginia-Tabaks und vor allem durch ein neues Produkt mit noch fabulöseren Gewinnaussichten: dem Zuckerrohr.

Das süße Gold, das sehr schnell seinen Siegeszug antrat, stammt ursprünglich aus Asien. Die Pflanze gelangte erst im 15. Jh. auf Umwegen –

Tabakfelder im Cibao-Tal

man Sklaven bei Laune hielt und das in festgelegten Mengen zur Heuer von Matrosen gehörte.

Zuckerbarone und Zigarrendreher

Die Frage, ob Tabak oder Zucker, entschied nun über das soziale Schicksal ganzer Landstriche in der Karibik. Die Tabakpflanzungen konnten sich zunächst nur in abgelegenen Bereichen halten. Sie blieben in kleinbäuerlichem Besitz, auf dem man kaum Sklaven einsetzte, denn die Weiterverarbeitung von Tabakblättern erforderte Geduld und handwerkliches Geschick. So hielt sich der Tabak als eine ›Kultur der Freiheit‹, mit der man sich gegen die mächtigen Zuckerbarone durchzusetzen versuchte. Auch als in Spanien zu Beginn des 18. Jh. die Kunst des Zigarrendrehens perfektioniert wurde und in Sevilla Manufakturen entstanden, die bis zu 5000 Arbeiterinnen beschäftigten, blieb die Verarbeitung von Tabak ein komplizierter, langwieriger Prozess.

Die Herstellung von Zigarren kann jeder Interessierte in der Dominikanischen Republik noch direkt beobachten. Nachdem man sorgfältig die verschiedenen Qualitäten – z. B. sind die oberen Blätter der Pflanze besser als die unteren – voneinander getrennt hat, werden sie in luftigen und schattigen Schuppen getrocknet, wobei man die Temperatur und Luftfeuchtigkeit mühevoll durch den Unterhalt kleiner Feuer oder durch Besprengen der Blätter mit Wasser reguliert muss. An einem feuchten Tag werden die Blätter gebündelt und zwei Monate lang in leicht abgedeckten Ballen zum Fermentieren ausgelegt: In ihrem Inneren entwickelt sich ein gesteuerter Gärungsprozess, durch den einige Schadstoffe ausgeschieden werden. Die Tabakbauern wiederholen ihn mehrere Male, bis schließlich in einer feierlichen Sortierung Deckblätter und Einlage getrennt werden. In Ballen oder Kisten wandert der Tabak nun in die Manufaktur. Hier folgen viele weitere Arbeitsgänge: das Heraustrennen der Blattrippen, Lagern in Fässern und weitere Fermentierungen.

Es kann bis zu zehn Jahre dauern, bis der Tabak schließlich auf den Arbeitstisch gelangt. Hier sind nun wahre Spezialisten am Werk. Die Einlage wird in eine Form gepresst und dann mit einem zugeschnittenen Deckblatt eingerollt. An den Enden sehr sorgfältig beschnitten, werden die Halbprodukte in einer ebenfalls mit Formen ausgekleideten flachen Kiste einige Tage lang in einen Schraubstock gezwängt. Das Endprodukt, die feste und gleichmäßig geformte Zigarre, bekommt nun noch Kästchen, Hülsen und Etikett und damit auch einen Namen, der heute den größten Teil ihres Preises ausmacht.

Das Geheimnis der Rumbrennerei

Fast ebenso prosaisch ist die Herstellung von Rum. Das Vergären, Filtern und Abfüllen ist bei den handelsüblichen Marken weitgehend automatisiert; Qualität und Alkoholgehalt sind standardisiert. Dennoch bewahrt sich jede Rumfabrik ihre kleinen Geheimnisse, die ihr Produkt und die verschiedenen Sorten unterscheidbar machen: der Zusatz von Hefen, von den aus frü-

heren Destillationen übrig gebliebenen Schlempen *(dunder)*, von Zuckercouleur und schließlich die besonderen Techniken der Lagerung. Die äußeren Merkmale geben einige Hinweise auf Qualität und Geschmack. Zum Beispiel kann die dunkle Farbe das Ergebnis von geheimnisvollen Beimengungen oder der jahrelangen Lagerung in gebrannten Holzfässern sein.

Das hat zur Folge, dass der Rum ›schwerer‹ und im Bukett reicher ist. Heller Rum hat hingegen einen neutraleren Geschmack, denn er ist gereinigt und wurde in Metallfässern gelagert. Dies gilt aber wiederum nicht für einige feinere Sorten, die nicht aus Melasse, sondern direkt aus Zuckerrohrsaft hergestellt werden – was erklärt, warum es unter den *añejos*, den besseren und älteren der dominikanischen Rumsorten, auch hellere Varianten gibt.

Rum schmeckt wohl immer noch nach Tropen, Fernweh und Freiheit, aber er ist ein auf Qualität kontrolliertes Getränk geworden. Keiner der Zecher in den *colmados* kann sich am nächsten Tag damit herausreden, dass er ein schlechtes Fläschchen erwischt hat. Und der kleine Kreis der *aficionados*, der rumverliebten Kenner, blickt verachtungsvoll auf die kommerziell hergestellten Sorten herab und fahndet weiterhin in den kleinen ländlichen Brennereien und alten Familienkellern nach dem ganz besonderen Tropfen – und der wird dann in Hinterzimmern wie eine Trophäe verschwörerisch den besonderen Freunden kredenzt und bei einer guten Zigarre genossen.

Wo immer man sich in einer Runde zusammenfindet, kommt das Nationalgetränk in Flaschen auf den Tisch

Abenteuer Straße

Mit dem Ausbau einer modernen Autobahn zwischen Santo Domingo und Santiago haben nun auch in der Dominikanischen Republik ansatzweise geregelte Verkehrsverhältnisse Einzug gehalten und die Dominikaner haben durch einen erheblichen Zoll an Geldstrafen und Blut gelernt, diesem Straßentypus einen besonderen Status einzuräumen. Besonders die Landstraßen halten aber für den westeuropäischen Selbstfahrer nach wie vor einige Überraschungen bereit.

Da ist zunächst die Qualität der Straße, die einer kaum zu durchschauenden Logik gehorcht: Exzellent ausgebaute Teilstücke auf wenig befahrenen Strecken werden plötzlich und scheinbar unmotiviert zu haarsträubenden Abenteuerpisten mit tiefen scharfkantigen Löchern, in Stücke gerissenen Asphaltteilen und gefährlichen, rutschigen Schlammpartien. Das Geheimnis liegt in den Planungen der Straßenbaubehörden, die zwar viel Geld in den Neubau von Straßen stecken, für den Unterhalt von einmal asphaltierten Strecken aber kaum Mittel vorsehen. Und dies gilt sogar für wichtige Überlandstrecken, auf denen dann eine gefährliche Zwischenkategorie entsteht: Zunächst fährt man – mit wachsendem Optimismus und zunehmender Geschwindigkeit – auf einem bestens ausgebauten Teilstück dahin, bis man völlig unerwartet in eine Serie tiefer Schlaglöcher kracht. Für Überraschungen können auch die unvorhersehbaren Manöver des Gegenverkehrs sorgen, der gerne einmal die Fahrbahn wechselt, um die Löcher auf seiner Seite zu umfahren.

Falschfahrer, schlafende Polizisten und andere Tücken

Ein besonderes Kapitel sind die Ortsdurchfahrten und großen Kreuzungen. Jeder hält nach Belieben, um Bekannte zu begrüßen oder schnell einen Artikel von einem Händler zu erwerben. Vor allem Taxis und Minibusse werden durch mögliche Kunden zu Manövern aller Art verleitet. Berüchtigt sind die Mopeds, die kurze Stücke gerne auf der Gegenfahrbahn zurücklegen und sogar nach Lust und Laune die Autobahn überqueren – wobei sie mittels selbst gebauter Brücken aus Brettern den tiefen Graben des Mittelstreifens überwinden. Auf ein Motorrad passen bis zu vier Personen, alle grundsätzlich ohne Helm. Überholt wird links und rechts, ohne Präferenzen.

Von besonderer Tücke sind die ›schlafenden Polizisten‹, hohe Schwellen, die man grundsätzlich bei jeder Ortsdurchfahrt und bei Polizeiposten und Kasernen erwarten sollte. Wer diese nicht mit Feingefühl überquert, knallt mit der Unterseite des Autos auf den Asphalt. Den gleichen fatalen Effekt haben auch tiefe Abflussrinnen, die auf Kreuzungen die Straße queren.

In den Städten sind außer den Hauptdurchfahrten fast alle Straßen Einbahnstraßen, wobei die Richtung kaum jemals angezeigt wird. Falsch fahrende Mopeds können hier in die Irre führen, man sollte also zählen: auf rechts folgt links ...

Klapperkisten und Freundschaftsgesten

Der Zustand der Autos hat sich deutlich gebessert, doch noch immer sieht man Taxis, denen es an allem fehlt: Blinkern und Stopplichter ersetzt der Fahrer dann durch seine ausladenden Gesten. Nachts sieht man sie allerdings nicht. Aber man sollte bei Dunkelheit ohnehin nicht mehr unterwegs sein, denn die Landstraße gehört dann allerlei unbeleuchteten Gestalten: Hühnern, Kühen und Eseln, Liebespärchen, Kampfhahnbesitzern, Jugendlichen und lichtlosen Fahrzeugen aller Art, etwa Fahrrädern.

Allen diesen Eigentümlichkeiten zum Trotz ist der Verkehr in der Dominikanischen Republik weniger gefährlich als er zunächst erscheint. Halten Sie sich an die Fahrweise der Dominikaner: Fahren Sie geduldig, orientieren Sie sich ständig nach allen Seiten und rechnen Sie stets mit allem. Dafür dürfen Sie dann aber auch fast alles; ein freundliches Lachen und ein Zeichen mit der Hand gelten hier weit mehr als alle Verkehrsregeln und Verkehrsschilder.

Kindheit und Jugend

Fast 35 % der Dominikaner sind jünger als 15 Jahre, entsprechend dominieren die Jugendlichen, vor allem Jungs, das Straßenbild: Überall, an den Ecken und auf Plätzen, sind sie zu sehen – fröhlich, kontaktfreudig, manchmal lästig, in scheinbar herrlicher Freiheit. Wenn man jedoch etwas genauer hinsieht, merkt man leider, dass das Kinderleben in der Dominikanischen Republik kein ›Kinderspiel‹ ist.

Man braucht schon viel Glück in der Dominikanischen Republik. Die wichtigste Voraussetzung ist, in die ›richtige‹ Familie hineingeboren zu werden, d. h. in eine mit regelmäßigem Einkommen, das dem Vater erlaubt, am Sonntagnachmittag Frau und Kinder aufgeputzt ins Hotelcafé zu führen und dort ein Bild der Ehrbarkeit und Solidität vorzuführen, das vergessen lässt, dass die Mätresse inzwischen traurig zu Hause sitzt.

Die meisten dominikanischen Familien sind nicht von dieser Art. Im Allgemeinen sind die Ehen brüchig, nicht zuletzt weil Frauen und Männer sehr verschiedene Leben führen. Das des Mannes führt ihn immer häufiger auf den Dorfplatz, in die Bar oder die Hahnenkampfarena oder schließlich in eine ganz andere Stadt, in der er Arbeit findet. Die typische Familie in der Dominikanischen Republik besteht daher aus Frauen verschiedener Generationen und ihren Kindern, und diese Gemeinschaften haben meist große Schwierigkeiten, sich über Wasser zu halten.

Schuhputzerkarrieren

So müssen schon die Kinder, vor allem die Jungen, für sich selbst sorgen: die kleineren, indem sie dem Touristen mit flehendem Blick den Appetit auf die soeben servierte Pizza verderben, die älteren, indem sie, mit einem Schuhputzkasten ausgestattet, zwischen den Parkbänken und Kneipen wechselvolle Lehr- und Wanderjahre verbringen.

Schuhputzer sind keineswegs nur freche, verkappte Bettler. Der dominikanische Ehrenkodex will, dass derjenige, der erfolgreich ist oder es werden will, von Kopf bis Fuß glänzen muss – und Letzteres ist angesichts der Straßenverhältnisse sehr schwierig. So ist der kleine Schuhputzer eine Kontrollinstanz, die jedes Stäubchen zu Recht anmahnt und es dann auch beseitigt. Neben seinen zehn oder zwanzig Pesos gewinnt er eine gewisse Weltläufigkeit – er ist in Cafés und Bars gelitten und über seine stetigen Dienstverhältnisse gewinnt er ›Freunde‹, die ihm später weiterhelfen könnten.

Doch eines Tages ist er zu alt für dieses Leben. Den Absprung in ein ordentliches Arbeitsverhältnis schaffen nur wenige – meist die aus ›besseren‹ Verhältnissen. Alle anderen sind auf unsichere Metiers angewiesen: als Busbegleiter, Laufburschen, Besitzer eines Moped-Taxis oder als traurig-freche Glücksritter.

Der Traum vom großen Glück

Mädchen versucht man, vor allem in armen Familien, bis zur Heirat zu Hause zu behalten, häufig mit wenig Erfolg. Die Plaza Central ist Mittelpunkt des Lebens, auf ihr setzt sich jeder in Szene – die Jungen mit gewaschenen Hemden, modischen Hosen und Goldkettchen auf entblößter Brust, die Mädchen mit knappem Oberteil und Minirock. Nirgendwo kann man die Urformen des Verführens und Werbens so direkt beobachten wie auf dem dominikanischen Dorfplatz. Meist bleibt alles schön ›artig‹, es sei denn, unerwartete Faktoren kommen hinzu, z. B. der durch die unverblümte Sinnlichkeit angelockte Tourist mit seinem Geld und seiner Unkenntnis der Träume und Ängste von Jugendlichen in einer engen Inselgesellschaft. Er bietet scheinbar Auswege: für den Jungen kleine und große Verdienstmöglichkeiten, aber auch Vorbilder und vage Hoffnungen, dem Inselleben zu entfliehen; für die Mädchen den Traum vom reichen Prinzen, der das arme Aschenputtel erlöst und ein romantisches Leben wie im Fernsehen bietet.

Enttäuschungen und wachsender Konkurrenzdruck bestimmen die Wirklichkeit. Selbst die wenigen hundert Universitätsabsolventen haben Schwierigkeiten im schmalen Berufsspektrum des Landes. Ein großer Teil der Landkinder schließen jedoch nicht einmal die Grundschule ab. Die Ausbildung in handwerklichen Berufen ist nicht geregelt und verlangt über Jahre hinweg unbezahlte Handlangerdienste. Das Leben auf dem Lande ist langweilig und sozial wenig angesehen. Aber in jeder Familie kennt man jemanden, der es im Tourismusgeschäft zu Ehren und Geld gebracht hat. Frechheit, Zähigkeit und Wendigkeit sind hier gefragt – Qualitäten, die sich der kleine Schuhputzerjunge frühzeitig erwirbt; oder Sinnlichkeit und Exhibitionismus, die das Mädchen bereits auf dem Dorfplatz geübt hat.

Dominikanische Mädchen bei einem Fest in La Vega

Ein Leuchtturm für Kolumbus

Wo liegen die Gebeine von Christoph Kolumbus? Was die Dominikaner angeht, ist diese für sie so gewichtige Frage entschieden – spätestens, seitdem 1992 der Kolossalbau des Faro a Colón eingeweiht wurde.

Im Schnittpunkt von Längs- und Querschiff, dem Zentrum des Faro a Colón, flankiert von einer Ehrenwache der dominikanischen Marine, befindet sich heute das Grabmal des Christoph Kolumbus. Zuvor stand es in der Kathedrale von Santo Domingo und bietet nun mit seiner barocken Pracht einen seltsamen, aber doch ansprechenden Kontrast zur glatten Betonarchitektur des »Leuchtturms«. Die maliziöse Behauptung, dass hier Tonnen von Zement eine ansonsten dürftige Beweislast über den letzten Ruheort des Entdeckers ersetzen sollen, weisen die Dominikaner empört zurück: Kolumbus, der erste moderne Amerikaner, liege hier und nicht in der Kathedrale von Sevilla, in der sich ein ähnlich pompöses, aber älteres Kolumbusgrab befindet.

Eine Urne auf Umwegen

Die Geschichte der Überreste des Entdeckers ist nicht leicht zu rekonstruieren: Erwiesen ist, dass Kolumbus 1506 in Spanien starb; im Jahr 1539 sollte der Leichnam in die Neue Welt, in die Kathedrale von Santo Domingo, gebracht werden. Hier wurde das Grab jedoch versteckt und unkenntlich gemacht, um angesichts der ständigen Bedrohung der schwachen Kolonie

Ein beeindruckendes Monument aus Marmor und Beton: der Faro a Colón

seine Entweihung zu verhindern. Als die ganze Insel 1795 an Frankreich abgetreten wurde, habe man die Urne in das noch spanische Kuba gebracht; von hier seien die Gebeine des Entdeckers wieder zurück nach Sevilla gereist. Diese verwickelte Reise der Urne ist aktenkundig, aber enthielt sie wirklich die Überreste des Kolumbus? 1877 stieß man bei der Restaurierung der Kathedrale in Santo Domingo auf eine verborgene Krypta, in der man eine andere Urne mit Asche und Knochenresten fand, deren Aufschrift auf Kolumbus verwies.

In den Wirren der Umzüge war wohl die falsche Urne verschickt worden; der ›erste Amerikaner‹ war in Santo Domingo geblieben! Angesichts des nun ganz Lateinamerika erfassenden Jubels verblassten die Gegenargumente Sevillas und eine spätere DNS-Analyse der Knochenreste in Sevilla brachte wohl eine positive, aber keine eindeutige Antwort: Die dortigen Skelettteile deuteten tatsächlich auf Kolumbus hin, was man durch den Vergleich mit Überresten von Familienangehörigen ermittelte. Aber zugleich stellte sich heraus, dass das Grabmal nur 15 % aller Knochenteile enthielt. Liegt der Rest also doch im Faro a Colón?

Kolumbus als Adoptivvater der Nation

Doch warum ist den Dominikanern Kolumbus so wichtig? Der Entdecker war immer ein Reisender, der in den Diensten vieler Staaten stand. Sicher wäre er auch gerne Dominikaner geworden, wenn es die Nation schon gegeben hätte. Die Flüchtigkeit seiner Existenz, das Traumhafte seiner Reisen, die betrügerische Beliebigkeit seiner Berichte – all dies kann nicht durch tonnenschwere Gebäude und wissenschaftliche Beweise fixiert werden. Für die heutigen Dominikaner, die selbst Nachfahren von »Reisenden« sind, gilt, was Derek Walcott über Geschichte als Mythos gesagt hat: »Dass alles davon abhängt, ob wir diese Fiktion in Form eines Helden- oder eines Opfergedächtnises bewahren.« Kolumbus zum Vater der Nation zu erklären, erlaubt es den Dominikanern, sich auf die Seite der Helden zu schlagen.

Der Macho – ein verwundeter Kampfhahn

Der Machismo prägt auf charakteristische Weise das dominikanische Familienleben und die Geschlechterbeziehungen. Doch wird ein konsequentes Macho-Dasein ein zunehmend schwieriger Spagat zwischen den Anforderungen der männlichen Ehre und der Modernisierung des Alltagslebens.

Noch trifft man ihn täglich im dominikanischen Alltag: den Macho in seiner ganzen Selbstherrlichkeit – doch wird der Boden, auf dem er steht, zunehmend dünner. Ein Grund hierfür ist, dass der karibische Machismo schon immer zwiespältig war. Er musste viel Widersprüchliches vereinen: die Geschichte der spanischen Eroberer, die gewaltsam und im Namen männlich-ritterlicher Ehre auftraten, und das Erbe der Sklaverei mit seinem afrikanischen Matriarchat, in dem die Frau von jeher eine große Rolle spielte und oftmals die alleinige Ernährerin der gesamten Familie war.

Heutzutage haben sich, nicht zuletzt durch den Tourismus mit seinen Dienstleistungsberufen, diese Widersprüche noch wesentlich verstärkt: Die Abstimmung zwischen Macho-Pflichten und modernem Leben wird zu einem gefährlichen Balanceakt des Mannes in der Dominikanischen Republik.

Der Seiltanz des Macho-Lebens

Da ist einmal die Sache mit der Würde! Sie allein erfordert schon, dass der Mann sich nach außen hin immer als seriös präsentiert und damit zeigt, dass mit ihm nicht zu spaßen ist. Zweitens muss er beständig darauf achten, dass kein weibliches Wesen seine Würde und Erhabenheit verletzt – nicht nur seine Partnerin, sondern auch Schwestern und überhaupt jede Frau in seinem Haushalt. Er selbst muss aber auch der althergebrachten, gesellschaftlichen Verpflichtung nachkommen, allen Frauen, die sich ihm nähern, zumindest symbolisch nachzustellen, damit man seine Männlichkeit nicht anzweifeln kann.

Letzte Domäne einer ›bedrohten Art‹

Glücklicherweise bietet das dominikanische Männerleben immer noch einige Nischen, in denen sich der Macho unter seinesgleichen vom täglichen Stress erholen kann: der Schwatz an der Straßenecke, das Bier in der Disco, vor allem aber der Besuch des Hahnenkampfes im *Coliseo Gallistico*. Hier kann der müde Macho seine Würde und Männlichkeit an das unter den Arm geklemmte Federvieh delegieren, das mit seinen gerupften, rot gefärbten Beinen und den spitzen Kunststoffsporen so jämmerlich martialisch aussieht.

Aus den erlösten Machos hingegen wird eine schnatternde Herde ausgelassener Jungs.

Dominikanische Ehefrauen und Freundinnen sind allerdings sehr und oft gewaltsam eifersüchtig – andernfalls wäre ebenfalls die Würde des Machos in Gefahr. Sie sind es aber, und so kann es auch zu peinlichen und bedauerlich würdelosen Ereignissen kommen. Zudem ist es nicht billig, ein konsequenter Macho zu sein: Der Frau, der man nachstellt, muss man etwas bieten. Angesichts der dramatisch sinkenden Realeinkommen gleicht die Erfüllung all dieser Verpflichtungen einer Quadratur des Kreises. Und so kann es der Macho nicht abwenden, dass auch seine Frau durch Arbeit etwas zum Familieneinkommen beisteuert. Damit wachsen die Möglichkeiten, dass seine Würde Schaden nimmt: Nicht selten ist die Frau erfolgreicher als der Macho selbst; aber nicht nur, dass sie den eigenen Mann damit degradiert, sie gerät auch in ständigen Kontakt zu anderen Machos.

Die europäische Frau und der Macho
Blonde und hellhäutige Frauen müssen auf Reisen durch die Republik – vor allem, wenn sie allein unterwegs sind – immer mit den Avancen des dominikanischen Machos rechnen. Ein vermeintlicher Ehering oder der Hinweis auf den nachkommenden Ehemann helfen da schnell ab.

Die Grenze zwischen der Dominikanischen Republik und Haiti ist im geografischen Sinne keine natürliche. Sie durchschneidet Täler und Gebirge, die landschaftlich eine Einheit bilden. Auch die kreolische Kultur der Bauern und Fischer ist nicht so verschieden, wie man es in beiden Ländern gerne haben möchte. Vergleichbar einem Ehepaar in einer zu kleinen Wohnung ist es eher das vehemente Bedürfnis nach Abgrenzung, das sie trennt. Die Geschichte dieser Beziehung ist geprägt von blutigen Kämpfen, die bis heute die gegenseitige Wahrnehmung beeinflussen.

schen Sklaven, die für das »Mutterland« unglaubliche Reichtümer erwirtschafteten.

Die Folge der stetigen Ausbeutung war der Sklavenaufstand von 1792 und die Gründung des Staates Haiti 1804, der ersten und einzigen ›schwarzen Republik‹ des Kontinents, die im folgenden Jahrhundert immer wieder versuchte, ihr Herrschaftsgebiet auf die ganze Insel auszudehnen. Alle Feldzüge blieben ohne dauerhaften Erfolg; auf ihrem Rückweg verwüsteten die haitianischen Armeen die dominikanischen Städte, und so entstand im armen, vernachlässigten ›spanischen‹ Ostteil der

Die Republik und Haiti – eine schwierige Nachbarschaft

Ursprünglich gehörte die ganze Insel Hispaniola zu den unermesslichen amerikanischen Gebieten, die der Papst im Jahr 1594 Spanien zur Christianisierung übergeben hatte. Die anderen Nationen Europas, die von den Reichtümern der Neuen Welt ausgeschlossen waren, begannen nun eine Politik der Nadelstiche. Diese führte schließlich dazu, dass Frankreich 1697, nach einer der vielen Niederlagen Spaniens, die westliche Piratenküste Hispaniolas zu seinem Hoheitsgebiet erklärte. Hier entstand die nach damaligen Gesichtspunkten modernste Plantagenkolonie, eine Hölle für die Massen von afrikani-

Insel der Mythos von den »barbarischen schwarzen Horden aus dem Westen«. Er wurde – wie die eigene Identifikation mit der spanischen Kultur und Rasse – zu einem Grundbestandteil der dominikanischen Identität.

Das ›Petersilien-Massaker‹ am Grenzfluss

Nach dem Ende der haitianischen Feldzüge begann die Angst vor Unterwanderung. Im ersten Grenzvertrag von 1870 hatten die Dominikaner große Teile des Landesinneren aufgegeben, da sie bereits von haitianischen Bauern bewohnt waren. Doch der Siedlungsschub aus dem Westen in die menschenleere dominikanische Grenzre-

Die schwere Arbeit im Zuckerrohr bewältigen fast ausschließlich haitianische Saisonarbeiter

gion ging weiter, bis der Diktator Trujillo in den zwei Schreckensnächten zwischen dem 2. und 4. Oktober 1937 die Grenze ein für alle Mal durch eine Blutspur festlegte: In 36 Stunden fielen Polizei und Militär in einer organisierten Aktion über die ansässigen Haitianer – vor allem im Norden und Nordwesten – her. Etwa 12 000 Männer, Frauen und Kinder wurden kaltblütig getötet. Tausende, zum Teil schwer verletzt, versuchten nach Haiti zu gelangen und wurden noch an der Grenze selbst abgefangen und ermordet. Auf dem Grenzfluss, der schon den Namen Massacre (Massaker) wie ein schlechtes Omen trug, trieben die Leichen zu Hunderten. Der Massenmord trug den Kodenamen *perejil* (Petersilie, gesprochen »perechil«), denn wer vor den blanken Bajonetten das Wort nicht ›richtig‹ aussprach, galt als Haitianer und wurde umgebracht. Später stellte man fest, dass dem ›Test‹ auch viele schwarze Dominikaner der Unterschicht zum Opfer gefallen waren, weil sich bei ihnen die gleiche ›falsche‹ Aussprache eingebürgert hatte. Das Verbrechen wurde nie geahndet, denn Haiti erwies sich als ›Papiertiger‹, der sich mit einer Entschädigung von 750 000 US-$ begnügte. Trujillo ließ die neue Trennlinie befestigen und zu einer der unüberwindlichsten Grenzen Lateinamerikas ausbauen, die bis 1994 fast immer geschlossen blieb.

Haitianer als menschliche Ware: Ausbeutung der Illegalen

Dennoch kommen immer wieder Haitianer in die Dominikanische Republik, z. T. ganz offiziell im Rahmen eines schändlichen Menschenhandels. Haitianische Saisonarbeiter, *braceros*, werden in Lastwagen über die Grenze zur Zuckerrohrernte gebracht. Dort leben sie in *bateyes*, in elenden Lagern, die sie nicht verlassen dürfen, bis sie nach der Ernte wieder zurückgebracht werden. Erst zu Hause erhalten sie, wenn überhaupt, ihren dürftigen Lohn. Natürlich gelingt es immer wieder einzelnen Haitianern, unterzutauchen – für die Dominikaner ein Beleg für das Andauern der ›schwarzen Gefahr‹. Nach dem schweren Erdbeben im Januar 2010, das manche Teile Haitis komplett zerstörte und Armut und Obdachlosigkeit verschärfte, haben sich diese Probleme noch zugespitzt.

Wie viele Haitianer leben heute in der Dominikanischen Republik? Vielleicht 500 000 oder 700 000, die Ärmsten in einem armen Land, Tagelöhner,

Dienstmädchen, Bauarbeiter und vor allem *braceros*. Viele von ihnen sind bereits auf dominikanischer Seite geboren und wären daher nach geltendem Gesetz Bürger des Gastlandes, doch die Eltern, die in beständiger Angst vor der Ausweisung leben, haben die Kinder nicht registrieren lassen. Und so bleiben diese ihr Leben lang ohne Nationalität und staatsbürgerliche Rechte.

Diese Grauzone zwischen Duldung und Verfolgung ist ein wichtiger Faktor der dominikanischen Politik. Wann immer man einen Gegner diffamieren will, behauptet man, er sei haitianischer Herkunft; wann immer die Regierung die Opposition in die Enge treiben möchte, lässt sie eine Anzahl der längst bekannten Illegalen einsammeln und ausweisen, die dann, illegaler denn je, wieder zurückkehren.

Das schafft Zufriedenheit beim Volk – bis sich die Plantagenbesitzer und Baufirmen beschweren, die ihre Arbeitskräfte verlieren.

Es ist ein bitterböses Spiel, dass da seit Jahrzehnten mit den Ärmsten der Armen gespielt wird, so böse, dass sich 1999 die Menschenrechtskommission der OAS beschwere und prompt der ›Einmischung in innere Angelegenheiten‹ beschuldigt wurde. Und diese Floskel trifft in einer vertrackten Weise sogar den Kern des Problems. Die Haitianer sind von einem äußeren zu einem inneren Feind geworden, der gebraucht wird, um die dominikanische Nation in ihrem Selbstbild eines weißen, katholischen Volkes spanischer Tradition zu bestätigen. Und wer auch immer damit nicht einverstanden ist, ist eben ein verkappter Haitianer.

Luftbild von der Grenze: links Haiti, rechts die Dominikanische Republik

Unterwegs in der Dominikanischen Republik

Der wohl schönste Platz der gesamten Republik: der Parque Colón in Santo Domingo

Das Beste auf einen Blick

Santo Domingo

Highlight !

Die Altstadt: Der historische Stadtkern von Santo Domingo, der 1990 zum Weltkulturerbe erklärt wurde, ist nicht nur durch einzelne Bauten von kulturhistorischer Bedeutung.
 Auch als Ensemble ist er eine einmalige Sehenswürdigkeit in ganz Amerika: eine ›gotische‹ Stadt mit Häusern, Kirchen und Kapellen aus dem 16. Jh., untermischt mit barocken und viktorianischen Häuserzeilen und einem Geschäftsviertel mit Bauten im Jugendstil. S. 89

Auf Entdeckungstour

Santa María la Menor: Die Kathedrale war die erste große und einzige gotische Kirche der Neuen Welt und ist nun wohl die wichtigste Sehenswürdigkeit des alten Santo Domingo. Doch ihr kommt nicht nur als Baudenkmal eine große Bedeutung zu, sondern auch als Symbol der Kolonisierung im Zeichen des Kreuzes, die den Kontinent im Guten und Schlechten prägte. **3** S. 94

Der Alcázar de Colón: Die »Burg des Kolumbus« war bis 1950 dem Ruin preisgegeben. Seit ihrer sorgfältigen Renovierung hat sie ihren Ruf als prächtigstes Privathaus der kolonialen Stadt wiedergewonnen, das den Besucher auf eine Zeitreise in die feudale Welt der frühen Kolonie entführt. **14** S. 106

Kultur & Sehenswertes

Calle Las Damas: Diese Straße ist das Herzstück des historischen Santo Domingo und kündet mit ihren zahlreichen Baudenkmälern von der großen Zeit der Stadt, dem goldenen 16. Jh., als sie noch die Hauptstadt der Neuen Welt war. S. 93

Museo de las Casas Reales: Das eindrucksvollste der vielen Museen der Stadt, das in historischen Gemäuern einen anschaulichen Einblick in die Geschichte des Landes von der Kolonialzeit bis ins 19. Jh. bietet. 13 S. 101

Aktiv & Kreativ

Los Tres Ojos – Die drei Augen: Ein märchenhaftes Naturszenarium aus Seen, in einem von exotischen Pflanzen umwucherten System aus eingebrochenen Tropfsteinhöhlen, bildet eine entrückte Oase am Rande Santo Domingos. S. 131

Genießen & Atmosphäre

Plaza España: Im abendlichen Licht sitzt man gegenüber dem schön beleuchteten Alcázar de Colón in einem der Restaurants und Cafés auf diesem weiträumigen Platz – z. B. dem Pat' e Palo 3 oder dem Museo del Jamón 4 – und erholt sich vom Bummel durch die Altstadt. S. 117

Abends & Nachts

Casa de Teatro: Dieses kleine Kulturzentrum bietet abendliche Live-Konzerte, experimentelles Theater und Filmprojektionen in einem gemütlichen Innenhof mitten in der Altstadt. 2 S. 119

Guácara Taína: Die extravagante Atmosphäre einer Tropfsteinhöhle bietet den Rahmen dieser Diskothek, in der man am Wochenende auf drei verschiedenen Tanzflächen die Nächte durchfeiern kann. S. 129

Hauptstadt der Gegensätze

Die Hauptstadt des Landes ist erst in den letzten Jahrzehnten von 370 000 Einwohnern (1960) zu einem wahren Moloch mit über 3 Mio. Menschen herangewachsen – nahezu die Hälfte aller Dominikaner lebt bereits hier. Die wechselvolle Stadtgeschichte und auch die Siedlungsentwicklung der letzten Jahrzehnte mit ihren sozialen Problemen ließen eine Vielfalt von Stadtlandschaften entstehen. Auf den ersten Blick ist die ummauerte koloniale **Altstadt** als das Herz Santo Domingos zu erkennen. Sie entstand am westlichen Ufer der Ozama-Mündung und ist heute das touristisch attraktivste Viertel. Jenseits der alten Stadtmauer führt eine Schnellstraße entlang dem Flussufer und der Küste in die westliche Neustadt. Dort begann erst in den 1930er-Jahren die erste große Ausdehnung, die die Stadt vor allem nach Westen wachsen ließ, wo sie heute ihre natürlichen Grenzen, die Flüsse Haina, Isabela und Ozama, erreicht hat. Mit seinen breiten, im Schachbrettmuster angeordneten Avenuen und Hochhäusern wirkt dieser Teil der Stadt modern und geschäftig. Touristisch interessant ist hier vor allem die Uferstraße, der Malecón, mit seinen Luxushotels und großen Restaurants, aber auch die parallel dazu verlaufende Avenida de Independencia, in der sich einige Mittelklasse-Hotels befinden und die im Osten zum Parque de Independencia – dem Tor zur Kolonialstadt – führt. Im Zuge der Stadterweiterung wurden ab 1970 vor allem in den östlich des Río Ozama gelegenen Stadtteilen, die durch moderne Brücken jetzt leichter zugänglich sind, große Areale des sozialen Wohnungsbaus geschaffen. In ihnen lebt heute die untere Mittelschicht.

Dagegen entstanden ganz ungeplant in den Randgebieten und an den Flussufern riesige Slumviertel mit aus Brettern und Abfallmaterial zusammengezimmerten Häuschen. Es ist weder erquicklich noch ratsam, längere Ausflüge in diese Randbereiche zu unternehmen. Einen der ärmsten Slums

Infobox

Reisekarte: ▶ G 5

Touristeninformation
Secretaría de Estado de Turismo: Av. México/Ecke Calle 30 de Marzo, Tel. 809 221 46 60/61, Fax 809 682 38 06 – leider ist das Büro wenig ergiebig.

Besser ist die **Stadtinformation** im Palacio Borgellá schräg gegenüber der Kathedrale (Calle Isabel la Católica, am Parque Colón, Tel. 809 686 38 58, 9–15 Uhr).

Internet
www.turismosantodomingo.com

Anreise und Weiterkommen
Der internationale **Flughafen Las Américas** liegt ca. 25 km östlich der Stadt an der Küste. Es gibt keine Bus-Zubringerdienste. Von Santo Domingo zum Flughafen kann man ein einfaches Stadttaxi nehmen. In umgekehrter Richtung ist man auf die Flughafentaxis angewiesen (je nach Distanz bis zu 25 US-$).

Aufgrund der Verkehrslage in Santo Domingo ist ein Mietwagen dort nicht zu empfehlen. Die Altstadt lässt sich ohne Probleme zu Fuß erkunden, für die Neustadt empfiehlt sich, eines der vielen Taxis oder *colectivos* zu nutzen.

sieht man, wenn man am Río Ozama entlang flussaufwärts zur dritten Brücke (Puente Sánchez) fährt und in die sumpfigen Flussniederungen schaut.

Stadtgeschichte

Die erste Siedlung am Río Ozama entstand 1496, vier Jahre nach der Ankunft Kolumbus', auf der östlichen Seite des Flusses und wurde auf den Namen Nueva Isabela getauft. Nachdem 1502 die Häuser von einem Hurrikan zerstört worden waren, ließ der Gouverneur Nicolás de Ovando die Stadt auf die andere Seite des Ozama verlegen und gab ihr den Namen Santo Domingo de Guzmán. Zwei Jahre später wurde sie zum Bistum erhoben, weitere fünf Jahre später zur Hauptstadt des Vizekönigreiches Neuspanien mit Diego Kolumbus als erstem Vizekönig.

Die ruhmvolle Vergangenheit Santo Domingos, der ersten Stadt Amerikas und der »Schlüssel zu den Westindischen Inseln«, umfasst nur eine kurze Zeitspanne: die erste Hälfte des 16. Jh. Die für damalige Schürfmethoden und die Ungeduld der Siedler zu geringe Ergiebigkeit der Goldminen und das Aussterben der Indianer, die in ihnen arbeiteten, war nur ein Grund für ihren raschen Verfall. Schlimmere Konsequenzen hatte die Eroberung von Mexiko und Peru, die mit ihren Schätzen so viele Menschen anzogen, in den 1520er-Jahren. Schon 1528 musste daher die Abwanderung von Hispaniola streng reglementiert werden. Die Plünderung durch Francis Drake ließ das Interesse an Santo Domingo endgültig erlöschen, da nun offenkundig war, dass die an der Ozama-Mündung gelegene Stadt zu unsicher war, um weiterhin als Zwischenlager für Goldtransporte zu dienen.

In den folgenden »Jahrhunderten des Elends« blieb Santo Domingo eine Provinzstadt. Noch 1860 war die Stadt nicht über die Stadtmauern hinausgewachsen, die sie schon im 16. Jh. umfassten. Und selbst noch 1940 wurde die mittlerweile größte Stadt der Karibik von einem dominikanischen Kritiker als ›motorisiertes Dorf‹ bezeichnet.

Die Altstadt !

Den größten kunsthistorischen und auch atmosphärischen Zauber üben sicherlich die Kathedrale und die erste Straße der Stadt, die Calle Las Damas, aus, die fast stilrein den ursprünglichen, gotischen Kern der Kolonialstadt ausmachen.

Aber schon im Laufe des 16. Jh. wuchs die Stadt bis zu den Grenzen der heutigen Zona Colonial und wurde durch eine Mauer und eine Reihe von Festungen gesichert: La Concepción am westlichen Haupttor, San Felipe, San José zur Seeseite hin und im Norden Santa Bárbara und La Caridad. Der größte Teil der Häuser innerhalb der Mauern wurde später gebaut oder nachträglich überbaut, weshalb die Altstadt nicht als ›stilrein‹ gelten kann: Zwar finden sich gotische Häuser und Kirchen überall innerhalb der Stadtmauern, doch oft in direkter Nachbarschaft zu späteren Baustilen – vom Barock über den ›viktorianischen‹ Baustil des ausgehenden 19. Jh. bis zum Jugendstil der Calle El Conde. Dies macht das alte Santo Domingo zu einem lebendigen Schaustück amerikanischer Architektur. Die enge, rechtwinklige Straßenführung, die gepflasterten Plätze und nicht zuletzt die abendliche Beleuchtung mit teilweise nostalgischen Laternen-Kandelabern lassen das alte Santo Domingo in der Fantasie wiederaufleben.

Die Altstadt

Sehenswert
1. Casa Consistorial
2. Palacio de Borgellá
3. Santa María la Menor
4. Callejón
5. Kirche Santa Clara
6. Festung Ozama
7. Torre de Homenaje
8. Casa de Bastidas
9. Casa de Hernán Cortés
10. Hostal Nicolás Ovando
11. Panteón Nacional
12. Casa de las Gargolas
13. Casas Reales mit Museum
14. Alcázar de Colón
15. Casa del Cordón
16. Casa de la Moneda
17. Kloster San Francisco
18. Hospital San Nicolás de Bari
19. Casa de Tostado
20. Dominikanerkloster
21. Kapelle des Dritten Ordens
22. Casa del Tapao
23. Kirche Regina Angelorum
24. Kirche Nuestra Señora del Carmen
25. Kapelle San Andrés
26. Puerta de la Misericordia
27. Puerta del Conde
28. Altar de la Patria
29. Kirche San Lázaro
30. Klosterkirche Las Mercedes
31. Kirche Santa Bárbara
32. Atarazana
33. Museo de las Atarazanas

Übernachten
1. Francés
2. Mercure Comercial
3. Europa Hotel Boutique
4. Conde de Peñalba
5. Hotel Atarazana
6. Hostal Nómadas

Essen & Trinken
1. Caffé Bellini
2. La Briciola
3. Pat' e Palo
4. Museo del Jamón
5. Mesón de Luís
6. Grand's
7. El Conde
8. Mesón de Bari

Einkaufen
1. Mercado Modelo
2. La Trinitaria
3. Musicalia
4. Botique del Fumandor
5. Museo Mundo de Ámbar

Aktiv & Kreativ
1. Stadtrundfahrt im Chu-Chu-Tren

Abends & Nachts
1. Atarazana 9
2. Casa de Teatro

Santo Domingo

Parque Colón und Calle Isabel la Católica

Ein guter Ausgangspunkt für eine Besichtigung der Altstadt ist der **Parque Colón**, der weite Platz vor der Kathedrale, von wo aus eine barocke Kolumbusstatue in die Ferne weist. Während der Kolonialzeit hieß der heutige Kolumbusplatz Plaza Mayor (Hauptplatz) und war ein weites Terrain mit einem schönen öffentlichen Brunnen; ein Ort für Märkte, Kirchenfeste, Reiterspiele, Stierkämpfe, Feuerwerke und andres mehr. Die Häuser öffneten sich mit ihren Loggien, Balkonen und Galerien zum Platz hin. Diese Bebauung wurde im 19. Jh. immer stärker durch die nun zeittypische Prunkarchitektur ersetzt, für die die **Casa Consistorial** 1 an der Ecke zur Calle El Conde das beste Beispiel ist.

Seit Neuestem fährt von diesem Platz der **Chu-Chu-Tren** 1 (Tickets im Gebäude neben dem Palacio Borgellá für 12 US-$), ein Bummelzug ab, in dem man ca. 45-minütige Rundfahrten durch die Altstadt unternehmen kann.

Palacio de Borgellá 2

Mo–Fr 9–15 Uhr, Tel. 809 686 38 58
Das einzige Überbleibsel, das hier an den früheren Baustil der Arkaden und Höfe erinnert, ist der allerdings relativ spät (um 1825) erbaute Palast des Generals und damaligen haitianischen Gouverneurs Borgellá an der Ostseite des Platzes. In der Folge erfüllte der Palast unterschiedliche wichtige Funktionen: In ihm tagte die spanisch-königliche Audienz im Jahr 1862 nach dem Wiederanschluss an Spanien; er war Gerichtsgebäude, Senatssitz, Kunstschule und beherbergt nun u. a. eine Touristeninformation.

Kathedrale Santa María la Menor 3

Die Kathedrale ist damals wie heute die Hauptattraktion der Plaza. Aus mächtigen Quadern erbaut und mit Zinnen gekrönt ist es ein Beispiel für die Wehrkirchen, die für das Spanien der Reconquista charakteristisch waren. Zugleich fallen aber auch, vor allem an der Ostfassade, Mudéjar-Elemente und platereske Applikationen sowie an der Nordfassade gotische und renaissancetypische Bögen, Durchgänge und Loggien auf. Der Turmbau, dessen Rudimente im Hof der Südseite stehen, wurde 1546 auf höheren Befehl eingestellt, da die geplante Höhe des Turmes ein Sicherheitsrisiko für die Stadt im Grenzland dargestellt und den Salutturm am Ozama übertroffen hätte. Nach dem Erdbeben von 1763 wurde der heutige Turmrumpf mit fünf Glocken ausgestattet. Eine Besichtigung der Kathedrale ist unbedingt zu empfehlen (s. Entdeckungstour S. 94).

Callejón-Viertel 4

Geht man die Calle Isabel la Católica Richtung Süden, so kommt man rechter Hand am Callejón-Viertel vorbei, das sich südlich an die Kathedrale anschließt. Sein Name – Gasse – verweist auf seine Geschichte als Wohnstätte der Priester und Kirchenbediensteten. Damals bildete es zusammen mit der Kathedrale einen geschlossenen Bezirk; erst 1904 fiel die Mauer, die das Viertel von der Straße Isabel la Católica abschloss. Trotzdem bildet es noch immer mit seinen weißen, begrünten und oleander-geschmückten Häuschen einen friedlichen Kontrast zur lauten Nachbarschaft.

Kirche Santa Clara 5

Hinter der nächsten Querstraße, der Calle Padre Billini, lohnt ein kurzer

Die Altstadt

Obsthändler in der Altstadt

Blick auf die 1552 bis 1556 erbaute Kirche Santa Clara mit dem ersten Frauenkloster der Neuen Welt: Die ursprünglich der heiligen Anna geweihte Kirche ging im 17. Jh. in den Besitz des Klarissenordens über. Sehenswert ist vor allem die alte, aus Stein gemauerte Kassettendecke des Klosters. In dem Gebäude befindet sich heute eine Schule; der Zugang ist daher erst ab 15 Uhr durch das Kloster in der Calle Isabel la Católica möglich.

Die südliche Calle Las Damas

Sie ist eine Sehenswürdigkeit ersten Ranges: die erste gepflasterte Straße der ersten spanischen Kolonie, die sich bis heute ihre Gotik- und Renaissance-Bebauung fast stilrein erhalten hat und zugleich die militärischen und administrativen Strukturen der Kolonie widerspiegelt.

Festung am Río Ozama 6
geöffnet tgl. 10–18 Uhr, Eintritt 40 RD-$

Schon der erste Blick von der Mündung der Calle Padre Billini aus illustriert die militärische Bedeutung der Kolonie, denn man steht unvermittelt vor der schon 1503 gebauten Festung am Río Ozama. Sie beherrscht ein ausgedehntes, zwischen Fluss und Straße gelegenes Areal, das man durch ein erst 1787 gebautes neoklassizistisches Tor betritt. Auf der grünen Wiese im Innenhof steht vor mehreren verstreuten Gebäuden eine neue Bronzestatue des Fernández de Oviedo, der in der Blüte der Festung bis 1533 hier logierte und als Bürgermeister der Stadt, ›Hofschreiber‹ und manchmal zweifelhafter Chronist der ersten Zeit ▷ S. 99

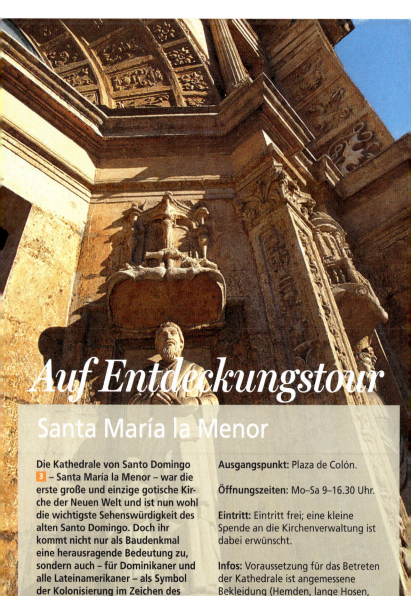

Auf Entdeckungstour

Santa María la Menor

Die Kathedrale von Santo Domingo 3 – Santa María la Menor – war die erste große und einzige gotische Kirche der Neuen Welt und ist nun wohl die wichtigste Sehenswürdigkeit des alten Santo Domingo. Doch ihr kommt nicht nur als Baudenkmal eine herausragende Bedeutung zu, sondern auch – für Dominikaner und alle Lateinamerikaner – als Symbol der Kolonisierung im Zeichen des Kreuzes, die den gesamten Kontinent im Guten wie im Schlechten prägte.

Ausgangspunkt: Plaza de Colón.

Öffnungszeiten: Mo–Sa 9–16.30 Uhr.

Eintritt: Eintritt frei; eine kleine Spende an die Kirchenverwaltung ist dabei erwünscht.

Infos: Voraussetzung für das Betreten der Kathedrale ist angemessene Bekleidung (Hemden, lange Hosen, keine kurzen und ausgeschnittenen Kleider).

Nach der karibischen Hitze und dem hektischen Leben auf dem Parque Colón umpfängt den Besucher der Basilica Menor de la Virgen de la Anunciación eine wohltuend kühle Dämmerung. Leisen Schritts betritt man das ehrwürdige Kirchenschiff dieser ersten Kathedrale der Neuen Welt, deren harmonische, strenge gotische Gewölbe in dieser lebensfrohen, heiteren Stadt eigentümlich fremd anmuten.

Eine verworrene Baugeschichte

Die Kirche geht auf eine Gründung des ersten ansässigen Bischofs, den Italiener Alessandro Geraldini, zurück. Der Bau der Kathedrale wurde 1521 begonnen und in seinem zentralen Teil 1540 abgeschlossen; die Seitenkapellen folgten wesentlich später. 1546 wurde die Kirche zur Kathedrale zunächst für alle christlichen Gemeinden der Neuen Welt ernannt. Bereits 40 Jahre später ›schändete‹ der englische, protestantische Freibeuter Francis Drake das Gotteshaus, indem er die Kirche und die Seitenkapellen als Lager für seine Truppen, als Magazine und sogar Pferdeställe missbrauchte. So wurde es in den Jahrhunderten der ›miseria‹ still um die Kirche.

Erst 1877 rückte sie wieder in den Mittelpunkt des Interesses, als 1877 bei Umbauarbeiten das Grab des Christoph Kolumbus entdeckt wurde. Eine weitere Ehrung wurde ihr zuteil, als man sie zu Beginn des 20. Jh. zu einer ›minderen‹ *(menor)* Basilika ernannte, und sie damit den großen römischen Basiliken (fast) gleichstellte.

Rundgang: Vom Nordtor zum Südportal

Der heutige Zugang führt von der Plaza de Colón durch das meisterhafte spätgotische **Nordportal (1)** mit seinen drei übereinanderliegenden Bögen; der erste wird von einem Wappen mit einer Lilienvase gekrönt, ein von der Kathedrale in Sevilla übernommenes Motiv, das sich auch in der Kirche selbst wiederfindet. Für die Ausbuchtungen oberhalb des Tympanons waren drei Statuen – die Jungfrau Maria, umgeben von den Heiligen Domingo und Saturnino – vorgesehen. Das Kirchenschiff ist wie eine klassische, gotische **Hallenkirche** gebaut, die mit einem Querschiff den Grundriss eines lateinischen Kreuzes aufweist. An den zwei Reihen von Pfeilern, die das Netzgewölbe und die zwei Seitenschiffe stützen, liegen **14 Kapellen**, die erst später, zwischen 1533 und 1650, angebaut wurden. Jede hat ihre eigene Geschichte und ihr besonderes Gesicht.

Löwen und Marien

Wir wenden uns zunächst nach rechts: Die erste der hier folgenden Seitenkapellen, eine der älteren, wird nach den beiden, den Sarkophag tragenden Löwen **Dos Leones (2)** genannt. Hier ruht der Kirchengründer, der erste, bereits 1524 verstorbene Bischof Geraldini. Es folgt die Kapelle der Zwillingsbrüder und Märtyrer **Cosmas und Damian (3)**, deren Bildnisse hier zu finden waren; heute ist ihr wichtigstes Attribut das marmorne Grabmal des Erzbischofs Meriño, der im ausgehenden 19. Jh. auch ein bekannter Politiker war. Die nächsten beiden Kapellen sind, wie viele andere, der Maria geweiht: die Kapelle der ›Jungfrau des Lichts‹ (4 – Virgen de la Luz), in der eine Reliquie des heiligen Maximus aufbewahrt wird, und die der **Altagracia** (5 – Maria der Gnadenreichen) mit einem kleinen Marienbildnis aus Holz (zurzeit nur eine Kopie), das fast so verehrt wird wie das Bildnis der Altagracia von Higüey. Bis 1944 standen hier die Särge und Urnen der ›Unsterblichen‹, d. h.

der Nationalhelden, die heute im Pantheon ruhen. In der letzten Kapelle auf der Nordseite hängt das älteste und wertvollste Gemälde der Kathedrale: das der **Virgen Antigua (6)** von 1523, gestiftet von den katholischen Königen Spaniens.

Zwischen Hauptportal und dem südlichen Tor

Man kommt nun an dem früheren **Hauptportal (7)** vorbei, das heute auf einen abgeschlossenen Vorhof führt. Werfen Sie von hier aus einen ausführlichen Blick auf die Fassade, die als Meisterstück des platereken Stils gilt. Schmuckstücke sind insbesondere das durch eine Säule geteilte Eingangsportal und das von ihm getragene Gewölbe mit den kasettenartig angeordneten Flachreliefs.

Die Harmonie zwischen den großen, durch Balustraden und Säulen getragenen Strukturen und dem platereken Detail setzt sich in den darüberliegenden Fassadenteilen fort. In die Kirche zurückgekehrt, gehen wir nun an der Südseite weiter, vorbei an der ebenfalls sehr alten Kapelle des **Jesus an der Säule (8** – Jesús al Pilar). Sie unterlag der Regie der ›Bruderschaften‹ *(cofradías)*, die als Organe der Kirchengemeinde eine wichtige Rolle spielten, und verdankt ihren Namen der von ihnen bei Umzügen getragenen Holzfigur des gefesselten Jesus. Eine ähnliche Rolle spielte die danebenliegende **Kapelle des Herzens Mariä (9)**, der Jungfrau der *candelaria*, die von den Bruderschaften der Mandingo- und Biafra-Sklaven verehrt wurde.

Vorbei an den relativ späten **Kapellen des Franziskus (10)** und **des San Pedro (11)**, die häufig den Namen und die Zuordnung gewechselt haben, gelangen wir zur letzten, sehr hohen Kapelle vor dem Südportal, der des **Santísimo Sacramento (12)**. Sie gehört dank ihres Reichtums an platereken Elementen im Gewölbe, an den Fenstern, am holzgeschnitzten Altar und dem silbernen Tabernakel zu den bedeutenderen Kapellen der Kirche.

In den Boden eingelassen ist das sehenswerte **Grab des Diego Caballero**, eines der Konquistadoren, der eine bestimmende und vielfältige Rolle in der jungen Kolonie spielte. Nun erreicht man das streng gotische **Südportal (13)**, das älter und von größerer Bedeutung als das Nordportal ist. Wenn es geöffnet ist, gibt es den Blick auf das Callejón-Viertel, die alten Gassen der Kirchenbediensteten, frei.

Das Tor selbst hatte als **Puerta del Perdón** (Tor der Verzeihung) eine besondere Funktion: Wer es erreichte, hatte sich ein Asylrecht erwirkt, wenn es sich um einen politisch Verfolgten handelte; war er nur ein ›gemeiner Verbrecher‹, wurde ihm immerhin die Garantie eines ordentlichen Gerichtsverfahrens zugesprochen. Im Tor stehend, sollte man den Blick unbedingt nach oben auf den prächtigen, plateresk mit Engeln und Basiliken geschmückten Bodenbalken des darüberliegenden Chors richten.

Rund um den Hochaltar

Die vier Kapellen und Bilder zu beiden Seiten des Hochaltars gehören zu den ältesten und wertvollsten der Kirche: die **Taufkapelle (14)** mit einem Gemälde an der rechten Seitenwand (»Maria von der unbefleckten Empfängnis«) aus dem 17. Jh., das möglicherweise auf Murillo oder seine Schule zurückgeht, und, als letzte vor

---

Im Innern präsentiert sich die Kathedrale Santa María La Menor als gotische Hallenkirche

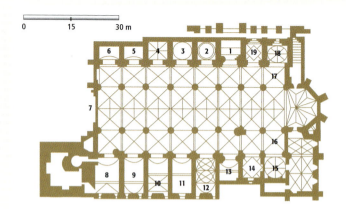

dem Chorgang, die **Santa-Ana-Kapelle (15)**, die eine interessante Stilmischung zeigt: Die ursprünglich vielfarbige Kapelle wurde mehrfach umgebaut und vereint nun gotische Türpfosten, ein Renaissance-Gewölbe, einen platteresken Altar und alten Kachelschmuck aus Sevilla. In dem **gotischen Mausoleum** liegt *Rodrigo de Bastidas* begraben, ein wichtiger und umstrittener Kirchenfürst der frühen dominikanischen Kolonialzeit. Der unglaubliche Reichtum seiner Familie erlaubte 1540 die Fertigstellung der Kathedrale.

Die Altäre

Nun hat man wieder den Hochaltar mit seinem bescheiden wirkenden, aus Mahagoni geschnitzten Kardinalssitz erreicht. Man achte auf den ›**Ave Maria**‹ **(16)** genannten Altar aus dem 18. Jh. rechts daneben, der das Gegengewicht zu dem **Reliquienaltar (17)** auf der linken Seite darstellt. Wie dieser hat er viel mit dem spirituellen Selbstverständnis der Dominikaner zu tun: Maria wird im Himmel gekrönt, während die zur Zeit der Entdeckung der Neuen Welt regierenden katholischen Könige Spaniens betend zu ihr aufblicken. Das gleiche gilt für sein Gegenstück auf der linken Seite, ein barocker Altar aus Mahagoniholz, der eine typisch dominikanische Reliquie enthält: ein Stück des Wunderkreuzes, vom Santo Cerro (s. S. 150).

Die erste Kapelle auf dem Weg zum Nordportal ist eine der berühmtesten der Kirche: die **Kapelle der Animás (18)**, der Seelen, deren Namen auf ein mittlerweile verschwundenes Bild zurückzuführen ist, auf dem das Leiden der Seelen im Fegefeuer dargestellt war. Sie ist noch gotisch geprägt und wurde später in Renaissance-Manier überarbeitet. In dem schlichten Sarkophag soll der erste Erzbischof der Kolonie, Fuenmayor, ruhen.

Die letzte Kapelle schließlich vor dem Nordportal ist mit ihren gotischen Schmuckbögen auch die älteste und ist der eleganten Marienstatue mit schwarzem Mantel in der Mitte des Altars geweiht: der **Virgen de los Dolores (19** – der schmerzensreichen Jungfrau).

Die Altstadt

der spanischen Kolonisierung bekannt ist. Unter den Bauten sticht vor allem der 1503 unter Ovando erbaute 18,5 m hohe **Torre de Homenaje** 7 mit seinem 2 m dicken Mauerwerk hervor. Er war jedoch nicht nur ein ›Salut-Turm‹, mit dem die in den Ozama-Hafen einlaufenden Schiffe gegrüßt wurden, sondern auch die erste Festung zur Sicherung der Stadt und des Flusses. Später diente er als Gefängnis, Folterkammer und Hinrichtungsstätte: Im ersten Stock waren noch zu republikanischer Zeit und zuletzt unter Trujillo einfache politische Gefangene in den Zellen inhaftiert – Kerker, die die bezeichnenden Namen El Indio und El Mulato trugen. Die oberen Stockwerke waren für Staatsgefangene reserviert. Der Aufstieg führt über Wendeltreppen bis hinauf zu einer Aussichtsplattform mit schönem Blick über die Ozama-Mündung. Die letzten Stiegen wurden später von außen angebaut, denn ursprünglich waren die oberen Etagen nur über Leitern zu erreichen, die in den rechteckigen Öffnungen zwischen den einzelnen Stockwerken angelegt wurden und im Angriffsfalle eingezogen werden konnten.

Die anderen historischen Bauten, die eigentlich nicht zum Besichtigungsprogramm gehören, sind das plumpe Haus der Pulverkammer (18. Jh.) und im nordöstlichen Eck das kleinere Fort Santiago.

Casa de Bastidas 8

Links neben der Festung erstreckt sich der lang gezogene Trakt der Casa de Bastidas, benannt nach ihrem Erbauer, dem Konquistador Rodrigo de Bastidas Almojarife, der bereits 1493 mit Kolumbus auf der Insel angekommen war. Seine mächtige und weit verzweigte Sippe stellte viele der staatlichen und kirchlichen Würdenträger, der Konquistadoren und Grundbesitzer der ersten Jahre. Die Außenfront wurde im 18. Jh. in neoklassischer Manier umgebaut, als die Gebäude als Kaserne dienten; die inneren Trakte blieben jedoch zum großen Teil in der ursprünglichen Form erhalten.

Seit 2004 befindet sich in dem Gebäude mit seinem schönen, alten Baumbestand das **Museo Infantil Trampolín** (www.trampolin.org.do, Di–Fr 9–17 Uhr, Sa/So 10–18 Uhr). Dieses interaktive Kindermuseum bietet den Kleinen die Möglichkeit, in Installationsräumen zu vielen Themen wie dem Universum, Planet Erde, zur Energie oder Nahrungskette etc. spielerisch etwas zu erfahren.

Die nördliche Calle Las Damas

Ein paar Schritte Richtung Norden wird die Calle Las Damas von einigen sehr schönen Renaissancegebäuden gesäumt: Hier sind die **Sociedad Dominicana de los Bibliófilos** und die **Dominikanische Akademie der Wissenschaften** zu Hause.

An der Ecke zur Calle El Conde folgt die **Casa de Hernán Cortés** 9, ein weiteres schönes Haus der Renaissance, in dem der berühmte Entdecker seine Mexiko-Expedition geplant haben soll. Die Erweiterung des Gebäudes mit seinem beachtenswerten gotischen Fenster wird Casa de Francia genannt und beherbergt die französische Botschaft und das Kulturinstitut.

Casa de Nicolás Ovando 10

Das Haus gegenüber der Casa de Francia bietet mit seiner Fassade und dem gotischen Portal ein besonders eindrucksvolles Bild der ersten spanischen Häuser in der Neuen Welt. Der Stadtgründer Ovando selbst ließ es erbauen. Es ist mehrfach, unter Einbe-

Santo Domingo

ziehung des danebenliegenden Wohnhauses der Konquistadorenfamilie Dávila, zu luxuriösen Hotels – derzeit Hostal Nicolás de Ovando – umgebaut worden. Auch blieb die mit kunstvollen gotischen Bögen ausgestattete **Kapelle de los Remedios** bestehen. Vor dem Haus findet an Sonntagvormittagen ein **Antiquitätenmarkt** statt.

Panteón Nacional 11
Mo 12–18 , Di–So 8–18 Uhr, Eintritt frei
Auf der anderen Straßenseite steht die mächtige, barocke Kirche des Jesuitenklosters (1714–1740), die in ihrer bewegten Geschichte als Tabaklager, Theater und Bürogebäude gedient hatte und im Jahr 1955 zum Panteón Nacional umgewandelt wurde, in dem sich die **Gräber der großen Männer** der dominikanischen Geschichte finden. An die ursprüngliche Funktion des Baus erinnern nur die barocke Fassade und die kreuzförmige Anlage mit ihren Seitenkapellen.

Jesuitenbauten
An der Ecke Calle Las Damas und Calle Mercedes schließen sich einige wesentlich ältere Gebäude an: die noch unter Ovando erbauten **Casas de los Jesuitas**, die verschiedene Schulen und Universitäten beherbergten und nun dem Museum der Casas Reales zugewiesen sind, die **Casa de Juan Viloria**, ebenfalls aus dem frühen 16. Jh., und als bedeutendstes die **Casa de las Gargolas** 12, das Haus der Wasserspeier, die früher an der Kathedrale ange-

Der stimmungsvolle Innenhof der Casa de Nicolás Ovando

Die Altstadt

bracht waren. Ein anderer Teil der Jesuitenbauten befand sich halblinks hinter der Kirche; hier öffnet sich heute ein kleiner, nur Fußgängern zugänglicher Platz, benannt nach Maria de Toledo, der Frau des Diego Colón – ein idyllischer Rückzugsort, an dem sich auch eine Galerie befindet.

Museo de las Casas Reales 13
Di–Sa 9–17, So 10–16 Uhr,
Erwachsene 100 RD-$
Die nun folgenden lang gestreckten Casas Reales mit dem strengen Mauerwerk und den Renaissancefenstern beherbergten zur Kolonialzeit die königliche Audiencia, die Verwaltung, die Gerichtsbarkeit, den Rechnungshof, aber auch Wohnräume für die Gouverneure und hohen Besucher der damals wichtigsten Kolonie. In den geschichtsträchtigen Gebäuden befindet sich heute das gleichnamige Museum mit der wohl bedeutendsten kulturgeschichtlichen und kunsthandwerklichen Sammlung des Landes aus der Zeit vor seiner Unabhängigkeit. Hierzu gehören vor allem die Ausstellungsstücke zum Schiffsbau, zur Seefahrt (Karten, nautische Geräte) und zur Conquista der Insel, zu Land- und Viehwirtschaft und Bergbau. Ausgestellt sind u. a. auch eine Zuckermühle, eine voll eingerichtete Apotheke aus der Kolonialzeit und schließlich Militaria und Ausrüstungsgegenstände sowohl der Armee als auch der Piraten.

An der Mauer gegenüber der Casas Reales zeigt eine **Sonnenuhr** noch immer die Zeit an, die einst – wie es heißt – die Beamten der Audiencia über die Bürostunden informierte. An ihr vorbei führen nun einige Stufen zu der weiten **Plaza de la Hispanidad** mit dem **Alcázar de Colón** 14 (s. Entdeckungstour S. 106). Rechter Hand liegt die 1576 erbaute **Puerta de San Diego**, ein verziertes Tor zu der teilweise erhaltenen Festung gleichen Namens.

Casa del Cordón 15
Eintritt zu Banköffnungszeiten:
Mo–Fr 8.15–16 Uhr
Parallel zur Calle Las Damas verläuft die Calle Arzobispo Meriño (die sich für den Rückweg gut anbietet). An der Kreuzung Emiliano Tejera/Isabel la Católica liegt das erste spanische Wohnhaus der Stadt, das Renaissance-Palais Casa del Cordón, das Seilhaus. Bereits 1503 errichtet, war es ebenfalls Residenz von Diego Colón, nachdem die Ämter des Gouverneurs und des Bürgermeisters getrennt wurden und Diego daher den Torre de Homenaje Letzterem überlassen musste. Sein Name ist auf die Fassadenverzierung in Form eines geschlungenen und gekno-

Lieblingsort

Klosterruine San Francisco 17

Vor den verwunschenen Ruinen des in Santo Domingos schöner Altstadt gelegenen Convento San Francisco, des damals größten Klosters der Neuen Welt, werden jeden Sonntagabend Konzerte und andere Aufführungen veranstaltet, die für alle frei zugänglich sind. Vor dieser stimmungsvollen Kulisse lässt man sich von Musik und Schauspiel in andere Welten tragen ... (s. auch S. 104).

Santo Domingo

teten Seils über der gotischen Tür zurückzuführen. Heute wird das Gebäude von einer Bank genutzt: eine Ironie des Schicksals, denn in der Casa del Cordón wurde 1586 das Gold – zum Teil der Schmuck der Damen! – gewogen, das als Lösegeld an den Piraten Francis Drake gezahlt wurde.

In der Calle Arzobispo Meriño 358 steht die der Casa del Cordón sinnverwandte **Casa de la Moneda** [16]. 1540 erbaut, diente sie damals als Dependenz der spanischen Münze; bemerkenswert ist der plattereske Wandschmuck über der Treppe und in den Medaillons.

Kloster San Francisco [17]

Die Calle Emiliano Tejera hügelwärts sieht man rechter Hand eine ausgedehnte Ruinenstätte: den gewaltigen, auch als Trümmerstätte noch beeindruckenden Baukomplex des ersten und größten Klosters der Neuen Welt, vor dem an Sonntagabenden Freiluftkonzerte veranstaltet werden (s. S. 102). Im 16. Jh. begonnen, wovon noch das Klosterportal (auf der anderen Seite) mit seiner Franziskanerkordel zeugt, wurde es erst 120 Jahre später fertiggestellt und im 18. Jh. nochmals umgebaut. Sein Verfall setzte wenig später ein, als der Orden aufgrund der Machtübernahme der Franzosen die Insel verließ.

In den folgenden bewegten Zeiten wurden immer wieder Kanonen auf das die Umgebung dominierende Dach montiert, zuletzt 1809. Die Erschütterungen der Schüsse, heißt es, hätten das Gewölbe zum Einsturz gebracht – und Erdbeben und Wirbelstürme taten ein Übriges. Zuletzt wurde das Kloster als Steinbruch missbraucht. Was blieb, dient heute den angrenzenden Vierteln als Erholungsgelände und Spielplatz. Deutlich unterscheiden lassen sich drei Komplexe: die Kirche, durch die man hereinkommt, die abseits gelegene Kapelle und das weitläufige Klostergebäude, in dem noch die ehemaligen Zellen zu erkennen sind (s. S. 102).

Über die Calle Hostos gelangt man auch, weiter nach Süden gehend, zu einer zweiten, kleineren, ebenfalls geschichtsträchtigen Ruinenstätte: zu dem Hospital **San Nicolás de Bari** [18] (8–17 Uhr, Eintritt frei). Im 16. Jh. befand sich hier neben der Kirche ein schon 1503 gegründetes europäisches Krankenhaus (auch mit ambulanter Versorgung der Patienten), doch nur Mauerreste und behauene Steine zeugen noch davon.

Casa de Tostado – Museo de la Familia Dominicana [19]

Mo–Sa 9–16 Uhr, Eintritt 100 RD-$, Tel. 809 689 50 00

In der Calle Arzobispo Meriño, hinter der Calle Billini, steht das schon 1505 erbaute Haus des Stadtschreibers Tostado, dessen Prunkstück ein rein gotisches Zwillingsfenster ist. Hier kann man die komplette Wohnung einer wohlhabenden Familie aus dem späten 19. Jh. begehen und findet Möbel aus Ebenholz, ein Musikzimmer mit Muranoglas-Lüster, geschnitzte Betten, ein Lesezimmer mit einem Eichen-Sekretär sowie einen Garten, dessen Brunnen noch aus dem 16. Jh. stammt.

Dominikanerkloster [20]

Geht man die Calle Billini von der Calle Arzobispo Meriño aus Richtung Westen, stößt man bald auf die Überreste eines der wichtigsten Sakralbauten Santo Domingos: des zwischen 1524 und 1532 erbauten Convento de la Orden de Predicadores de América (Kloster des Predigerordens von Amerika), meist kurz Dominikanerkloster genannt. Erhalten – und sehenswert! – ist

Die Altstadt

vor allem die Kirche, in der sich aufgrund späterer Umbauten Stilelemente der Gotik, Renaissance, des Barock und der Neoklassik mischen.

Dies zeigt sich bereits an der Fassade mit ihrem gotischen Bogen, dem Renaissancegesims, den Sevilla-Kacheln und dem barocken Weinstock, die in ihrer farblichen Abstimmung ein lebendiges Gesamtbild vermitteln.

Im Inneren (bei geschlossener Tür eventuell Zutritt durch den Klostereingang in der Calle Hostos) findet sich ein angeblich von Karl V. gestifteter, neoklassischer **Hochaltar** (18. Jh.) mit dem österreichischen Doppeladler über dem Bild des hl. Dominicus. In der dritten Kapelle rechts stellt das **Deckengewölbe** eine theologisch-kosmologische Uhr dar. Die Sonne als Zentrum ist von den vier durch griechische Götter repräsentierten Jahreszeiten umgeben: Frühling (Jupiter), Sommer (Mars), Herbst (Merkur) und Winter (Saturn). Um diese gruppieren sich die Tierkreiszeichen, die die zwölf Monate repräsentieren.

Gegenüber steht ein weiterer Sakralbau, die ehemalige **Kapelle des Dritten Ordens** 21 (Capilla de la Tercera Orden) von 1559. Sie beherbergt heute eine Bibliothek. Wie die noch sichtbaren Mauerreste zeigen, bestand im 16. Jh. zwischen dieser und dem Dominikanerkloster eine bauliche Verbindung: Hier befand sich die 1538 aus dem Seminar des Klosters entstandene erste Universität Amerikas, die nach Thomas von Aquin benannt war.

Entlang der Calle Padre Billini

Der Kapelle und dem Dominikanerkloster gegenüber liegt der Parque Duarte, ein ebenfalls geschichtsträchtiger Platz: Hier soll die indianische ›Königin‹ Anacaona hingerichtet worden sein und Francis Drake ließ hier mehrere als Geiseln genommene Mönche henken.

Zu diesem historischen Ensemble kann auch die reich geschmückte **Casa del Tapao** 22, das ›Haus des Verhüllten‹, gezählt werden. Sein Bewohner und Namensgeber hielt sein Gesicht verborgen, sei es, weil er der Legende nach ein verbannter Zwillingsbruder des spanischen Königs war, sei es, weil sein Körper durch Lepra verstümmelt war.

Es bleibt schließlich in der Calle Padre Billini noch eine letzte Kirche, der man einen kurzen Blick gönnen sollte: die Kirche des Franziskanerinnenklosters **Regina Angelorum** 23, deren aus dem 16. Jh. stammender Bau im 17. und 18. Jh. weitgehend verändert worden ist. Das Hauptportal wie auch das Innere sind vornehmlich barock gestaltet. Frühere Stilelemente aus der Renaissance findet man an dem in der Seitenstraße gelegenen Nebeneingang. Im Inneren liegt das Grabmal von Padre Billini, einem Wohltäter aus dem 19. Jh. (Zugang nur zu den Gottesdiensten).

Dem Kloster Regina Angelorum gegenüber, in der Calle José Reyes 6, befindet sich ein auffallend vom maurischen Baustil inspiriertes Gebäude, in dem eine interessante kleine, private **Porzellansammlung** ausgestellt wird (Museo de la Porcelana, nicht regelmäßig geöffnet, Tel. 809 688 47 59, Eintritt 50 RD-$).

Von der Calle Arzobispo Nouel zur Calle El Conde

In der nördlichen Parallelstraße zur Calle Padre Billini, der Calle Arzobispo Nouel, befinden sich Richtung Parque de Independencia zwei weiteren Kirchen: zunächst die **Nuestra** ▷ S. 110

Auf Entdeckungstour

Der Alcázar de Colón

Die »Burg des Kolumbus« 14, eigentlich das Wohnhaus seines Sohnes Diego, war bis 1950 dem Verfall preisgegeben. Seit der Renovierung hat sie ihren Ruf als prächtigstes Privathaus der kolonialen Stadt wiedergewonnen. Gründe dafür sind die exponierte Lage auf der Plaza de España vor dem Ozama, die beeindruckend-schöne Fassade sowie die kostbare Ausstattung, die den Besucher auf eine Zeitreise in die feudale Welt der frühen Kolonie entführen.

Ausgangspunkt: Plaza de España, koloniale Altstadt.

Öffnungszeiten: Mo–So 9–17 Uhr.

Eintritt: 20 RD-$.

Internet: http://rsta.pucmm.edu.do/ciudad/alcazar/website

Infos: Gehbehinderte können den ersten Stock über einen Monitor im Erdgeschoss betrachten.

Stolz und trutzig erstreckt sich inmitten der Atarazana ein weitläufiges Gebäude, das man mit seinen ergitterten Fenstern leicht für eine Festung halten könnte, wenn da nicht die zierlichen Arkadenbögen und das dekorative Portal wären, die dem Gebäude seine Strenge nehmen.

Von seinen Galerien aus streift der Blick über den Ozama, über blühende Bougainvilleen und schattenspendende Palmen, während sein Inneres den Luxus und Reichtum des kolonialen Santo Domingo veranschaulicht.

Der Alcázar und seine ereignisreiche Vergangenheit

Der Palast hat eine bewegte Geschichte: Von hier aus lenkte Diego de Colón, Sohn des großen Entdeckers Kolumbus und Vizekönig der neuen Kolonie, ab 1512 die Geschicke seines karibischen Reiches bis zu seinem Tod 1525. Zurück blieb dessen Witwe María Toledo, die dort bis 1548 ein vornehmes Leben führte. In der Folgezeit litt der Palast mehrfach unter Einquartierungen englischer Soldaten und wahrscheinlich auch unter Plünderungen der Piratenmeute von Francis Drake. Danach war er dem Verfall preisgeben, bis man 1870 zumindest seine Ruinen unter Denkmalschutz stellte. Schließlich nahm Trujillo 1955 seine Renovierung in Angriff, die Grundstrukturen blieben dabei erhalten. Inwieweit die Renaissance-Loggia mit den Arkaden, die gotischen Fenster, das platteresk dekorierte Portal jedoch von dem spanischen Architekten Javier Barroso nach eigener Fantasie rekonstruiert wurde, ist unklar. Die Möblierung ist keineswegs die ursprüngliche, doch die Kunsthistoriker haben weder Zeit noch Geld gescheut, um die einzelnen Zimmer passend und edel auszustatten.

Rundgang durch das Untergeschoss

Im unteren Stockwerk befand sich eine Art Dienstbereich, wo auch andere, nicht zum engen Kreis der Familie gehörige Personen wohnten. Von der Eingangshalle gelangt man zunächst in den **Zaguán (1** – Vorhalle), einen großen Saal mit vielen Türen; in ihm sind Mahagonimöbel und Rüstungen ausgestellt. Die linke Tür zu der **Antecapilla (2** – Sakristei) und die folgende kleine **Privatkapelle (3)** von María Toledo zeigen religiöse Objekte aus dem 16. und 17. Jh., darunter einen originalen Taufstein. Der nördliche Außenflügel mit seinen drei Räumen war Bartolomé Colón, dem Onkel Diegos und Bruder Christophs, vorbehalten: in der Mitte das entsprechend ausgestattete Vorzimmer, nach hinten sein **Dienst- und Arbeitsraum (4 & 5)** und vorne hinaus sein **Schlafzimmer (6)** mit Serviertisch, Wandschirm und Bett sowie einer Holzstatue aus dem 12. Jh.

Auf der anderen, linken Seite des Zaguán liegt zunächst der **Salón de las Doncellas (7)**, der Gesellschaftsdamen der Vizekönigin, in dem Esszimmermöbel im gotischen und Renaissance-Stil sowie Fayence-Geschirr ausgestellt sind. Die **Küche (8)**, die von dem Damenzimmer aus zugänglich ist, ist ihrem Zweck entsprechend eingerichtet: mit antikem Geschirr, Krügen und anderen Alltagsgegenständen, wie z. B. einem alten Stiefelknecht. Der im Eckzimmer angesiedelte **Comedor de Servicio (9** – Esszimmer des Personals) wurde auch »Probierzimmer« genannt, denn hier mussten alle Speisen vorgekostet werden. Der Raum ist durch eine Wendeltreppe mit dem darüberliegenden Speisesaal verbunden.

Zur Vorderseite des Palastes hin schließt sich der **Waffensaal (10** – Sala de Armas) an, der vor allem Rüstungen und Helme aus der fraglichen Zeit enthält. Er liegt neben dem **Wachsaal (11 – Sala de Guardia)**, der spartanisch mit einer Kommode und einem Tisch ausgestattet und mit den Wappen der katholischen Könige und der Familie Kolumbus geschmückt ist. Als letzte Attraktion bleibt auf dem Stockwerk die **hintere Terrasse (12)** mit ihrem herrlichen Ausblick auf den Ozama.

Rundgang durch das Obergeschoss

Hier lag der Wohnbereich des Vizekönigspaars. Die Treppe führt zunächst zu dem **Schlafgemach (13)** von María de Toledo, das heute fast ausschließlich mit Kostbarkeiten aus dem 16. und 17. Jh. möbliert ist: Blickfang ist hier das barocke Himmelbett, dessen gedrechselte Säulen mit vergoldeten Engelsköpfen und Marmoreinlegarbeiten verziert sind. Bemerkenswert sind auch der Renaissance-Stuhl in einer kuriosen Dreiecksform und die mehrfarbige, vergoldete Truhe im gotischen Stil. Maria teilte mit dem Vizekönig ein **Vorzimmer (14)**, das mit einem Sekretär mit Schlangenhautmotiven und mit einer eisenbeschlagenen gotischen Truhe möbliert ist. Es folgt das **Schlafzimmer (15)** Diegos, in dessen Mitte ein mit dem Wappen von Kastilien geschmücktes Bett aus dem 17. Jh. steht sowie ein schönes Exemplar der vielen Renaissance-Sekretäre des Museums. Hinzu kommen eine große mit verziertem Leder verkleidete **Tuareg-Truhe**, eine Rarität aus dem Nordafrika des 17. Jh. An das Vorzimmer schließt das

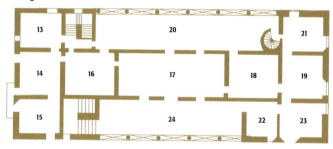

Obergeschoss

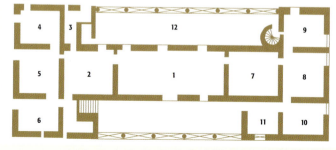

Erdgeschoss

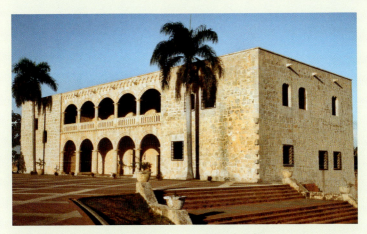

Eine Mischung aus Prachtbau und Festung: der Alcázar de Colón

Arbeitszimmer Diego de Colóns (16) an, in dem dieser seine vize-königlichen ›Büroarbeiten‹ erledigte, möbliert mit einer klobigen hölzernen gotischen Truhe, deren Vorderfront mit Ankern in wappenartiger Form geschmückt ist. Ein spezielles Stück ist auch der eisenbeschlagene Renaissance-Kassenschrank mit kompliziertem Schließsystem. Das Modellschiff ist eine Miniaturkopie der **Santa María**, auf der Kolumbus zur Neuen Welt segelte; der Globus ermöglicht einen Blick auf das geografische Weltbild im 17. Jh.

Eine Tür führt direkt zu der prachtvollen **Sala de Recepciones (17)**, in der alle offiziellen Empfänge und Ereignisse stattfanden. Ausgestellt sind hier natürlich Sitzgelegenheiten verschiedener Art, wie z. B. der gotische hölzerne Chorstuhl mit Schnitzmotiven aus der griechischen Mythologie, aber auch religiöse Statuen und Bilder, Kostbarkeiten aus dem 16. Jh. Auf ihn folgen hintereinander ein kleiner **Musiksalon (18)**, u. a. mit traditionellen spanischen Musikinstrumenten, links daneben dann der **Speisesaal der königlichen Familie (19)**, in dem als besonders altes und schönes Stück eine kleine gotisch-schlichte Statue der Heiligen Barbara gezeigt wird. Dahinter, neben dem **Ostbalkon (20)** und dem Ozama zugewandt, liegt das kleine **Nähzimmer der Königin (21)**, ausgestattet u. a. mit einem Spinnrad, aber auch mit einem aufwendig gestalteten Sekretär, dessen Schmuck eine Mischung maurischer und jüdischer Motive aufweist. Spiegelbildlich versetzt befinden sich zwei kleine **Säle (22, 23)**, von denen der eine kunstvoll illustrierte Bücher der Zeit präsentiert; im anderen findet man zum Schluss noch einen besonderen Leckerbissen, das wertvollste Stück des Hauses: eine 88 cm hohe bemalte und vergoldete Holzschnitzerei, die den Tod der Maria zeigt: eine bewegte Darstellung der liegenden Gottesmutter, umringt von den Aposteln. Von hier aus gelangt man direkt auf den dem Hauptplatz zugewandten **Westbalkon (24)**.

Santo Domingo

Señora del Carmen 24 zugedachte an der Ecke zur Calle Sánchez. Das kleine Gotteshaus stammt aus dem 17. Jh., die barocke Fassade mit der winzigen Madonnenstatue aus dem 18. Jh.

In dieser Kirche wird eine Holzfigur des ›Jesus von Nazareth‹ aufbewahrt, die bei den Karfreitagsprozessionen durch die Stadt getragen wird und angeblich den Rang eines Obersten der dominikanischen Armee besitzt (Kirche nur zu unregelmäßigen Zeiten geöffnet). Von der Carmen-Kirche sind es nur wenige Schritte nach links zur **Kapelle San Andrés** 25 mit einer Fassade aus dem 18. Jh. Interessanter, aber leider kaum zugänglich, ist das ganz aus Ziegeln gebaute Gewölbe im Inneren, das andalusisch anmutet.

Das Viertel ist insgesamt sehr eng mit der Trinitaria-Bewegung verbunden, ebenso das Haus Nr. 255 gegenüber der Carmen-Kirche, von wo die Bewegung einst ausging.

Auch das Tor am Ende der Calle Arzobispo Nouel, die **Puerta de la Misericordia** 26, war ein wesentlicher Teil der Bewegung. Als ehemaliges Haupttor der Stadt (Puerta Grande), das den Zugang von Westen regelte, hat es eine lange blutige Geschichte. Francis Drake war von hier aus in die Stadt eingedrungen, hier wurden 1655 die englischen Truppen abgewehrt und hier feuerte Ramón Mella am 27. Februar 1844 den ersten Schuss im Unabhängigkeitskrieg gegen die Haitianer ab (s. S. 80).

Das Kapellchen, das dem Tor seinen Namen gab, steht nicht mehr, ebenso wenig wie das Schafott, das sich vor dem Stadttor befand. Heute hat die pittoreske, nachts angestrahlte **Puerta del Conde** 27 aus dem 18. Jh. die Rolle der Puerta de Misericordia übernommen. Sie steht an einer der markantesten, aber auch verkehrsreichsten Stellen der Stadt.

In der Calle El Conde

Hinter dem Stadttor, im Parque de Independencia, hat der **Altar de la Patria** 28 (Altar des Vaterlandes) seinen Ehrenplatz: ein Mausoleum aus Marmor mit den überdimensionierten Statuen von Duarte, Mella und Sánchez (s. S. 56). Ihre sterblichen Überreste ruhen in drei Nischen, über denen eine ewige Flamme brennt. Den Eingang flankiert eine Ehrenwache. Über die Sehenswürdigkeit dieses recht bombastischen Denkmals kann man geteilter Meinung sein; für das dominikanische Nationalgefühl aber hat es eine große Bedeutung.

Von der Puerta del Conde führt die **Calle El Conde** in Richtung Osten wieder zur Kathedrale zurück. Auch sie hat ihre kolonialen Wurzeln, doch heute ist sie vor allem die wichtigste Einkaufsstraße der Altstadt, eine Fußgängerzone mit Geschäften und Kaufhäusern, Pizzerias, Cafés und Restaurants, Verkaufsständen, ambulanten Händlern, Schuhputzern und Vielem mehr. Vor allem in der Nähe des Parque Colón gewinnt die Calle El Conde dank ihrer Bänke und einer dezent schönen Straßenbeleuchtung an Attraktivität und dient als abendliche Flaniermeile, die auch die Dominikaner gerne besuchen.

Ein Blick nach oben lohnt sich hier unbedingt, um die schönen Jugendstilgebäude wahrzunehmen, die die Calle El Conde zieren – ein willkommener Kontrast zu den Renaissancegebäuden der Calle Las Damas, die mit mit ihrer eher strengen Linienführung einen ganz anderen Eindruck geben.

Vom Parque de Independencia zur Atarazana
Am Parque de Independencia bestimmen nicht mehr Touristen und andere Spaziergänger das Bild, sondern ge-

Lieblingsort

Straßencafé El Conde 7

Den Zigarrenladen im Rücken, die Kolumbusstatue und die Kathedrale im Blick, so sitzen wir nach einem langen Stadtbummel über das geschichtsträchtige Pflaster an dieser spannenden Ecke von Santo Domingo und beobachten stundenlang die vorbeiziehenden Straßenverkäufer, Touristen und die ersten dominikanischen Nachtschwärmer, während in der Calle El Conde die letzten Kunden die Geschäfte verlassen, die Zeitungsverkäufer einpacken und die Laternen anfangen, ihr sanftes Licht zu verbreiten (s. auch S. 117).

Santo Domingo

schäftiger Alltag, eilige Fußgänger, Straßenverkäufer, hupende *colectivos*, die zu ihrem Sammelpunkt an der Mündung der Calle Bolívar streben: Der dominikanische Alltag überdeckt das touristische Interesse. Zwei Straßen weiter erreicht man am **Fuerte de Concepción** die Grenze der Zona Colonial; die **Stadtmauer**, nur noch in Resten vorhanden, schwenkt nach rechts und verschwindet in der Bebauung entlang der Calle Juan Isidro Pérez. Die vier nördlichen Bastionen, die **Fuerte San Lázaro, San Miguel, San Antón** und **Santa Bárbara** sind noch in den Grünanlagen zu erkennen, doch das angrenzende nördliche Altstadtviertel San Lázaro, das bis zur Calle Las Mercedes reicht, zeigt einen deutlich anderen Charakter.

Hier leben kleine Leute, Handwerker und Händler in einfacheren Häusern. Auf den nun nicht mehr rechtwinklig ausgerichteten Straßen und Plätzen spielen Kinder, die Nachbarn sitzen auf den Parkbänken und schwatzen miteinander, Touristen sieht man hier seltener. Das heißt allerdings nicht, dass es hier keine Sehenswürdigkeiten gibt.

Durch das San-Lázaro-Viertel

In die kleine Kirche **San Lázaro** 29 unweit der Festungsanlagen, in diesem zur Kolonialzeit unbewohnten Bezirk, wurden Menschen mit Lepra und anderen ansteckenden Krankheiten verbannt. Das Bild des Kirchenpatrons über dem Eingang weist darauf hin: der hl. Lazarus, der sich seine Wunden von einem Hund lecken lässt. Ungeachtet der traurigen Vergangenheit steht hier ein malerischer Baukomplex aus Stein und Ziegeln, geschmückt mit Arkaden und einem niedrigen Glockenturm (unregelmäßige Öffnungszeiten).

Einen Besuch lohnt auch die reich geschmückte und große Klosterkirche **Las Mercedes** 30 (Mo–Sa 16–18, So 8–12 Uhr) an der Straße gleichen Namens. Die Kirche von 1534 war im Laufe der Jahrhunderte der Zerstörungswut vieler Erdbeben, Wirbelstürme und Piraten ausgesetzt und wurde immer wieder umgebaut; daher mischen sich in ihrem Inneren verschiedene Stile: gotische Säulen- und Bogenfragmente, alte Fresken mit Mudejar-Elementen und schöne Ziegelgewölbe.

Die **Avenida Mella**, eines der populärsten Einkaufsviertel der Stadt, begleitet die Altstadt direkt hinter der al-

Die Altstadt

ten Stadtmauer: Tausende Menschen teilen sich die Gehsteige mit Obstkarren und Geschäftsauslagen, Kleinbusse erkämpfen hupend ihren Weg, Lautsprecher konkurrieren mit den neuesten Merengue-Schlagern, vor den Türen des beliebten Kaufhaus La Sirena an der Ecke balgen sich die Käufer um die Sonderangebote.

Am Ende der Av. Mella, fast beim Río Ozama, stößt man auf einen kleinen Platz mit der Kirche **Santa Bárbara** 31 und der am östlichen Stadtwall gelegenen, in einen Park eingeschlossenen Festung gleichen Namens. Das Innere der Kirche, erbaut 1562 und immer wieder ramponiert durch den Seeräuber Drake und verschiedene Erdbeben, ist ein Gemisch unterschiedlicher Stile von der Gotik bis zum Barock. Der Besuch des Inneren lohnt nicht unbedingt, wohl aber ist die Fassade mit ihren Türmen im spanischen Kolonialstil einen Blick wert *(geöffnet meist ab 16 Uhr)*. Das Schönste aber ist der kleine Platz bei der Kirche, mit seinen Bänken, vor denen Kinder spielen und Drachen steigen lassen.

Die Atarazana 32

Die Straßen, die uns jetzt noch von der weitläufigen **Plaza de España** mit dem Alcázar trennen, umfassen eines der ältesten Viertel der Stadt, genannt die Atarazana, oder genauer, eine Atarazana, denn mit diesem Wort werden in

Santo Domingo ist voll von kleinen idyllischen Innenhöfen und stillen Oasen

Altstadt: Adressen

Erholung mitten in der Stadt
Das winzige und mit viel Charme eingerichtete **Hotel Atarazana** 5 mitten im schönen Atarazana-Viertel hinter dem Alcázar de Colón ist eine Ruhe-Oase: In dem schönen Innenhof und auf der Sonnenterrasse auf dem Dach hat man das Gefühl eines Erholungsurlaubs und befindet sich trotzdem mitten in der Altstadt der Metropole. Abends kann man auf der Plaza España bummeln und ist in ein paar Schritten wieder ›zu Hause‹. Die freundliche, Deutsch sprechende Besitzerin empfiehlt, unbedingt vorher zu reservieren, da das Hotel nur über sechs Zimmer – alle mit Balkon und kabelloser Internetverbindung – verfügt (Calle Vicente Celestino Duarte 19, Tel. 809 688 36 93, www.hotel-atarazana.com, DZ 100 US-$).

allen spanischen Hafenstädten die etwas schlecht beleumundeten Viertel bezeichnet, die, am Hafen gelegen, Schiffsbauern und -eignern entsprechende Reparaturbetriebe, Seilereien und Handwerksbetriebe anboten, mit Läden für Angler und Bootsbedarf für die Fischer sorgten, und auch mit Getränken und Lustbarkeiten die Matrosen auf Landgang bei Laune hielten.

So war es schon zur Zeit des Kolumbus und so auch noch in den 50er-Jahren des vergangenen Jahrhunderts. In den letzten Jahrzehnten wurde die Atarazana von Santo Domingo saniert und »zivilisiert« und ist heute ein adrettes und beliebtes Viertel mit schmucken, frisch gestrichenen Häuschen und Vorgärten, in dem man gerne wohnt, einkauft, einkehrt und ein Hotelzimmer mietet.

In den ehemaligen Lagerhäusern haben sich Andenkenläden und Kunstgalerien etabliert. In einer alten Segelmacherei, die unterhalb der zum Alcázar führenden Stufen ihr Geschäft betrieb, findet man heute das **Museo de las Atarazanas** 33, in dem man das Schicksal von gesunkenen Schiffen und Schätzen nachvollziehen konnte; seit Jahren aber wird das Haus angeblich renoviert und ist auf unbestimmte Zeit geschlossen. Die Atarazana hatte natürlich auch einen eigenen Ausgang zum alten Hafen: die mit Schild und Wappen geschmückte **Puerta de San Diego** (auch Puerta de Atarazana). Noch ein Stück weiter enden die kolonialen Uferfestungen mit dem ebenfalls wieder aufgebauten **Carena-Fort**.

Übernachten

Der Aus- und Umbau der bis zum Ende der 80er-Jahre etwas verwahrlosten Zona Colonial, d. h. des ehemaligen Bezirks *intra muros*, ist abgeschlossen. Die Umwandlung in Hotels hat so manches ältere Haus gerettet und Unterkünfte entstehen lassen, die gegenüber den Preisen der Großhotels des Malecóns und in den Seitenstraßen sogar richtig preiswert sein können. Es ist also denkbar, mitten im Herzen des al-

Eisverkäufer in der Altstadt

Santo Domingo

Im Schinkenhimmel: das Museo del Jamón

ten Santo Domingo zu wohnen, das wohl nicht so laut wie das lärmige Gazcue ist, das aber seinen eigenen Zauber hat: den einer kleinen, von Mauern ganz umschlossenen Stadt mit ihren Kopfsteinpflastern, mit ruhigen Vierteln, in denen nur die Schritte der nächtlichen Spaziergänger zu hören sind. Wer allerdings mit einem Mietwagen unterwegs ist, wird hier nur selten einen Parkplatz finden.

Ein Stück Geschichte – **Hostal Nicolás de Ovando** 10: Calle Las Damas, Tel. 809 685 99 55, Fax 809 686 65 90, http://hostal-nicolas-ovando.hotel-rn.com, DZ ca. 240 US-$ mit Frühstück. Wohl Santo Domingos schönstes Luxushotel mit 104 Zimmern in einem der ältesten Häuser der Stadt in zentraler Altstadtlage. Restauriert, mit einem wunderbaren Garten und Pool oberhalb des Río Ozama.

Stilvoll – **Hotel Francés** 1: Calle Las Mercedes/Ecke Calle Arzobispo Meriño, Tel. 809 685 93 31, Fax 809 685 12 89, www.mgallery.com, DZ ca. 100 US-$. Das Luxushotel in einem Haus aus dem 17. Jh. mitten in der Altstadt verfügt über 19 Zimmer, ein Gourmetrestaurant und einen stilvollen Innenhof.

Mitten drin – **Mercure Comercial** 2: Calle El Conde/Calle Hostos, Tel. 809 688 55 00, www.mercure.com, DZ ca. 80 US-$. Im lebhaften Geschäftszentrum gelegen, 96 Zimmer, 2 Suiten, behindertengerecht, Bar-Restaurant mit Terrasse (tägl. 7–23 Uhr).

Bezahlbarer Luxus – **Europa Hotel Boutique** 3: Calle Arzobispo Meriño/Calle Emiliano Tejera, Tel. 809 285 00 05, Fax 809 685 16 33, www.europahb.com, DZ 85–90 US-$ mit Frühstück. 48 schöne Zimmer, zum Teil mit Balkon und Sicht auf das Monasterio San Francisco, mit großem Dachgarten.

Altstadterlebnis – **Conde de Peñalba** 4: Calle El Conde/Ecke Calle Arzobispo Meriño, Tel. 809 688 71 21, Fax 809 688 73 75, www.condepenalba.com, DZ 75 US-$. Eckhotel am Parque de Colón mit

Altstadt: Adressen

schönen Balkons, die einen direkten Blick auf die Kathedrale gewähren. Gutes Preis-Leistungs-Verhältnis.
Winzig und charmant – **Hotel Atarazana** 2 : s. Unser Tipp S. 115.
Sympathisch, preiswert und gut gelegen – **Hostal Nómadas** 6 : Calle Hostos 299/Ecke Las Mercedes, Tel. 809 689 00 57, www.hostalnomadas.com, DZ 50 US-$, inkl. Frühstück. Zentrales Hotel mit 8 freundlichen Zimmern. Das mehrstöckige Haus betreibt ein nettes französisch-dominikanisches Pärchen. Auf dem Dach hat der Ägypter Mohammed eine Terrasse mit eingerichtet, wo arabische Spezialitäten und Frühstück serviert werden. Wi-Fi.

Essen & Trinken

Es gibt eine große Auswahl an Restaurants und Kneipen auch in Gazcue, am Malecón. In schöner Atmosphäre kann man vor allem in der Altstadt essen, wo es zahlreiche gemütliche Lokale gibt, vom exquisiten Feinschmeckerlokal bis zur urigen Pinte. In der Einkaufstraße El Conde finden sich dazu zahlreiche italienische und amerikanische Fastfood-Restaurants, in denen man schnell und preiswert ›snacken‹ kann.
Italienisch schick – **Caffé Bellini** 1 : Plazoleta Padre Billini, Tel. 809 686 04 24, Mo–Sa 12–15, 18–24 Uhr, Hauptgericht um 550 RD-$. Exquisite mediterrane Küche in modern eingerichtetem, anspruchsvoll designtem Lokal im Kern der Altstadt.
Gut und stilvoll – **La Briciola** 2 : Calle Arzobispo Meriño 152 A, Tel. 809 688 50 55, Fax 809 688 60 38, www.labriciola. com.do, Mo–Sa 12–15, 18–24 Uhr, Hauptgerichte um 550 RD-$. Filiale eines Mailänder Gourmettempels, renommiert und elegant, angenehmer Innenhof, musikalischer Hintergrund durch Barpianisten oder andere Livemusik. Recht extravagante Kochkunst, z. B. Red Snapper mit Muscheln, Shrimps und Tomaten gefüllt.
Mit Blick auf den Alcázar – **Pat' e Palo** 3 : Plaza España, So–Do 12–14, Fr/Sa bis 1 Uhr, Gericht um 600 RD-$. Neben de Museo de Jamón. Nach eigenen Angaben eine ›europäische Braustube‹ mit ›europäischen Gerichten‹. Auf der Plaza España genießt man die stimmungsvolle Umgebung auf der Terrasse vor dem Alcázar de Colón.
Der Himmel voller Schinken – **Museo del Jamón** 4 : Plaza España, Tel. 809 688 96 44, tgl. 11–1, Fr, Sa bis 2 Uhr, Hauptgerichte um 400 RD-$. Traditionelle spanische Bodega mit gemütlichurigem Interieur und schönem Terrassenblick auf den Alcázar de Colón.
Kneipe des Viertels – **Mesón de Luís** 5 : Calle Hostos 201, Tel. 809 689 46 40, tgl. 8–24 Uhr, Hauptgericht rund 250 RD-$. Ein Restaurant des alten Santo Domingo mit gemütlicher Stammtischatmosphäre, mit auch einheimischem, jungem Publikum und für die Altstadt günstigen Preisen.
Sehen und gesehen werden – **Grand's** (früher das Paco's) 6 : Calle El Conde/Ecke Calle Palo Hincado, gegenüber der Puerta del Conde, Tel. 809 685 55 77, Hauptgericht ca. 250 RD-$. Ohne Unterbrechung geöffnetes Straßencafé mit einem Gemisch aus traditioneller dominikanischer Speisekarte und amerikanischem Fastfood, auch Frühstück. Das bunte Publikum aus Touristen, leichten Mädchen und Halbwelt kann man hier ›gefahrlos‹ beobachten.
Besser als Kino – **El Conde** 7 : Calle El Conde/Ecke Arzobispo de Meriño (am Parque Colón), Tel. 829 433 05 12, tgl. 7–18 Uhr, Gerichte ca. 200 RD-$, siehe S. 111.
Bunte Künstlerbar/Restaurant – **Mesón de Bari** 8 : Calle Hostos 302, Tel 809 687 40 91. In diesem gemütlich-fami-

Santo Domingo

Mein Tipp

Karibisches Markttreiben
Der **Mercado Modelo** 1 am Rande der Altstadt ist ein Hort dominikanischen Kunsthandwerks: Gemälde und Schmuck, Holzschnitzereien und Keramik stapeln sich hier in endlosen Reihen an bunten Verkaufsständen. Wer das Handeln und Feilschen liebt, kann hier stundenlang auf Souvenirjagd gehen. Ein gutes Mitbringsel für die Lieben daheim ist zum Beispiel eine der Flaschen Rum mit eingelegten Kräutern und Obst, der als begehrtes Heilmittel gegen alle möglichen Beschwerden dient und sich schon am Eingang des Marktes sehr fotogen zu hohen Pyramiden türmt. Allerdings wird hier auch viel kitschige Massenware verkauft, der Markt lohnt daher insbesondere für Schnäppchenjäger oder Freunde turbulenter Bazaratmosphäre einen oder mehrere Besuche. Teureren Schmuck von guter Verarbeitung wird man eher bei etablierten Juwelieren finden, z. B. in der Calle El Conde. (Mercado Modelo, Av. Mella 505, Mo–Sa 9–18 Uhr.)

liären Lokal verkehren bunte Gestalten. Dominikanische Küche, zu mittleren Preisen treu nach Großmutters Rezepten zubereitet.

Einkaufen

Eine beliebte Einkaufszone für Kleidung und Schmuck ist die sehr belebte **Calle El Conde**. Für das ärmere Publikum ist die nördlich an der Kolonialzone entlangführende Avenida Mella ein wichtiger Einkaufsort, insbesondere das an der Kreuzung zur Calle Duarte gelegene **Kaufhaus La Sirena**, das allein wegen seiner Dimensionen und der Betriebsamkeit sehenswert ist. Man sollte einmal, um die Kontraste auszukosten, anschließend eines der großen modernen Einkaufszentren besuchen, die zurzeit überall in Santo Domingo entstehen und ihren Höhepunkt an Größe und Modernität an den Ausfahrten zu den Autobahnen erreichen.

Buchhandlung – **La Trinitaria** 2: Calle Arzobispo Nouel 160. Der wohl bestsortierte, aber kleine Buchladen der Altstadt bietet eine große Auswahl an Literatur zur Dominikanischen Republik. Zentrum der Geselligkeit für Schriftsteller und Intellektuelle.

CDs und Schallplatten – **Musicalia** 3: Calle El Conde 464, tgl. 9.30–18.30 Uhr. Große Auswahl an CDs aller möglichen Musikstilrichtungen, vor allem Merengue, Salsa, Bachata, Boleros und anderer Latino-Musik.

Tabakwaren – **Botique del Fumandor** 4: Calle El Conde 109 (am Parque Colón), Mo–Sa 9–19, So 10–15 Uhr. Hier kann man die traditionellen karibischen Zigarrensorten sowie edlen Rum erwerben und einem Zigarrendreher bei der Arbeit einen Blick über die Schulter werfen.

Bernstein und Schmuck – **Museo Mundo del Ámbar** 5: Calle Arzobispo Meriño 452, Tel. 809 682 33 09, http:// amberworldmuseum.com, Mo–Sa 9–18, So 9–14 Uhr. In diesem schönen al-

Altstadt: Adressen

ten Kolonialhaus finden sich ein Bernsteinmuseum und ein Schmuckladen mit handgefertigten Stücken.

Antiquitäten – **Markt:** an Sonntagvormittagen vor der **Casa de Nicolás Ovando** 10.

Abends & Nachts

Insbesondere die Altstadt bietet mit diversen stimmungsvollen, ausgefallenen und eleganten Bars ein aufregendes Nachtleben. In der Calle El Conde ist unter den schönen Kandelaberlaternen und in den Straßencafés noch lange Betrieb.

Aber auch ein nächtlicher Spaziergang durch die stilleren Seitenstraßen der Altstadt ist ein wahres Erlebnis. Nachtschwärmer versammeln sich gerne auf den Terrassen der Restaurants an der Plaza España (Museo de Jamón oder Pat' e Palo). Insbesondere aber der **Parque Duarte** wird an Wochenendnächten zum beliebten Treffpunkt. Studenten, Künstler, Punks, Touristen und Anwohner sitzen in reger Unterhaltung auf den Bänken rund um das Denkmal und versorgen sich aus den zwei umliegenden Colmados mit Getränken (wo man auch auf Toilette gehen kann). Der Malecón unterhalb der Altstadt verwandelt sich an Wochenenden in eine von Einheimischen frequentierte Open-Air-Disco mit gelegentlichen Konzerten.

Entspannt trinken und tanzen – **Atarazana** 1: Atarazana 9, ab 20 Uhr. Karibische und lateinamerikanische Musik in lässiger Atmosphäre. Bar und Diskothek im zweiten Stock.

Livekonzerte und Kultur – **Casa de Teatro** 2: Calle Arzobispo Meriño 110, Tel. 809 689 34 30, www.casadeteatro.com, Mo–Sa 9 Uhr bis spät. In den kleinen Innenhof dieses Kulturzentrums, das auch über einen Ausstellungsraum verfügt, kann man sich von Konzerten lokaler Bands, Film- und Kleinkunstvorstellungen überraschen lassen (aktuelles Programm s. Homepage).

Mit einer feurigen Merengue klingt in Santo Domingo die Nacht aus

Santo Domingo

Der Malecón und die Neustadt

Mit ›Malecón‹ wird, wie auch in anderen Städten der spanischen Karibik, die breite Avenida benannt, die direkt an der Küste entlangführt. In Santo Domingo haben die einzelnen, älteren Abschnitte des Malecóns eigentlich andere offizielle Straßennamen: Paseo Presidente Billini heißt er auf Höhe der Altstadt, George Washington ab dem ›Macho‹ in Richtung Westen, später Avenida del Puerto am Ufer des Río Ozama.

Durch ihre Verbindung entstand ein System von Schnellstraßen, die nach Osten zu der nun ebenfalls vierspurig ausgebauten Puente Mella und damit zum Flughafen führen, im Westen zum Hafen Haina.

Trotz dieser Verkehrsbelastung bietet der Malecón in seinem zentralen Teil vom ersten Kreisverkehr (›Macho‹) bis etwa zum Hotel Jaragua (nach dem zweiten Kreisverkehr, der ›Hembra‹) mit seinen Restaurants und bombastischen Hotels einen abwechslungsreichen Spaziergang. Dahinter ist er weniger belebt, bleibt aber weiterhin bis etwa zur Avenida Lincoln von Hotels und Restaurants gesäumt.

Die Neustadt ist ein weitläufiges Viertel, die Distanzen sind im Gegensatz zur Altstadt nur in längeren Märschen zu Fuß zurückzulegen. Zu empfehlen ist also der Gebrauch von Taxis oder *colectivos*.

El Macho mit den Porträts der Schwestern Mirabal – das Wahrzeichen des Malecón

Der Malecón und die Neustadt

Karibische Moderne

Die Strukturen der neuen Viertel und die Avenidas auf dem westlichen Ufer wurden z. T. noch unter Trujillo angelegt, der Santo Domingo vor allem in den ›fetten‹ Jahren nach dem Zweiten Weltkrieg zu einem Schauhaus der Modernität umbauen wollte. Die von ihm veranlassten Bauten lassen sich an dem faschistoid grandiosen Stil erkennen. Trujillos Nachfolger Balaguer konzentrierte sich auf den sozialen Wohnungsbau, der, als Mittel seiner Klientel-Politik, vor allem den eigenen Anhängern zugute kam. Der eigentliche Verdienst Balaguers sind jedoch die Sanierung der Kolonialstadt, die Rettung und Restaurierung der historischen Bauten und der Bau von Umgehungsstraßen, die heute die Altstadt zu einem idyllischen Paradies für Fußgänger machen.

Trotzdem ist Santo Domingo offensichtlich eine Stadt der armen Welt; mehr als ein Drittel der Stadtfläche werden von den rasant wachsenden Vierteln der Zuwanderer gebildet. Man kann sie grob in zwei Gruppen gliedern: In der einen, besseren, dominieren wilde Bauten aus dauerhaften Materialien – chaotisch, aber dennoch mit einem Siedlungsmuster städtischen Charakters. Die andere besteht aus ›echten‹ Slums, d. h. mit provisorischen Hütten aus Brettern, Lehm, Blechteilen und ohne Anschluss an Wasser und Strom.

Santo Domingo ist also eine Stadt mit drei Gesichtern. Von diesen drei Seiten der Stadt spielt heute in der Öffentlichkeit die erste, die historische, die größte Rolle. Wenn in den 1990er-Jahren ungeheure Geldmittel für die Altstadt und für die Errichtung des Museums- und Kongresszentrums des Faro a Colón ausgegeben wurden, so hatte dies nicht nur mit dem Kolumbus-Jahr 1992 und mit der Hoffnung auf Jubiläums-Touristenströme zu tun. Es war auch der anhaltende Versuch, der Stadt ihre einstmalige kulturelle Größe und Bedeutsamkeit zurückzugeben.

Noch immer gibt es eine Kommission, die sich der Ausrufung von Gedenktagen widmet, um an die erste Siedlungszeit zu erinnern. Santo Domingo wird zur Stadt der *primacias* erhoben, der Premieren in der Neuen Welt: Sie war die erste ›amerikanische‹ Stadt, in der sich mit den Franziskanern die ersten Orden etablierten und die erste Messe gelesen wurde. Es gab hier die erste Kathedrale, das erste Krankenhaus, die erste Münzanstalt, den ersten Bischof, den ersten Gouverneur usw. – Kurzum, Santo Domingo hat seine Geschichte als alte Hauptstadt Amerikas wiederentdeckt.

Sehenswürdigkeit Malecón

An seinem westlichen Ende führt der Malecón direkt zur Carretera Sánchez, der Fernstraße, in die westlichen Landesteile. Daraus ergibt sich der zwiespältige Charakter des Malecón: Er ist einerseits Ausfallstraße, die vor allem tagsüber von einem lauten Durchgangsverkehr beherrscht wird, zugleich aber auch eine Bummelpromenade, die auch etwas großspurig als die »größte Freilanddiskothek der Welt« bezeichnet wird. Um 1930, Trujillo war gerade an die Macht gekommen, war die Stadt Santo Domingo kaum über ihre kolonialen Grenzen, d. h. die Stadtmauer, hinausgelangt. Der Generalissimo selbst ließ den Malecón anlegen und mit öffentlichen Bauwerken als Zeugen seiner Großartigkeit bestücken. Der 1992 neu fertiggestellte östliche Abschnitt des Malecón verläuft unterhalb der kolonialen

Santo Domingo

Festungsbauten, die vor allem abends, wenn sie mit Scheinwerfern angestrahlt werden, immer wieder den Blick auf sich ziehen. Dies ist der **Paseo Billini**, an dem sich nun neue Restaurants und Freiluftbars niedergelassen haben. Vor den beleuchteten Überresten der **Festung San José** entwickelt sich ein attraktives Nachtleben.

Von Frauen und Männern

Folgt man dem Paseo nach Westen stadtauswärts, so gelangt man bald zu der bereits von Weitem sichtbaren, etwa 30 m hohen **Montesino-Statue** 34. Der Dominikanerpriester hatte schon 1511 in der Universität in einer zornigen Predigt die Vernichtung der Indianer angeprangert; einige Sätze daraus sind auf einer Tafel unterhalb der Statue zitiert. Etwas weiter findet sich ein bescheideneres Denkmal: eine Säule, die der Dominikaner gedenkt, die bei der Rettung von Seeleuten ihr Leben verloren, als 1908 hier ein US-Kriegsschiff sank.

Die Straße führt dann an einem kleinen Platz vorbei, in dessen Mitte ein Monument in der Form einer gespaltenen Säule (oder Stimmgabel) steht: im Volksmund **La Hembra** 35, das Weib, genannt. Sie erinnert an eine Großtat Trujillos: die Rückzahlung aller Auslandsschulden im Jahr 1947 dank der kriegsbedingten Konjunkturlage. Dadurch konnte die Dominikanische Republik die Kontrolle über ihre Zolleinnahmen wieder gewinnen, die sie 1916 an die USA abtreten musste. Neben der ›Hembra‹, auf der Seeseite des Platzes, sehen wir auf ausgewaschenen Felsen die kleine Festungsbastion San Gil mit ihren zwei Kanonen. Die meerumspülten Höhlen darunter bieten einigen Obdachlosen Unterkunft.

Im Zentrum eines zweiten Straßenrings steht einige Meter weiter ein Obelisk. Analog zu La Hembra ist er als **El Macho** 36, der Mann, bekannt – ein Phallussymbol als Gegenstück zur weiblichen Form der Stimmgabel. Trujillo ließ ihn 1937 in nur 17 Tagen errichten. Seine Bedeutung ist heute sinnentleert, denn er sollte an die einjährige Wiederkehr der Umbenennung Santo Domingos in Ciudad Trujillo erinnern. Seit einigen Jahren ist er mit Bildern geschmückt, welche an die in der Trujillo-Zeit ermordeten Schwestern Mirabal erinnern.

Den Malécon entlang

Das Stück zwischen La Hembra und El Macho ist das, was man als die ›goldene Meile‹ von Santo Domingo bezeichnen könnte. Hier reihen sich die großen Hotels und Restaurants aneinander; dazwischen sind die Büros der Leihwagenfirmen und Fluggesellschaften, umrahmt von Verkaufsständen mit meist haitianischer Kunst. Volkstümlicher geht es auf der offenen Strandseite zu. Hier haben sich kleine offene Gaststätten und Imbisswagen etabliert, in denen man Maiskolben, gebratene Bananen und Wurst oder gegrillte Innereien kaufen kann. Zahlreiche Lautsprecher feuern Salven von Merengue-Musik in die flanierende Menge und erzeugen vielleicht das versprochene Fluidum der großen Diskothek unter freiem Himmel.

Hinter dem Platz des Macho wird es dann allmählich ruhiger, auch wenn noch weiterhin große Hotels und bekannte Großrestaurants folgen. Die erste nördliche Parallelstraße, die nahezu den ganzen Malecón begleitet, ist die ebenfalls wichtige Durchgangsstraße Avenida Independencia, die Hauptstraße des Viertels **Gazcue**. Zu Trujillos Zeiten war es eine feine Villengegend, heute ein belebtes Geschäfts- und Vergnügungsviertel mit

Der Malecón und die Neustadt

Palmenpracht im Jardín Botánico

kleineren, durchweg guten Hotels und Restaurants. An der Ecke von Avenida Independencia und Avenida Máximo Gómez fällt der neoklassizistische Bau des **Palacio de Bellas Artes** 37 auf. Er bietet eine Bühne für Musik- und Theateraufführungen, vor allem von einheimischen Ensembles und Autoren.

Der Malecón selbst erreicht, jenseits der Avenida Abraham Lincoln, das Gelände der Weltausstellung, die Trujillo 1955 unter dem bombastischen Namen ›Ausstellung des Friedens und der Brüderlichkeit der Freien Welt‹ ausrichten ließ. Heute heißt das Gelände **Centro de los Héroes de Constanza, Maimón y Estero Hondo** 38. Diese drei Ortschaften in der Zentralkordillere waren 1959 Schauplatz eines gegen Trujillo gerichteten Invasionsversuches durch 56 Oppositionelle. Ihre Landung mit einem Flugzeug wurde verraten und so warteten Trujillos Truppen bereits auf sie. Nur wenige gelangten über den Flugplatz in die angrenzenden Wälder, und letztendlich überlebte niemand. Während die Oppositionellen mit Brandbomben verfolgt wurden, gingen weite Waldgebiete in Flammen auf.

Einige Kilometer weiter wird der Malecón Zeuge des blutigen Endes der Diktatur: Dort zeigt ein Denkmal die Stelle, an der Trujillo bei einem Attentat den Tod fand (s. S. 58).

Abseits des Malecón

Jardín Botánico 39
tgl. 9–18 Uhr, Erw. 50 RD-$,
www.jbn.gob.do

Abseits des Malecóns lohnt sich ein Abstecher zum Botanischen Garten, der an der Avenida Abraham Lincoln (vom Malecón aus ca. 8 km Richtung Nor-

Malecon und Neustadt

Sehenswert
- 1 – 33 s. Cityplan S. 90
- 34 Montesino-Statue
- 35 La Hembra
- 36 El Macho
- 37 Palacio de Bellas Artes
- 38 Centro de los Héroes de Constanza, Maimón y Estero Hondo
- 39 Jardín Botánico
- 40 Universidad Autónoma
- 41 Plaza de la Cultura
- 42 Museo del Arte Moderno
- 43 Präsidentenpalast

Übernachten
- 1 – 6 s. Cityplan S. 90
- 7 Renaissance Jaragua Hotel & Casino
- 8 Intercontinental V Centenario
- 9 El Señorial
- 10 Casona Dorada
- 11 Duque de Wellington
- 12 Villa Italia
- 13 Palacioa Huéspedes

Essen & Trinken
- 1 – 12 s. Cityplan S. 90
- 8 Mesón de la Cava
- 9 Vesuvio
- 10 Don Pepe
- 11 El Conuco
- 12 Restaurant Vizcaya

den) liegt. Er gilt als der größte und schönste der ganzen Karibik. Auf einem Gelände, das so groß ist, dass es durch eine kleine Eisenbahn erschlossen werden muss, findet man nicht nur eine reiche Sammlung verschiedenster Palmenarten, Orchideen, Bromelien und anderer Pflanzen der Region, sondern auch mit seltenen Wasserpflanzen besetzte Teiche und

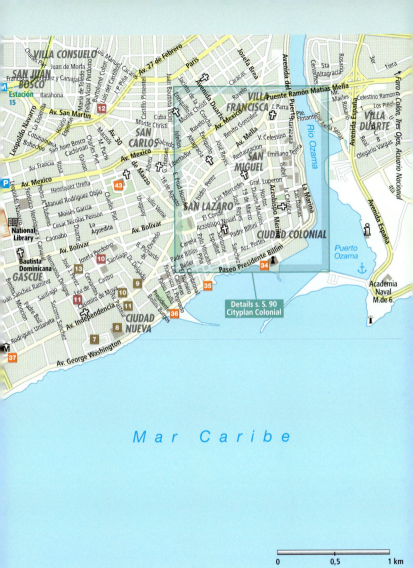

Bäche, einen japanischen Garten mit besonderen Fischen und sogar frei fliegenden Kolibris.

Ganz in der Nähe liegt auch der weniger berühmte Zoologische Garten, doch Kinder lieben ihn und auch die kleine Eisenbahn, die ihn durchfährt, und so sollte man ein bis zwei Stunden für ihn aufheben (Arroyo Hondo, Tel. 809 562 3149.

Santo Domingo

Möchte man auf einem anderen Weg zurückkehren, so empfiehlt es sich, hier hinter dem Gelände des Viehmarktes (Feria Ganadera) nach rechts abzubiegen. Man stößt nach kurzer Fahrt auf einen Grüngürtel, den **Parque Mirador del Sur**, von dem aus man einen herrlichen Ausblick auf die südlichen Stadtviertel und das Karibische Meer hat. Die Avenida José Contreras führt vom Parque Mirador del Sur wieder in Richtung Altstadt, rechts berührt sie das Gelände der **Universidad Autónoma** 40, das ebenfalls aus der Trujillo-Zeit stammt und 1947 eingeweiht wurde.

Plaza de la Cultura 41

Ein ganzer Komplex aus verschiedenen, etwas altmodischen Museen stellt die Plaza de la Cultura dar, ein mit einem Eisengitter umgebenes Grüngelände in der Calle Pedro Henríquez Ureña. Das bedeutendste der Museen ist das archäologisch-ethnologische **Museo del Hombre Dominicano**, das ›Museum des dominikanischen Menschen‹ (Tel. 809 687 36 23, www.museodelhombredominicano.org.do, Di–So 9–17 Uhr, Erw. 75 RD-$). Hier befinden sich viele bemerkenswerte Funde aus präkolumbischer Zeit: Steinplastiken, Grabstätten, Holzschnitzereien und Keramiken. Ergänzt werden sie durch didaktisch präsentierte Rekonstruktionen des täglichen Lebens der Tainos. Im oberen Stockwerk sind zudem typische Szenen aus dem Alltag dominikanischer Bauern nachgestellt. Dieses größte Museum der dominikanischen Kultur ist allein durch seinen Reichtum an Ausstellungsstücken sehenswert. Es wirkt – trotz Bemühungen um Modernisierung – vor allem im Vergleich mit dem Centro León in Santiago (vgl. S. 158) etwas altväterlich.

Auf dem gleichen Gelände finden sich zudem das **Museo del Arte Moderno** 42 (Museum der Modernen Kunst), das in ständig wechselnden Ausstellungen Einblick in die dominikanische Kunst des 20. Jh. gewährt (Tel. 809 685 21 54, Di–So 9–18 Uhr, Eintritt 20 RD-$), sowie die Biblioteca Nacional (Nationalbibliothek). Insbesondere das Museum für Moderne Kunst ist hier sehenswert, weil es wechselnde Ausstellungen aktueller Künstler präsentiert und zudem einen guten Querschnitt durch die zeitgenössische dominikanische Kunst von 1942 bis heute liefert. Werke der bekanntesten modernen Künstler des Landes finden sich in diesem monumentalen aber zumeist leider menschenleeren Museum. Das nebenan gelegene **Museo de Historia y Geografía** mit Karten aus der Kolonialepoche und Dokumenten aus der Trujillo-Zeit ist seit Jahren wegen Renovierung geschlossen. Einen Neueröffnungstermin gibt es bisher nicht.

Fährt man nun auf der Avenida México weiter zur Altstadt, sieht man nach der vierten Kreuzung rechter

Der Malecón und die Neustadt: Adressen

Hand den unter Trujillo erbauten **Präsidentenpalast** 43. Seine gewaltigen Proportionen lassen erkennen, welche Rolle der Diktator dem Präsidentenamt zukommen ließ.

Übernachten

Die etwas preiswerteren Hotels sind vor allem im Viertel **Gazcue** (Calle Independencia) zu finden, die teureren internationalen Großhotels eher am Malecón. Die meisten Hotels haben im Gegensatz zu den Altstadthotels einen eigenen Parkplatz, atmosphärisch ist jedoch die Altstadt der schönere Ort zum Übernachten.

Modern und bombastisch – **Renaissance Jaragua Hotel & Casino** 7: Av. George Washington 367, Tel. 809 221 22 22, Fax 809 686 05 28, www.renaissancehotels.com, DZ ab 95 US-$, Presidential Suite 429 US-$. Auffallendstes Hotel am Malecón, 300 Zimmer, Pools, Restaurants, Casino, Diskothek, Sauna.

Luxuriös und groß – **Intercontinental V Centenario** 8: Av. George Washington 218, Tel. 809 221 00 00, Fax 809 221 20 20, www.intercontinental.com, DZ ca. 140 US-$. Der gewaltige Hochhausturm am Malecón ist nicht zu übersehen. Alle Annehmlichkeiten der internationalen Hotelwelt, Casino nebenan.

Nüchtern und beliebt – **El Señorial** 9: Calle Presidente Vicini Burgos 58 (beim Justizpalast), Tel. 809 687 43 67, Fax 809 687 06 00, DZ mit Frühstück um 55 US-$. Das vielleicht (auch bei vielen Dominikanern) beliebteste Mittelklassehotel in der Neustadt, mit Publikum aus allen Ländern der Welt, ist sauber, freundlich und empfehlenswert. Vom Hotelrestaurant aus kann man am Alltag des angrenzenden Platzes teilnehmen.

Eine akzeptable Alternative – **Casona Dorada** 10: Av. Independencia 255, Tel. 809 221 35 35, Fax 809 221 36 22, http://lacasonadorada.es.tripod.com/, DZ 50–70 US-$. Mit Terrasse, Bar, Fitness-Area, Pool, Jacuzzi (nicht immer ganz sauber).

Die Ausmaße des Präsidentenpalastes zeugen vom Größenwahn des Erbauers Trujillo

Santo Domingo

Die Welt der Tainos
Etwas abgelegen, aber doch gut zu erreichen von der Plaza de Cultura aus, liegt an der Kreuzung der Avenida John F. Kennedy und Avenida San Martín im Gebäude der Pepsi-Cola-Company das private Taino-Museum **Fundación Garcia-Arevalo**, das jeder besuchen sollte, der sich für die Ureinwohner interessiert und das vom Museo del Hombre Dominicano Gebotene ergänzen möchte. Der Leiter, Sr. Arevalo, ist selbst Archäologe und hat an den Ausgrabungen von La Isabela teilgenommen. Die hier gehorteten Zeugnisse können kaum aufgezählt werden: Bogen, Pfeile, Federkronen, behauene Steingeräte, Schmuck aus verschiedenen Materialien, die sehr seltenen Häuptlingsstühle, Brechlöffel und Saugrohre zum Einnehmen von Drogen und Vieles mehr. Bemerkenswert ist, dass die Sammlung auch die kurze Zeit des Kulturkontaktes zwischen Spaniern und Tainos dokumentiert. Fundación Garcia-Arevalo: Av. San Martín 279, Besuch nur nach Vereinbarung, Tel. 620 77 77.

Verplüschte, ordentliche Zimmer mit Aircondition, TV, Kühlschrank.
Eine Alternative der gleichen Klasse und Preislage – **Duque de Wellington** 11: schräg gegenüber, Calle Independencia 304, Tel./Fax 809 682 45 25, www.hotelduque.com.
Klein und annehmbar – **Villa Italia** 12: Av. Independencia 1107, Tel. 809 682 32 33, hotelvillaitalia@hotmail.com, DZ 50 US-$. Aircondition, TV, Jacuzzi, netter Service; das italienische Restaurant ist eher eine Notlösung.
Für den kleinen Geldbeutel – **Palacio Huéspedes** 13: Calle Cervantes 157, Tel. 809 682 84 28, DZ inkl. Kaffee 1000 RD-$, für monatliche Vermietung Spezialpreise. Preiswertes Hotel mit kleinen Zimmern, familiärem Innenhof und einer großen Gemeinschaftsküche.

Essen & Trinken

Legendär – **Mesón de la Cava** 8: Parque Mirador del Sur 1, Tel. 809 533 28 18, www.elmesondelacava.com, tgl. 12–24 Uhr, Menü ca. 30 US-$, Reservierung empfohlen! In eine natürliche, 20 m tiefe Grotte hineingebaut, fantastisch erleuchtet; kreolische und internationale Küche.
Der ›Italiener‹ schlechthin – **Vesuvio** 9: Av. George Washington 521, Tel. 809 221 19 54, www.vesuvio.com.do, tgl. 12–1 Uhr, Gerichte ca. 25 US-$. Nicht nur bei Dominikanern sehr beliebtes Großrestaurant mit gutem Ruf, reichhaltiger Karte und großer Terrasse am Malecón. Parkplatz zugänglich von Av. Independencia.
Elegant – **Don Pepe** 10: Calle Porfirio Herrera 31/Ecke Manuel de Jesus, Tel. 809 563 44 40, tgl. 12–24 Uhr, Hauptgericht 600–800 RD-$. Ein stilvolles und traditionsbewusstes spanisches Lokal, das neben gängigen Gerichten auch exzellente Tapas serviert. Hier speisen die besseren Kreise der Hauptstadt.
Büffet bei Tanz- und Folklore-Einlage – **El Conuco** 11: Calle Casimiro de Moya 152, Tel. 809 686 01 29, www.elco

Das Ostufer des Ozama

nuco.com.do, tgl. 11.30–24 Uhr, Büfett 17 US-$. Beliebt bei Touristen, die hier in Reisebus-Scharen ankommen. Wie das Unterhaltungsprogramm, so ist auch das Essen ›typisch dominikanisch‹: Pollo Merengue für 475 RD-$, Stockfisch in Sauce aus Tomaten, Sahne, Zwiebeln und Wein 450 RD-$. Zwischen den einzelnen Gerichten kann man abends ein Merengue-Tänzchen riskieren.

Abends & Nachts

Zur abendlichen Einstimmung spaziert oder fährt man gerne den Malecón auf und ab; ab ca. 24 Uhr begibt man sich dann, vor allem am Wochenende, dort in die Diskotheken der großen Hotels.
Schick und edel – **Jubilee** (im Hotel Jaragua 7, S. 127): Av. George Washington 367, Tel. 809 221 22 22. Teuer und exquisit geht es in dieser Diskothek zu, in der sich die Reichen und Schönen der Stadt tummeln.
Extravagant – **Guácara Taína,** Av. Rómulo Betancourt 655 (nördlich des Parque Mirador Sur), ab 20 Uhr. In einer Höhle auf mehreren Ebenen angelegte Diskothek mit drei Tanzflächen, die vor allem Touristen anzieht. An den Wochenenden beginnt sich die Diskothek ab 23 zu füllen und hat bis in die Morgenstunden geöffnet.

Das Ostufer des Ozama

Historisch gesehen war das östliche Ozama-Ufer zwar die eigentliche Wiege der Stadt, bevor sie an das Westufer verlegt wurde, doch die jetzige Besiedlung begann erst im 20. Jahrhundert, als die größeren Brücken über den Fluss gebaut wurden. Es sind deren drei und sie heißen natürlich (von Süden her) Mella, Duarte und Sánchez. Am besten ausgebaut und weithin sichtbar ist jetzt die Puente Duarte, die die Ostautobahn mit der Avenida 27 de Febrero und damit mit den anderen Autobahnen verbindet.

Die schwer zu erreichende, auf den gängigen Stadtplänen auch nicht mehr eingezeichnete Route über die Brücke Sánchez bietet vor allem Ausblicke auf das Ozama-Tal. Einen Aussichtspunkt erreicht man, wenn man gleich nach dem Ostende der Brücke einen unscheinbaren Weg nach rechts einschlägt; man kommt kurz darauf zu einem weiß getünchten Kirchlein, das den Namen **San Jorge de los Negros de Minas** trägt. Hier hatte man, wie es zur Kolonialzeit üblich war, eine Gruppe von anderen Inseln geflohener Sklaven angesiedelt. Man nannte sie Minas,

Kreolische Küche in Jugendstilambiente
In einem festlich gedeckten, nicht ganz stilreinen Saal des **Restaurants Vizcaya** 12 aus den 1930er-Jahren balancieren befrackte Kellner schwer beladene Tabletts mit kreolischer Küche in gewaltigen Portionen zu mäßigen Preisen (z. B. Bacalao a la Criolla für 350 RD-$). Das Publikum: Stammgäste und dominikanische Großfamilien – ein Idyll gutbürgerlicher Lebensart. Calle San Martín 42, nicht leicht zu finden in dem Gewirr von Autobahnen und Zufahrten, weit entfernt von touristischen Laufrouten, tgl. 11–24 Uhr, Tel. 809 686 24 66.

Santo Domingo

Im Faro ruhen die sterblichen Überreste des ›ersten Dominikaners‹: Christoph Kolumbus

nach einer Gegend im heutigen Ghana.

Der Faro a Colón ▶ G 5
Tel. 591 1492, Di–So 9–17 Uhr, Eintritt 30 RD-$

Die im wörtlichen Sinne größte Sehenswürdigkeit Santo Domingos ist der 1992 eingeweihte Faro a Colón, der Leuchtturm des Kolumbus, östlich vom Rio Ozama: 240 Meter lang, 40 Meter breit, 50 Meter hoch. Er beherbergt Ausstellungen, die die Entstehung des Leuchtturms selbst und die Entdeckungs- und Kolonialgeschichte Amerikas dokumentieren. Interessant ist der Faro de Colón jedoch in erster Linie als Gedächtnisort und wegen der damit verbundenen Symbolik für das dominikanische Selbstverständnis. Die Bezeichnung ›Leuchtturm‹ verweist auf die ursprünglichen Pläne, in denen tatsächlich die Errichtung eines solchen vorgesehen war. Der Bau ist ein Jahrhundertwerk im wahrsten Sinne des Wortes, denn die Planung geht noch auf die 1920er-Jahre zurück und ist eng mit der Kontroverse um die Grabstätte des Entdeckers verbunden (s. S. 76). Wenn Santo Domingo auch die besseren Argumente dafür hat, dass Kolumbus dort begraben sei, so verfügte Sevilla zumindest bis zur Fertigstellung des Faro a Colón über das würdigere und spektakulärere Grabmal.

Die Dominikaner sind sehr stolz auf das Monument, auch wenn der Besucherandrang der ersten Monate sich längst gelegt hat. Wohl wurde nicht erst seit der Grundsteinlegung 1986 heftig darüber gestritten, ob die Dominikanische Republik in einer Zeit des wirtschaftlichen Niedergangs und der horrenden Wohnungsnot keine wichtigeren Aufgaben hätte als die Errichtung eines mit weißem Marmor belegten, 40 Mio. Dollar teuren Monumentalbaus – für dessen Realisierung verschiedene Slumsiedlungen zerstört werden mussten. Doch diese nüchterne Frage geht an dem Sinn dieses Bauwerkes vorbei: Der Faro a Colón sollte ein

Das Ostufer des Ozama

Symbol werden für die Wiedergewinnung einer seit Jahrhunderten beschädigten Identität, unter der ganz Lateinamerika leidet – weshalb sich schon um 1930 ganz Süd- und Mittelamerika an der Planung dieses Werkes beteiligten. Es sollte gerade im Jahr 1992 unterstreichen, dass Kolumbus ein Amerikaner war und nicht der zufällige Entdecker einer Neuen Welt, der danach wieder in die Alte zurückkehrte.

Los Tres Ojos ▶ G 5
tgl. 8–17.30, Eintritt 50 RD-$
Die Verlängerung des an den Faro a Colón anschließenden Parque Mirador del Este ist der Nationalpark Los Tres Ojos, in dem sich eine sehenswerte Natur-Merkwürdigkeit befindet: Tektonische Einbrüche, die für alle tiefer gelegenen Gebiete der Insel charakteristisch sind, haben hier, in einem grundwasserreichen Gebiet, ein System von unterirdischen Höhlen geöffnet, an dessen Grund sich Seen befinden.

Dies sind die Tres Ojos, die ›drei Augen‹ – eigentlich sind es vier, und um den vierten, nicht zugänglichen See ranken sich zahlreiche Gerüchte: dass er voll von Alligatoren sei oder dass sich hierhin amerikanische Touristen verirrt hätten, die man nie wiedergefunden habe.

Zwei der Höhlen sind vom Eingang aus zu Fuß zugänglich, die dritte, schönste von allen, erst mithilfe eines Bootes über den See der zweiten Höhle. Von ungestörter tropischer Vegetation umgeben, bieten die Seen ein märchenhaftes Szenarium und man kann sich mit etwas Fantasie in eine Zeit versetzen, in der das weitläufige Höhlensystem den Tainos als Kultstätte diente. Hingegen kann man sich nur schwer vergegenwärtigen, dass wenige Meter von hier der Verkehr der Flughafenstraße vorbeirast.

Acuario Nacional
Av. España 75, Tel. 592 15 09, geöffnet Di–So 9.30–17.30 Uhr, Eintritt 50 RD-$
Direkt südlich der Tres Ojos (s. o.), an der Küste, findet man im Stadtteil La Isabelita eine weitere Attraktion: das bei Dominikanern wie ausländischen Touristen beliebte **Acuario Nacional**, das eine bemerkenswerte Sammlung tropischer Fische in einem kunstvoll nachempfundenen Lebensraum zeigt, leider aber zunehmend verkommt. Attraktion: ein mit durchsichtigem Acryl abgedeckter Gang, der durch das Wasser hindurchführt, in dem die Haie grüßen.

Infos & Termine

Feste
Karneval im Februar hat zwar in Santo Domingo eine alte Tradition, wurde aber erst in den letzten Jahren wiederbelebt; Hauptattraktion ist die bunte und reizvolle Abschlussparade, die den Malecón entlangzieht. Langsam entwickelt sich aber auch ein spontaner Straßenkarneval, bei dem jeder mit Musik und Maske mitmachen kann.

In der Karwoche finden in der Altstadt abendliche **Prozessionen** statt, bei denen Heiligenstatuen feierlich durch die Gassen getragen werden.

Die Gagá: Um Ostern und auch am Himmelfahrtsfest ziehen ländliche Gruppen mit Instrumenten (Trommeln, Bambusrohren) durch die Vororte. Diese Gruppen, Gagá genannt, entsprechen den haitianischen Rara-Bands, sind aber nicht so verbreitet.

Im Juli füllt das **Merenguefestival** die Stadt; der wichtigste Ort ist wiederum der Malecón, der, für den Verkehr gesperrt, zur Bühne für Tänzer und Live-Orchester wird. (Genaue Termine bei der Touristeninfo erfragen.)

In der Silvesternacht wird auf dem Malecón mit Merengue-Bands und Rum

Santo Domingo

lautstark gefeiert. Feste dieser Art begleiten auch politische Anlässe, zum Beispiel den Wahlkampf.

Verkehr

Santo Domingo ist eine in Ost-West-Richtung strukturierte Stadt, die sich die Karibikküste entlangzieht. Die Uferstraßen (Malecón) waren zunächst die wichtigsten Durchgangs- und Ausfallsstraßen, die nach Osten zum Flughafen und nach Westen zum Hafen Haina führen. Der Verkehr wird heute mehr durch eine weiter nördliche liegende, wiederum parallel verlaufende und weitgehend kreuzungsfreie Straße entlastet, die Av. 27 de Febrero.

Einer Autobahn ähnlich ausgebaut stellt sie, zusammen mit der nach Osten anschließenden Av. de las Américas, das verkehrstechnische Rückgrat von Santo Domingo dar, denn sie verbindet die Ausfahrten der Nordautobahn (nach Santiago) und die Ostautobahn (nach La Romana) und bietet, einige Straßenzüge nach Süden versetzt, einen einfachen Zugang zur Westautobahn (nach Bani und nach Barahona).

Der Verkehr, der sich in den zum Teil engen Straßen staut, erschreckt nicht nur die Touristen: In den letzten Jahren gab es unzählige kleine und große Straßenbauvorhaben – Schnellstraßen, neue Brücken, Tunnels, Zufahrten – die die Orientierung für den Autofahrer nicht einfacher machen. Obgleich die Beschilderung im Vergleich zu anderen dominikanischen Ortschaften vorbildlich erscheint, ist die Orientierung schwierig. Daher der Rat, statt auf einen Mietwagen auf öffentliche Verkehrsmittel zurückzugreifen.

Minibusse und Sammeltaxis *(guaguas und colectivos/carros públicos)*: Sie sind die übliche Fortbewegungsart. Sie starten von bestimmten Stellen in der Stadt und fahren auf festen Routen zu ihren Zielorten; wer mitfahren will, hält sie auf der Strecke an. Die sog. *Cobradores* stehen meist an der Tür und rufen die Fahrtziele aus, bei ihnen kann man sich am besten erkundigen, welches Fahrzeug am schnellsten zum Ziel führt. Die Busse bzw. Kleinbusse sind zwar meistens sehr überfüllt, mit einem Fahrpreis ab 10 RD-$ (= ca. 0,25 US-$) pro Fahrt aber unglaublich preiswert. Streitigkeiten über Fahrpreise kommen hier selten vor.

Individualtaxis: Hier muss der Preis (untere Grenze pro Fahrt 100 RD-$ = ca. 4 US-$) abgesprochen werden. Von Touristen verlangen die Fahrer gerne Fantasiepreise. Wenn immer möglich, sollte man sich ein Funktaxi einer etablierten Firma bestellen, z. B. von Apolo Taxi, des größten Taxi-Unternehmens hier, Tel. 809 537 00 00, Aero Taxi, Tel. 809 686 12 12, Son Taxi 809 922 13 13. Im Hotel erfährt man, welche Firma in der Nähe ist, und kann den Preis erfragen lassen.

Überlandbusse: Caribe Tours: diverse Fahrtziele. Preise, Zielorte und Abfahrtszeiten sind über die Internetseite abfragbar: www.caribetours.com.do, Tel. 809 221 44 22. Startpunkt der Busse: Av. 27 de Febrero/Ecke Calle Leopoldo Navarro.

Metro Autobuses: Busse nach Santiago und Puerto Plata. Fahrplan über das Internet abfragbar: www.metroservicio sturisticos.com, Tel. 809 227 01 01. Startpunkt: Calle Francisco Prats Ramírez/ Ecke Av. Winston Churchill. Daneben gibt es diverse andere kleinere Busgesellschaften.

Metro: Seit 2009 ist die erste Metrolinie in Betrieb, die kaum die touristisch bedeutsamen Zonen berührt. Sie verläuft in Nord-Süd-Richtung entlang der Av. Máximo Gómez und führt parallel zum Malecón, entlang der Av. Doctor Bernardo Correa y Cidrón, ein kurzes Stück nach Westen. Der Bau weiterer Linien ist geplant (www.santodomingotransit map.com).

Das Ostufer des Ozama

Überall in Santo Domingo trifft man auf kleine fahrbahre Garküchen

Mietwagen: Die meisten internationalen Rent-a-Car-Firmen sind auf dem Flughafengelände, kleinere nationale Firmen in großer Zahl an der Zufahrtstraße vom Flughafen zu finden. Anbieter innerhalb Santo Domingos sind zum Beispiel:
Nelly: Av. Independencia 654, www.nellyrac.com, Tel. 809 687 79 97, tgl. 7–21 Uhr.
Alamo: Av. Independencia/Ecke Av. Máximo Gómez Gazcue, www.alamo.com, Tel. 809 221 08 05, tgl. 8–17 Uhr.
Avis: Av. George Washington 517, www.avis.de, Tel. 809 535 71 91, tgl. 7–22 Uhr.

Wichtige Adressen
Notfall: Ambulanz, Feuerwehr Tel. 911 (landesweit)
Post: Mo-Fr 8–17.30 Uhr
Hauptpost: Centro de los Héroes, Calle Héroes de Luperón/Ecke Rafael Damirón, Tel. 809 534 58 38. www.inposdom.gob.do. Briefmarken kann man in einzelnen Geschäften und in Hotels erwerben
Polizei: Policia Nacional, Calle Leopoldo Navarro 402, Tel. 809 682 21 51; Touristenpolizei in der Calle El Conde/Ecke Calle José Reyes und in der Calle Las Damas bei der Fortaleza Ozama.

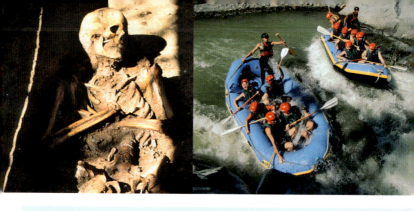

Das Beste auf einen Blick

Das Landesinnere

Highlights !

Die Straße nach Constanza: Von San José de Ocoa windet sich eine Passstraße durch die wilde und wunderschöne Landschaft der Zentralkordillere hinüber nach Constanza. Der Weg ist etwas für Abenteurer und Fahrzeuge mit Vierradantrieb – er verspricht Herzklopfen und grandiose Ausblicke. S 140

Der Salto de Baiguate: Der bezaubernde Wasserfall ist der größte und bekannteste in dieser Gegend. Das brausende Wasser fällt über pflanzenbewachsene Steinwände tief hinunter in ein Felsenbecken von blauem Wasser, in dem man auch baden kann. S.147

Auf Entdeckungstour

Der Santo Cerro und La Vega Vieja: 1562 zerstörte ein Erdbeben die erste Stadt La Vega. An ihrer Stelle steht jetzt Pueblo Viejo, ein typisches dominikanisches Dorf. Zwischen den Feldern und Gärten der Bewohner kann man sich auf die Suche nach den Ruinen und Gräbern der untergegangenen Stadt machen. S. 150

Centro León – ein Land entdeckt seine Kultur: Eine durch Tabakhandel reich gewordene Familie hat dieses hochmoderne Kunstzentrum von Santiago errichtet: das Centro Léon. Es erlaubt einen ganz neuen Blick auf die dominikanische Kultur. S. 158

Kultur & Sehenswertes

Museo de las Hermanas Mirabal: Das Haus der drei Schwestern Mirabal bei Salcedo ist zu einem sehr persönlichen Museum und zum wichtigen Ort der Erinnerung an die Opfer der Trujillo-Diktatur geworden. S. 154

Aktiv & Kreativ

Constanza und Jarabacoa sind Zentren eines Gebirgstourismus in den Zentralkordilleren, der vor allem Aktivurlauber anzieht. Hier kann man in schöner Umgebung reiten, wandern, klettern, Mountainbike fahren und beim Rafting und Canyoning die Wildwasserflüsse entlangsausen. S. 141, 143

Genießen & Atmosphäre

Piedras del Río: In diesem Restaurant sitzt man auf einer Holzterrasse direkt am rauschenden Jimenoa-Fluss und genießt die wilde Natur. S. 144

Der Cibao bietet spektakuläre Landschaftserlebnisse. Wasserfälle, weite Naturschutzgebiete und eine üppige Vegetation ermöglichen echte Erholung abseits der Touristenhochburgen. S. 147

Abends & Nachts

Francifol: Diese originelle Lounge in der regionalen Hauptstadt Santiago lädt durch ihre weltoffene und stilvolle Atmosphäre ein. S. 162

Von hohen Bergen und fruchtbaren Tälern

Das Innere der Republik ist ein Land der Kontraste: auf der einen Seite ein unwegsames Bergland frühen vulkanischen Ursprungs, das in den höchsten Bergen der ganzen Karibik gipfelt, und unmittelbar nördlich anschließend eine gewaltige Talebene, Cibao genannt, die durch die Auffaltung der Kordilleren und durch tektonische Einbrüche der Erdkruste entstanden ist. Es nimmt nicht Wunder, dass gerade an den Grenzen dieser beiden Landschaftsformen spektakuläre Übergänge zu finden sind: dort, wo die Tallandschaft an die steil aufragenden Gebirge stößt. Die Strecke nach Constanza, in der Dominikanischen Republik kaum beachtet und gepflegt, ist eine beeindruckende Panoramastraße, die anderswo mit Sternen ausgezeichnet wäre.

Das einsame Bergland

Die landschaftlichen Kontraste spiegeln sich in den Besiedelungsmustern, deren strukturelle und ökonomische Unterschiede größer nicht sein könnten, wider: Das Bergland mit seinen kühlen Höhen ist ein unwegsames Gelände und macht eine verkehrsmäßige Anbindung und landwirtschaftliche Nutzung schwierig. Auch die möglichen Bodenschätze in den Zentralkordilleren, von deren Existenz man munkelt, reizen nicht zur Erschließung, und so sind die Zentralkordilleren eine der einsamsten Regionen der Karibik. Die wenigen Dörfer, die zu finden sind, sind isoliert und auf Subsistenzwirtschaft angewiesen; die jungen Dominikaner verlassen sie, wenn sie können.

Bauernland Cibao

Das Cibao-Tal dagegen ist ein reiches und dicht besiedeltes Bauernland – die schönste Kulturlandschaft der Karibik, wie es heißt. Eine leicht gewellte saftig-grüne Hügellandschaft mit Viehweiden, Zuckerrohrfeldern und Tabakplantagen, durchsetzt mit den traditionellen kreolischen Einzelhöfen mit ihrer altbewährten Mischkultur. Die wohl nicht reichen, aber doch zufriedenen Bauern haben ein ausgeprägtes Selbstbewusstsein: Man hat eine Tradition zu verteidigen, die sich auf die lange Siedlungsgeschichte des Tals, auf indigene und koloniale, kulturelle Wurzeln beruft. Es gibt einen regionalen Stolz, der sich auch darin zeigt, dass man sich mehr an den lokalen Landstädtchen orientiert, die im Cibao sehr dicht gestreut sind und vor allem an Santiago, dem Schwergewicht in der regionalen Entwicklung des Cibao. Besonders in der Provinzhauptstadt versteht man sich als ordentlicher und – auch von der Hautfarbe her – ›europäischer‹ als die Masse der Hauptstädter. Wie dem auch sei – Santiago ist eine betriebsame Großstadt, die kulturell einiges zu bieten hat.

Infobox

Anreise und Weiterkommen

Die Carretera Duarte ist mit Bussen recht gut erschlossen, sodass man über sie alle größeren Städte bis ins Cibao-Tal erreicht.

Wer dagegen die Cordillera Central bereisen möchte, ist auf einen Mietwagen – und zwar unbedingt mit Allradantrieb – angewiesen.

Die Carretera Duarte ▶ D 2–G 5

Die Zentralkordilleren und das Cibao-Tal durchzieht von Santo Domingo aus die 270 km lange Carretera Duarte (die Verlängerung der Av. 27 de Febrero). Sie ist die wichtigste Straße des Landes, weil sie die am dichtesten besiedelten und ökonomisch aktivsten Gebiete des Landes verbindet und neben der neuen Schnellstraße Santo Domingo–Nagua die einzige verlässliche Nord-Süd-Route darstellt.

Sicher gibt es noch andere Routen: durch die Ebenen des Ostens oder die Zentralkordilleren, wie die Verbindung von der Carretera Sánchez durch das Gebirge von Ocoa, über Constanza und Jarabacoa nach La Vega. Sie ist jedoch ein echtes Abenteuer (vgl. S. 140) und die Carretera Duarte bleibt die bequemere und schnellere Route, besonders, nachdem sie nun bis Santiago zu einer vier-, manchmal sogar sechsspurigen Autobahn ausgebaut ist.

Die ersten Jahre dieser verkehrstechnischen Errungenschaft waren noch furchterregend, denn die Dominikaner übertrugen ihre bisherigen Verkehrsgepflogenheiten auf die Autobahn. Man trieb Vieh darauf, trocknete Feldfrüchte auf dem Asphalt, Reiter benutzten sie, Minibusse (guaguas) sammelten Fahrgäste auf.

Aus dieser Zeit ist noch einiges geblieben, was für den Europäer gewöhnungsbedürftig ist: Autos wechseln nicht nur an den angezeigten Überwegen (retorno) die Fahrbahn, sondern durchqueren nach Belieben mit heulenden Motoren auch den Graben, der die beiden Fahrbahnen trennt; Mopedfahrer befahren gemäß der anarchischen Gewohnheiten der Landstraßen die Standstreifen in beiden Richtungen. Hierbei kommen sie nicht selten in Konflikt mit den Verkaufsständen, die sich am Straßenrand etabliert haben und interessierte Kunden zum plötzlichen Halten und anderen Manövern provozieren. Man baut sein Haus nun gerne an der Autobahn und gewährt sich das Recht, sich über Stock

Mein Tipp

Zentrum für Kunsthandwerk Neoarte
Auf der Verbindungsstraße zwischen Moca und der Carretera Duarte, wo es niemand vermutet, befindet sich das Centro Neoarte: Liebevoll gestaltete Werkstätten und Ateliers, mit Holzveranden verziert, verschnörkelte Patios geschmückt mit allerlei Krimskrams. Hier werden handgefertigte Einzelstücke verkauft, die man sonst nirgendwo bekommen kann – insbesondere originelle rustikale Möbel aus Massivholz und Kunsthandwerk wie Masken, Puppen und Wandschmuck aller Art. In einem Ausstellungsraum finden wechselnde Präsentationen der Werke dominikanischer Künstler statt. Auch wer keine Käufe tätigen will, kann hier einen Zwischenstopp einlegen und im nett gestalteten Café Palafitos eine Erfrischung zu sich nehmen (Autopista Ramón Cáceres km 7, Tel. 809 889 45 90, www.neoarte.com).

Das Landesinnere

> ### *Mein Tipp*
>
> **Essen und Trinken an Fernstraßen**
> Im ganzen Land an der Autobahn und den größeren Landstraßen verteilt findet man einfache, manchmal große Lokale, in denen sich meist Fernfahrer und andere dominikanische Reisende zum Mittagessen einfinden. Hier kann man oft akzeptabel und vor allem sehr preiswert essen (um die 100 RD-$). Es ist ratsam, sich an die gut besuchten Straßenrestaurants zu halten, vor denen viele Autos parken, denn die routinierten Reisenden wissen, wo sie einkehren können. Üblicherweise kann man sich die in gläsernen Theken ausgestellten Speisen selbst zusammenstellen und dabei auch ganz exotische Gerichte ausprobieren wie Yucca oder Maniok in allen Formen und Varianten. Vorsicht: Die Portionen sind hier den Fernfahrer-Mägen angepasst und meist riesengroß, also bei der Bestellung nicht zu übermütig werden!

und Stein einen eigenen ›Anschluss‹ zu bahnen. Auch wenn die Dominikaner gelernt haben, die Autobahn zu respektieren: Man sollte immer auf der Hut sein, vor allem in der Nähe von Ortschaften. Die angegebene Höchstgeschwindigkeit von meist 100 km/h ist daher keineswegs symbolisch gedacht und wird auch überwacht.

Von Villa Altagracia nach Bonao ▶ F 4/5

Nach Santo Domingo, das man in nordwestlicher Richtung auf der Autopista Duarte verlässt, folgen das berüchtigte ›Regenloch‹ **Villa Altagracia** und später **Piedra Blanca**. Von dort führt eine wichtige Abzweigung zunächst nach **Cotui**, einer der ersten spanischen Gründungen, die mit Goldfunden zu tun hatte.

Auch heute ist Cotui für seine Goldmine bekannt, in der im Tagebau gearbeitet wird (Pueblo Viejo). Von Cotui aus kann man auf einer (stellenweise schlechten) Straße nach Nagua an der Nordküste und von dort zur Halbinsel Samaná im Osten oder zu den westlichen Stränden gelangen. Schneller und besser ist die über **San Francisco de Macorís** führende Variante, wo allerdings eine komplizierte Ortsdurchfahrt zu bewältigen ist. Ansonsten bietet die Stadt ihren Besuchern wenig; sie ist die einzige größere in der Dominikanischen Republik, in der Tourismus keine Rolle spielt. Trotzdem ist San Francisco nicht arm, denn sie ist das Herz eines landwirtschaftlichen Gebietes, in dem vorwiegend Reis, Gemüse und Obst (Ananas) angebaut werden.

Zurück zur Carretera Duarte: Noch vor **Bonao** sieht man in einiger Entfernung rechts von der Straße die gewaltige Tagebau-Nickelschmelze des Falconbridge-Konzerns mit ihren Schloten und Abraumhalden liegen – Zeuge einer schwierigen Beziehung: Die alten Wirtschaftsverträge waren für die Dominikaner sehr ungünstig und sprachen dem kanadischen Konzern den größten Teil der Erträge (85%!) zu. Dieser hat sich seitdem bemüht, das schlechte Image loszuwerden, indem er – über eine Stiftung und andere Ausschüttungen – in Bonao die Gemeindearbeit und Wiederaufforstung begünstigt.

Unterhalb der Ausfahrt von Bonao findet man eine Tankstelle sowie die erste Autobahnraststätte und das erste

Autobahnhotel des Landes. Bonao selbst, früher eine Hochburg der Anhänger Trujillos, ist eine typische Provinzstadt, in der das Töpferhandwerk blüht. Die zahlreichen Verkaufsstände auf der Strecke sowie eine Ausstellungshalle im Ort zeugen davon.

Übernachten

Für unterwegs – **Hotel Jacaranda:** Autopista Duarte km 87, Tel. 809 525 30 90, DZ 32–52 US-$. Autobahnraststätte, unpersönlich, aber bequem, als Zwischenstopp geeignet, von mehreren Großrestaurants umgeben.

Infos

Touristeninformation
In **Cotui:** Calle Hector Soto 48 (Ecke Calle Mella), Tel. 809 586 23 90.

Verkehr
Bus: Von Santo Domingo fahren mehrmals täglich moderne Busse die Carretera Duarte entlang. Nach Jarabacoa und Santiago verkehren Busse der Gesellschaft Caribe Tours (s. S. 132 ›Verkehr in Santo Domingo‹).
Minibus: Diverse Kleinbusse, die man unterwegs anhalten kann, sind auf der Carretera Duarte unterwegs. Um über Cotui nach Nagua und Samaná zu gelangen, kann man sich an der Kreuzung von Piedra Blanca einen Minibus *(público)* suchen. Das Gleiche gilt für die Verbindungen nach Constanza und Jarabacoa, die von Bonao bzw. von La Vega aus mit häufig fahrenden Kleinbussen oder Pick-ups zu erreichen sind. Seltener sind Kleinbusse zwischen Jarabacoa und Constanza; San José de Ocoa wird von Constanza nur nach Bedarf, meist mit Jeep-Taxis angefahren.

In der Cordillera Central

Kurz hinter Bonao führt eine Ausfahrt zu einer atemberaubenden Bergstraße, die mittlerweile gut ausgebaut ist. Sie erklettert – mit **einmaligen Ausblicken auf das Cibao-Tal** – die Steilhöhen der Zentralkordilleren und führt schließlich in das weite und fruchtbare Hochtal von **Constanza**.

Die Kordilleren sind im zentralen Teil bis zur haitianischen Grenze praktisch unbewohnt und verkehrstechnisch unerschlossen, haben aber ökologisch für das Land eine große Bedeutung: Die Region hat die höchsten Niederschläge der ganzen Dominikanischen Republik und ist Quellgebiet von fast allen größeren Flüssen, die die Ebenen mit Wasser versorgen. Die durchschnittlichen Temperaturen liegen weit unter dem dominikanischen Durchschnitt: In Constanza liegt das Jahresmittel bei 12–15 °C, nachts kann das Thermometer auch mal unter den Gefrierpunkt sinken. Neben dem Wirtschaftszentrum Constanza gibt es nur zwei weitere Siedlungsgebiete in diesem Landstrich – im Süden die noch relativ niedrige **Sierra von Ocoa,** die von einer Abzweigung hinter Bani zugänglich ist, und das Tal von **Jarabacoa** nördlich von Constanza.

Bislang haben diese drei Täler der Zentralkordilleren wenig miteinander zu tun, denn nach wie vor sind die Verkehrswege nicht allzu gut. Man hatte zwar vor, die Verbindungsstraßen zwischen San José de Ocoa und Constanza (86 km) und die Straße zwischen Constanza und Jarabacoa (43 km) auszubauen, doch nach wie vor sind die Strecken stellenweise eine Geschicklichkeitsprobe für Autofahrer. Vielleicht wird man irgendwann eine gute Al-

Das Landesinnere

ternative haben, um unter Umgehung von Santo Domingo vom Süden in den Norden zu gelangen.

Von San José de Ocoa nach Constanza ! ▶ E 5–E 4

Noch ist die Strecke in Teilen ein ziemliches Abenteuer – ein noch sehr wilder Weg durch eine **grandiose Berglandschaft** und eigenwillige Dörfer, der nur für Wagen mit Vierradantrieb und von geübten Fahrern zu bewältigen ist.

Nässe durch Regen und tief hängende Wolken können die Fahrt auf Lehmpisten zur gefährlichen Schlitterpartie machen, meist noch dazu an steilen Abgründen. Es empfiehlt sich dringend, an Taxiständen und Tankstellen ausführliche Erkundigungen nach den aktuellen Straßenverhältnissen einzuholen. Lässt man sich auf das Wagnis ein, so sollten mindestens 4 Stunden Zeit bei Tageslicht eingeplant werden.

Die höchste Passstraße

Von der Autopista Duarte geht es über Banilejo nach **San José de Ocoa**; dort beginnt der spannende Weg über die höchste befahrbare Passstraße des Landes nach **Constanza**. Im ersten Abschnitt der Reise findet man noch das ein oder andere Kollektivtaxi, meist recht unbequeme Landrover.

Das Leben in Cotui ist noch sehr ländlich

Constanza

Immer bergauf, geht es nun an steilen Abgründen, herrlichen Aussichtspunkten und Bergdörfern vorbei. Diese Strecke wird seit Langem aufgebessert; der Ausbau wird jedoch durch Witterungsbedingungen behindert.

Etwa 40 km vor Constanza erreicht man die oft in Wolken gehüllte Passhöhe. An der unbeschilderten Kreuzung muss man den unscheinbareren Weg nach links, nicht die ›gute‹ Straße nach rechts nehmen!

Científica Valle Nuevo ▶ E 4/5

Etwa 3 km weiter erreichen wir den Eingang zur Reserva Científica Valle Nuevo, das den wohl **größten Kiefernwald der Karibik** schützt. 1963 war der größte Teil des Waldes einem Brand zum Opfer gefallen, und neue Brandflächen zeugen davon, dass die Feuergefahr in ihm wohl immer noch groß ist. Der Zugang zum Reservat ist daher kontrolliert und man muss sich am Eingang in ein Register eintragen. Über 30 km begleitet uns der Wald nun, erst auf den letzten 10 km bis Constanza haben wir wieder freie Sicht auf die Zentralkordilleren.

Constanza ▶ E 4

Das 1200 m hoch gelegene Städtchen ist die höchste dauerhafte Siedlung der Republik und wirtschaftlich gesehen der Hauptort dieser Bergregion. Seine Geschichte ist eigentümlich: Zur Trujillo-Zeit wurden hier ausländische Kolonisten – Ungarn, Japaner und Spanier – angesiedelt, die heute noch ihre eigenen Viertel, die *colonias*, in der Stadt haben. Ihnen folgten Dominikaner, die die niedrigen Temperaturen in Höhen von mindestens 1000 m nicht scheuen. Heute versorgen säuberlich abgesteckte, riesige Felder die Republik mit Produkten, die anderswo nicht wachsen: Kartoffeln, Kohl, Gurken, Salat, Äpfel und bestimmte Blumenarten, vor allem aber bessere Kaffeesorten. Dementsprechend präsentiert sich der Ort mit seinem schachbrettartigen Grundriss als eine landwirtschaftliche Kolonie, die gut von ihren Feldbauprodukten leben kann.

Die Täler um Constanza mit ihren klaren Bächlein, Pinienwäldern und Kolonistenhäusern sind sehr attraktiv für Urlauber, die Erholung und sportliche Aktivitäten im Freien suchen. In den Ökotourismus-Hotels kann man naturnah wohnen und eine schöne Aussicht in Ruhe und Abgeschiedenheit genießen: Der Ort ist vom Tourismus nicht sehr abhängig und daher

Das Landesinnere

halten sich die Hotelpreise bislang in Grenzen. Das könnte sich jedoch mit der nun recht guten Anbindung an die Carretera Duarte ändern.

Übernachten

Häuser auf Stelzen – **Rancho Guaraguao:** Las Neblinas, Tel. 809 723 66 88, Fax 809 508 12 12, www.ranchoguaraguao.com, Cabañas und Häuschen 3200–6300 RD-$. Ein buntes Ökotourimus-Hotel mit Bungalow-Apartments verschiedener Kategorien und Ausstattung. Schöne Aussicht, Garten, Fitnessraum, Pool und Jacuzzi.

Ökotourismus – **Rancho Constanza und Cabañas de la Montaña:** Calle San Francisco de Macorís 99, Tel. 809 539 32 68, ranchoconstanza01@hotmail.com, zwei zusammengehörige Hotels unter gleicher Direktion, DZ ca. 50 US-$, Vollpension möglich, auch Apartments und Bungalows für Familien. Kurz vor der Einfahrt in den Ort auf der parallel zur Straße sich erstreckenden Höhenkette gelegen, mit Balkonen und großartiger Aussicht auf das ganze Tal von Constanza. Familienhotel mit einem großen Garten.

Mit Blick ins Tal – **AltoCerro Villas:** Calle San Francisco de Macorís, Colonia Kennedy (ausgeschildert), Tel. 809 539 14 29, Fax 809 530 61 92, www.altocerro.com, DZ ca. 2000 RD-$, Bungalows 2000–8000 RD-$. Große Ferienanlage mit 12 Zimmern im Hotel und 34 frei stehenden Bungalows mit Blick über das ganze Tal. Dazu gibt es auch ein Aussichtsrestaurant. Wohneinheiten für 1–7 Personen. Auch ein Campingplatz befindet sich hinter der Anlage.

Dominikanisch, gut und einfach – **Micasa:** im Ort, Calle Luperón/Ecke Calle Sánchez, Tel. 809 539 27 64, je nach Wochentag und Saison 750–1000 RD-$ p. P. Günstige Zimmer mit einfacher Ausstattung. Schönes, jedoch schlichtes Restaurant.

Die Zentralkordilleren sind ein Dorado für Sportler

Essen & Trinken

Die genannten Hotels haben eigene Restaurants; zu empfehlen ist z. B. das im Hotel AltoCerro mit Gerichten ab 5 US-$.
Traditionsrestaurant im Ort – **Lorenzo's Restaurant/Pizzeria:** Calle Luperón 83, Tel. 809 539 20 08, tgl. 8–24 Uhr, um 160 RD-$. Gute dominikanische Küche mit gewaltigen Portionen.

Aktiv & Kreativ

Die Hotels bieten alle diverse Ausflüge und Touren an.
Wandern – Es lohnt eine Wanderung zum dreistufigen **Salto de Aguas Blancas**, mit 87 m der höchste Wasserfall der Karibik (Abzweigung von der Straße nach Ocoa, etwa 2 Std. Fußmarsch.
Nationalpark – Ebenfalls an der Straße nach Ocoa liegt die **Reserva Científica Valle Nuevo** mit einem der letzten Koniferenwälder der Karibik. Arrangements werden in den Hotels AltoCerro und Rancho Constanza angeboten.

Infos

Oficina de la Secretaría de Turismo, Calle Duarte 15, Tel. 809 539 29 00, www.constanza.net.

Jarabacoa ▶ E 3

Durch das fruchtbare Hochtal von Constanza und die Ebano-Ebene geht es nun weiter nach Jarabacoa. Mit 530 m über dem Meer niedriger als Constanza gelegen hat es ganz den Charakter einer unspektakulären dominikanischen Kleinstadt – ohne besondere kulturelle Attraktionen. Besonders ist die Stadt wegen ihrer schönen Gebirgslage, die sie zum Ausgangspunkt eines Aktiv-Tourismus werden lies, der auch Dominikaner begeistert. Temperaturen, die bis zum Gefrierpunkt absinken können, haben für sie etwas Exotisches, ebenso die Berglandschaft mit den schönen Wasserfällen.

So hat sich der Ort, der gut von Santo Domingo, La Vega und Santiago erreichbar ist, zum Mittelpunkt des innerdominikanischen Tourismus gemausert. Wohlhabende Städter haben hier ihre Wochenendhäuschen und bessere Firmen führen ihre Angestellten zu Betriebsausflügen in die Freizeit-Hotels der Gegend. Jarabacoa ist im Binnenland das Zentrum für Outdoor-Sportarten wie Wandern, Reiten, Mountainbiking, Rafting, Canyoning und Klettern.

Übernachten

Für aktive Freiluft-Sportler – **Rancho Baiguate:** an der Ausfahrt nach Constanza, km 2,5, (Hinweisschilder), Tel. 809 574 68 90, www.ranchobaiguate.com, ca. 100 US-$ p. P. Große, gepflegte Anlage mit Garten und 27 Zimmern, Pool, Pingpong-, Softball-, Basketball-, Volleyballfeld, Bar und Restaurant, ausgiebige Ausflugs- und Abenteuertouren-Angebot.
Landschaft und Luxus – **Gran Jimenoa:** Avenida La Confluencia, Los Corralitos, 2 km außerhalb, Tel. 809 574 63 04, www.granjimenoahotel.com, DZ ca. 80 US-$. 73 Zimmer, weitere sind im Bau. Große, schöne Hotelanlage direkt am Fluss mit Pool, Jacuzzi, Sauna, Terrassenrestaurant am Wasser (s. ›Essen und Trinken‹). Hier vergnügen sich gerne dominikanische Reisegruppen auf Betriebsausflügen.
Weiter Blick ins Land – **Mi Vista Mountain Resort:** ca. 5 km von Jarabacoa, an

Das Landesinnere

der Straße nach La Vega Richtung Hato Viejo abbiegen, Tel. 809 574 66 96, http://mi-vista.com, DZ ca. 60 US-$, Reservierung empfohlen. Kleine Anlage mit fünf Häuschen, Pool und fantastischer Sicht.
Preiswertes, kleines Stadthotel – **Brisas del Yaque:** Calle Luperón/Ecke Calle Pelegrina Herrera. Tel. 809 574 44 90, DZ 1300 RD-$. Sachliches, ordentliches Haus mit 8 Zimmern. Gutes Preis-Leistungs-Verhältnis, mit Morgenkaffee, Kühlschrank, TV und Balkon.

Essen & Trinken

Mitten im Leben – **Parque Galería:** Calle Mirabal beim Parque Central, Tel. 809 574 67 49, Hauptgericht ca. 10 US-$. In diesem gemütlichen Grillrestaurant im Freien lässt sich das Leben am Hauptplatz beobachten. Internationale Snacks aller Art und dominikanische Küche.
Am rauschenden Fluss – **Piedras del Río:** im Hotel Gran Jimenoa, tgl. 7–23 Uhr, Hauptgericht um 9 US-$. Ein Besuch dieses Restaurants ist auch für Nicht-Hotelgäste wegen der besonders schönen Lage am Fluss lohnenswert; man sitzt auf einer hölzernen Terrasse über dem sprudelnden Wasser.

Aktiv & Kreativ

Jarabacoa ist die Heimat aller nur erdenklichen Sportarten, die mit dem Gebirge und seinen Flüssen zu tun haben. Vor allem wenn eine professionelle Ausrüstung und Erfahrung vonnöten sind, ist es empfehlenswert, sich an spezialisierte Anbieter zu wenden. Davon gab es bisher viele verschiedene, in letzter Zeit hat die Baiguate-Gruppe jedoch die anderen verdrängt: Sie hat alle erdenklichen Touren im Angebot, die sich in den Hotels **Rancho Baiguate** und **Pinar Dorado** und dem Restaurant **El Rancho** buchen lassen. Auch kleinere Anbieter versuchen sich immer wieder zu etablieren, die zu unterstützen wohl sinnvoll ist.
Wandern – Die Umgebung von Jarabacoa bietet einige der schönsten, aber auch anspruchsvollsten Wandergebiete des Landes.
Rafting – Die beiden Flüsse **Jimenoa** und **Yaque del Norte** sind reißend und eignen sich daher zum **Rafting**, zu adrenalin-schwangeren Wildwassertouren von 13 km Länge. Die Gummischlauchboote werden von verschiedenen Anbietern gestellt, namentlich von **Rancho Baiguate**. Gleiches gilt auch für das **Canyoning** auf den Jimenoa, d. h. den Abstieg über steile Felswände: Man braucht technisches Rüstzeug, das nur eine spezialisierter Anbieter zur Verfügung stellen kann.
Mountainbiking und Reiten – Die Landschaft bietet sich zum Mountainbike fahren, aber auch zum Reiten gut an. **Pferde und Fahrräder** lassen sich in den größeren Hotels anmieten, die organisierten Ausflüge zu festen Zielen können häufig auch als Fahrrad- oder Reittour unternommen werden.
Klettern – Verschiedene Sportmöglichkeiten bieten sich noch dazu auf dem weiten Gelände des **Rancho Baiguate**: z. B. ein **Hochseilgarten**, der sogenannte ›Flying Fox‹, ein Abenteuer-Parcours mit neun Hindernissen, und ein **Klettergarten.**

Infos

Oficina de la Secretaría de Turismo, Calle Mario Nelson Galán, Plaza Ramírez Modulo 209, Tel. 809 574 72 87, Mo–Fr 7–12 und 15–17 Uhr.

Es gibt nur wenige Besucher der Dominikanischen Republik, die den Hispaniola-Papageien gesehen haben – zu gut ist er im dichten Laub getarnt

Zum Pico Duarte ▶ D 4

Allen Aktivitäten in der Region voran steht die zwei- bis dreitägige Tour zum Pico Duarte, dem höchsten Gipfel der Karibik. Er gehört zum wilden und unbewohnten Kern der Kordilleren, die eine Kette von erloschenen Vulkanen umfasst. Sie erreichen rund 3000 m Höhe: der **Pico Duarte** (3175 m), der **La Rucilla** (3045 m), der **Pico de Yaque** (3045 m) und der **Loma de la Vinda** (2801 m). Diese für das Klima und den Wasserhaushalt der Insel sehr wichtige Zone wird durch zwei Nationalparks geschützt: durch den **Parque Nacional Armando Bermúdez** im Norden und den **Parque Nacional José Carmen de Ramírez** im Süden.

Die Grenze führt genau über den Gipfel des Pico Duarte, der bisher das einzige ausgewiesene Ziel von Wanderungen in diesem Bereich ist. Der übliche Anstieg von **La Ciénaga** aus führt auf 23 km durch die verschiedenen Vegetationszonen eines Bergregenwaldes: Unten überwiegen Laubbäume, in den oberen Zonen Pinienarten.

Die Fauna kennzeichnet ein großer Artenreichtum an Vögeln, unter anderem nur höchst selten beobachteten grünen **Hispaniola-Papageien.** Auf der Erde leben die **Hutias,** vom Aussterben bedrohte Waldratten, und **verwilderte Schweine** aus der frühen Kolonialzeit. Der Aufstieg führt zunächst zu einer etwa 350 m unter dem Gipfel gelegenen Hütte. Von dort bricht man um vier Uhr auf, um bei Sonnenaufgang oben zu sein und kehrt dann zur Hütte, nach La Cienaga oder nach Jarabacoa zurück. Die Bergwanderung erfordert ein gewisses Maß an Training und Gesundheit, vor allem aber warme, wasserdichte Kleidung, gute Wanderschuhe, einen Daunenschlafsack, Medikamente, Lebensmittel und Getränke; darüber hinaus ist die Begleitung durch einen offiziellen Führer obliga-

torisch. Man findet ihn in dem 30 km entfernten La Ciénaga, das durch Taxis mit Vierradantrieb erreicht wird. Hier kann man auch Reit- und Transportpferde mieten. Normalerweise verbringt man hier die Nacht vor dem Aufstieg in einem kleinen Hotel. Alle diese Vorbereitungen entfallen, wenn man die Wanderung im Rahmen einer organisierten Tour eines kommerziellen Anbieters bucht. Wanderungen von 3–5 Tagen zu Fuß oder zu Pferd bietet die Grupo Baiguate an, p. P. 255–1000 US-$ (Preis sinkt mit steigender Anzahl der Teilnehmer).

Weitere Wanderungen und Ausflüge

Der Salto de Baiguate ❗ ▶ E 3
Der Baiguate-Fall ist der ruhigste der drei großen Wasserfälle von Jarabacoa. Aus mehr als 20 m stürzt er in ein natürliches Becken, in dem man baden kann. Um zum Baiguate-Fall zu gelangen, verlässt man die Stadt zunächst auf der Straße in Richtung Constanza. Nach rund 3 km weist rechter Hand ein Schild den Weg, es folgt eine Piste bis zum 3 km entfernten Parkplatz. Von dort läuft man einen hübschen Pfad durch einen Canyon.

Der Salto de Jimenoa I ▶ E 3
An diesem – wohl spektakulärsten – der drei Wasserfälle wurde aus dem Hubschrauber die Eröffnungssequenz für den Film »Jurassic Park« gedreht. Das Wasser kommt aus 60 m Höhe eine Felswand hinunter. In dem darunter liegenden Becken kann man im frischen Wasser baden und auf einer Sandbank picknicken. Um zum Jimenoa I zu gelangen, folgt man rund 7 km der Straße nach Constanza, sie verwandelt sich in eine breite Piste, die in die Berge führt. Der Eingang (Nationalparkgebühr 100 RD-$) ist links in einer kleinen Siedlung. Vom Eingangshäuschen, wo man auch eine Flasche Wasser bekommt, läuft man rund 20 Minuten einen steilen Dschungelpfad hinunter.

Der Salto de Jimenoa II ▶ E 3
Diesen rund 40 m hohen und nicht minder beeindruckenden Wasserfall erreicht man über die Straße in Richtung Autopista Duarte. Nach rund 5 km ist er rechts ausgeschildert. Dann gelangt man nach rund 5 km zu einem Parkplatz. Von hier läuft man 500 m über Brücken und durch einen Canyon zum Wasserfall mit Badegelegenheit.

Im Naturschwimmbad ▶ E 3
Auch ein Ausflug zum Zusammenfluss *(confluencia)* der Flüsse **Jimenoa** und **Yaque del Norte** lohnt sich, vor allem wegen des bei Dominikanern populären *balneario* (Naturschwimmbad). Interessant ist, dass sich das Wasser der beiden Flüsse durch unterschiedliche Farbsedimente unterscheidet, sodass man hier die allmähliche Vermischung der beiden Ströme beobachten kann.

Im Cibao-Tal

Der Cibao, auch ›La Vega Real‹, d. h. die ›Königliche Aue‹ genannt, ist eine 225 km lange und 15 bis 40 km breite Tallandschaft. Geologisch entstand sie durch Einbrüche, die die Zentralkordilleren von den Nordkordilleren trennten. Dass sie kein einfaches Flusstal ist, zeigt sich auch daran, dass sie nach zwei Seiten hin bewässert wird: nach Nordwesten durch den Río Yaque del Norte, der nahe Monte Cristi in den At-

Einst königliche Aue: der Cibao

Das Landesinnere

lantik mündet, und nach Osten durch den Río Yuna, der in die Bucht von Samaná einfließt. Wasserscheide ist das leicht hügelige Zentralgebiet des Cibao zwischen den Städten Santiago und La Vega.

Für die Dominikanische Republik hat der Cibao eine besondere Bedeutung aufgrund der außerordentlichen Fruchtbarkeit des Landes, die eine hohe Bevölkerungsdichte – vor allem im Dreieck zwischen Santiago, La Vega und San Francisco de Macorís – zur Folge hat. Das Gebiet ist fast auf der ganzen Fläche mit einer 2–3 m dicken Schicht sehr ertragreicher schwarzer Erde bedeckt und wird in seinem zentralen Teil gut beregnet.

Schon Kolumbus zeigte sich vom Anblick der Vega Real beeindruckt, einer gesunden Agrarlandschaft, die als die schönste Kulturlandschaft der Antillen gilt. Allerdings ist das Tal nicht in seiner ganzen Länge mit ausreichend Niederschlag begünstigt. Auf dem Wege nach Monte Cristi kann man deutlich die Vegetationsgrenze zwischen Feucht- und Trockengebiet erkennen. Aber auch hier wurden zwischen 1930 und 1955 die bewässerten Gebiete verfünfzigfacht.

Heute liegen entlang des Río Yaque ausgedehnte Reispflanzungen und Bananenplantagen. In der Nähe der haitianischen Grenze wurden sie von der US-amerikanischen Standard Fruit Company angelegt und sollten eine ›Dominikanisierung‹ dieses Grenzlandes bewirken.

La Vega ▶ E 3

Über die Autopista Duarte gelangt man nach La Vega. Die Stadt mit ihren 53 000 Einwohnern ist das Eingangstor zum Cibao, wenn man von Süden kommt, sowie der Ausgangspunkt der spanischen Eroberung und Erschließung der königlichen Vega.

Am Anfang der kolonialen Geschichte steht ein heiliger Berg, der Santo Cerro, auf dem Kolumbus »mit Gottes Hilfe« 1495 die Tainos besiegte. Direkt unterhalb ließ er danach die Festung **La Concepción** bauen, um die sich rasch eine blühende Stadt gruppierte. 1562 wurde sie wahrscheinlich durch einen Erdrutsch zerstört (s. Entdeckungstour S. 150). Die Bewohner siedelten sich weiter südlich an der Stelle des heutigen La Vega an.

An den Flüssen **Yuna** und **Camú** präsentiert es sich als typische dominikanische Stadt. An der Autobahnausfahrt befindet sich eine der größten *zonas francas* (Freihandelszone) des Landes. Von dort führt eine trostlose, mit dominikanischen Kleinstbetrieben gesäumte Straße, die Avenida Pedro A. Rivera, in den Ort, der an chronischer Verkehrsüberlastung leidet.

Zu Beginn des 20. Jh. wurde das Landstädtchen an die Eisenbahn angeschlossen. Aus dieser Zeit stammen auch einige der sehenswerten viktorianischen Bauten: der **Justizpalast,** die **Feuerwehr** und ein **Theater**. Ein Gegenstück hierzu bildet heute der viel gelobte, aber auch umstrittene Neubau der **Kathedrale** auf dem Hauptplatz: Für die einen ähnelt er mit seinen klobigen Betonwänden mehr einem Silo als einem Kirchenbau, für andere ist er ein beeindruckendes Beispiel für den Gebrauch neuer Konzepte und Materialien gerade im traditionsbehafteten Kirchenbau.

Karneval in La Vega

Bekannt ist La Vega vor allem wegen seines Karnevals: Jeden **Sonntagnachmittag im Februar** wird in der Innenstadt die Calle Independencia abge-

La Vega

Der Karneval von La Vega ist berühmt für seine prächtigen Kostüme und Masken

sperrt. Gegen 16 Uhr erscheinen dann die ›Teufel‹ in bunten Kostümen und lackierten Masken. Es sind Mitglieder besonderer Karnevalsverbände, die während weniger Stunden nun das Recht haben, ihnen unliebsame Personen zu ›strafen‹, indem sie ihnen Schläge mit einem luftgefüllten Ballon – früher eine Rinds- oder Schweinsblase – versetzen. Dieser Karnevalsbrauch ist durch seine Kommerzialisierung etwas in Mitleidenschaft gezogen worden. Heute lassen bekannte Firmen ›ihre‹ Teufel möglichst bunt und werbewirksam ausstatten und in Gruppen auftreten. Dazwischen finden sich aber auch Individualteufel, die sich mit Zeit und Mühe selbst ihr Teufelsgewand schneidern und kleben. Im Ganzen ist diese populäre Form des Karnevals vor allem ein Gaudium für Kinder und Heranwachsende. Aufwendiger ist der sehenswerte, **mehrstündige Karnevalsumzug**, an dem Delegationen aus diversen Städten und aus dem nahen Ausland teilnehmen und der eine große Menge von Schaulustigen anzieht. Er findet am letzten Samstag des Karnevals, meist Ende Februar statt; an der Organisation und Ausstattung beteiligen sich eine Reihe von Vereinen. Die Hochburgen dieser Karnevalskunst sind die **Casa de Arte** (Calle   ▷ S. 153

Auf Entdeckungstour

Der Santo Cerro und La Vega Vieja

1562 zerstörten ein Erdbeben und ein dadurch ausgelöster Erdrutsch die erste Stadt La Vega, der Stützpunkt der spanischen Kolonie im Norden. An ihrer Stelle steht jetzt Pueblo Viejo, ein typisches dominikanisches Dorf. Zwischen den Feldern und Gärten der Bewohner kann man sich auf die Suche nach den Ruinen und Gräbern der untergegangenen Stadt machen.

Reisekarte: ▶ E 3

Anfahrt: Man verlässt La Vega auf der Ausfahrt zur Carretera Duarte Richtung Santiago, biegt aber sofort nach rechts auf die Straße 21 Richtung Moca ab, dann, nach 5 km nach links; von hier sind es 1,5 km bis zum Wallfahrtsort und der Kirche.

Wenn man vom Santo Cerro auf das umliegende Cibao blickt, versteht man, warum den Dominikanern dieser Berg heilig ist. Der Blick schweift über das fruchtbare Tal – ein erhebender, friedlicher Anblick.

Dabei ist die Geschichte des Berges bei Weitem nicht so freundlich. Am 16. März 1495 tobte hier die letzte große Schlacht gegen die Tainos: Noch kämpfte der Kazike **Guarionex** mit seinen Männern verbissen gegen die Konquistadoren, als die Jungfrau Maria auf einem von den Spaniern an Ort und Stelle geschnitzten Holzkreuz erschien. Tief beeindruckt von der Erscheinung strich der Taino-Fürst daraufhin seine Waffen und ließ sich gleich auf dem Berg taufen.

Die Kirche selbst, der **Nuestra Señora de las Mercedes** (Maria Gnaden) geweiht, ist nicht besonders sehenswert. Doch die national-mythische und religiöse Aufladung des Ortes wird schon an der Bergstraße zum Cerro Santo sichtbar, die alle 200 m mit Stationen nach Manier eines Kreuzweges bestückt ist; dargestellt wird jedoch die Lebensgeschichte Jesu.

Eine vergessene Stadt

Die am jenseitigen Fuße des Berges liegende Ruinenstätte des alten La Vega hatte hingegen keine starke Lobby. Es wurde nahezu vergessen, dass sich unter den Häusern des Dorfes Pueblo Viejo die Überreste einer zu ihrer Zeit grandiosen Stadt befanden, die zweitälteste Amerikas, mit mehr als 100 Steinhäusern und einer Kathedrale, in der der erste Taino getauft wurde. Hier soll es aber auch, so vermerken die Chronisten der Zeit, das erste Bordell der Neuen Welt gegeben haben. In den 1970er- und 80er-Jahren wurde zwar immer wieder von einem regen und offenen Antiquitätenverkauf in Pueblo Viejo berichtet, obwohl der Staat schon 1967 etwa die Hälfte des Landes zu einem ›Parque Histórico‹ umgewandelt hatte. Doch die Ausgrabungen gingen nur langsam voran: Die kümmerlichen Ruinen des **Franziskanerklosters** 1 und ein Friedhof wur-

den freigelegt. Mehrere **Gräber** blieben unter Dächern geöffnet: u.a. das eines spanischen Mannes, der auf dem Rücken liegt, und ein indianisches, erkennbar an der Bestattung in Embryonalstellung, also gekrümmt auf der Seite liegend. Identifiziert wurden Spuren eines **Regierungspalastes** 2, einer **Zisterne** 3 und die dazugehörige Wasserleitung. Doch der alte Glanz der frühen Metropole erscheint heute vor allem in den majestätischen Überresten der **Festung** 4 und der **Kathedrale** 5. Letztere liegt allerdings auf Privatland und kann nur mit besonderer Erlaubnis besucht werden.

Die Festung und das Museum

Hingegen sind die gewaltigen Mauerreste des **Fuerte de la Concepción** gut erschlossen. In einem niedrigen Gebäude wird eine chaotische Sammlung geretteter, aus der Zeit der Kolonisierung stammender Funde vorgestellt, die einen Einblick in das Leben des Grenzlands zwischen spanischen und amerikanischen Kulturen erlaubt.

Auf der einen Seite finden sich Küchengeräte, Mahlsteine und anderes, was die Kolonialherren von den Tainos übernahmen; auf der anderen Seite sieht man, wie die Übernahme der spanischen Arbeitstechniken die indianische Kultur bereits veränderten – eine erzwungene Form der Akulturation, die die Tainos nicht retten konnte. Durch die Tragik jener Epoche scheint aber auch immer wieder der gewöhnliche Alltag hindurch wie etwa die Abdrücke von Hundepfoten auf einigen Ziegeln. Der Ziegelbrenner, Spanier oder Taino, hat sicherlich geflucht, als ihm der Vierbeiner über seine nassen Bausteine lief.

Die Wallfahrtskirche auf dem Santo Cerro

Leoncio Ramos 18, tgl. 8–17 Uhr) und die **Casa de la Cultura** (Calle Profesor Juan Bosch 32, Mo–Sa 8–12, 14–18 Uhr), die beide direkt am Parque Central liegen. Interessierte Besucher sind im Allgemeinen willkommen; die Casa de Cultura, ein schönes Haus im Kolonialstil und bietet wechselnde Ausstellungen zeitgenössischer Künstler und ab und zu Konzertabende an.

Übernachten

Sauberes, modernes Stadthotel – **El Rey:** Calle Antonio Guzmán (ehemals Calle Restauración) 3, Tel. 809 573 97 97, Fax 809 242 19 85, 35 DZ zu 1200 RD-$, 4 Apartments zu 2500 RD-$. Ein Glück für La Vega, das bisher kein akzeptables Hotel aufzuweisen hatte; ein Restaurant, Parkplätze, kabelloses Internet auf den Zimmern gehören dazu. Der Besitzer ist offenbar ein Billard-Narr, der seine Passion vor allem in Bildern und Dekoration vorführt.

Essen & Trinken

Vornehm kühl – **Ararey:** im Erdgeschoss des oben genannten Hotels, Hauptgerichte um 250 RD-$. Mit getönten Scheiben und Klimatisierung und ständig laufendem Fernseher – wie es sich in der Dominikanischen Republik gehört. Gute Küche und Frühstück in allen Varianten, der Obstsalat ist reichlich portioniert.

Abends & Nachts

Ausgehen auf dominikanische Art – **Engini:** schräg gegenüber von El Rey. Restaurant, Car-wash und Bar in einem, das bereits ab 8 Uhr morgens geöffnet hat. Am Wochenende trifft sich hier ganz La Vega zum Abendessen und Tanz bei ohrenbetäubender dominikanischer Life-Musik ab 21 Uhr. Pasta, Sandwiches und Fischgerichte ab 150 RD-$.

Infos & Termine

Feste
Februar/März: Berühmter Straßenkarneval mit traditionellen Masken und farbenfrohen Kostümen (vgl. S. 148).

Verkehr
Busverbindungen nach Santo Domingo, Santiago und andere Richtungen durch Caribe Tours, Autopista Duarte (beim Robert Car-wash), Tel. 809 573 68 06, www.caribetours.com.do.
Minibusse (*guaguas*): Abfahrt vom Zentrum in der Nähe der Kathedrale.

Santo Cerro und La Vega Vieja ►E 3

Den Santo Cerro, den ›heiligen Berg‹, und die Überreste von La Vega Vieja erreicht man am besten von der Landstraße nach Moca aus (ca. 5 km nördlich von La Vega). Oberhalb des Dorfes Pueblo Viejo erhebt sich eine weithin sichtbare Kirche, die der **María de las Mercedes** geweiht ist.

Der Santo Cerro erlangte seine Bedeutung vor allem als Wallfahrtsstätte, in deren Mittelpunkt die Reliquie des historischen Holzkreuzes stand, das zur Bekehrung der Indianer geführt haben soll (mittlerweile jedoch in Santo Domingo aufbewahrt wird).

In einem umzäunten Gelände links vom Haupteingang steht ein viel verehrter Baum, angeblich ein Nachkomme jenes Baumes, aus dem Kolumbus das Kreuz schnitzen ließ. Die

Das Landesinnere

1886 erbaute Wallfahrtskirche ist wenig bemerkenswert, wohl aber die Ausblicke, die man von dem Hof der Kirche über diesen zentralen Teil des Cibao-Tales hat (s. auch Entdeckungstour auf S. 150).

Moca und Salcedo ▶ E/F 2

Von La Vega Vieja aus geht es auf der Landstraße weiter nach Moca. Sie ist eine lebhafte Kleinstadt, die mit zwei Kuriositäten aufwartet: ein auf Betonpfeilern ruhender **Schienenrest mit einer Dampflokomotive,** die an die alte, aufgelassene Bahnstrecke von Santiago nach Sánchez (Halbinsel Samaná) erinnert; zweitens die ebenso große wie bunte **Salesianerkirche,** die kostbar mit Marmoraltären und Muranoglas-Leuchtern ausgestattet ist.

Las Hermanas Mirabal

Salcedo, einige Kilometer weiter auf der Straße Richtung San Francisco de Macorís, ist hingegen ein sehr ruhiges Landstädtchen. 3 km davor (aus Richtung La Vega kommend) steht in **Ojo de Agua** das Haus der **Schwestern Mirabal,** der wohl bekanntesten Opfer Trujillos.

Sie hatten sich seinen Avancen widersetzt und wurden 1960 in einem notdürftig inszenierten ›Unfall‹ an einer »La Cumbre« genannten Stelle der alten Straße von Santiago nach Puerto Plata beseitigt. Die Ermordung der drei hübschen und jung verheirateten Bürgerstöchter Patria, Minerva und María Teresa Mirabal hatte schon damals die dominikanische Öffentlichkeit schockiert. Heute sind sie zu Symbolen des Widerstands gegen Trujillo geworden, an die unzählige Straßennamen des Landes erinnern. Ihr Geburtshaus

wurde von der vierten, überlebenden Schwester Dedé, die ihr Leben der Erinnerung an die Ermordeten widmet, zum **Museo de las Hermanas Mirabal** ausgebaut. Die vielen Erinnerungsstücke an das Leben und Sterben der Schwestern, z. T. recht persönliche Exponate, rühren den Betrachter sehr an. Das Museum wurde schließlich von einer Stiftung, der **Fundación Hermanas Mirabal,** übernommen (Tel. 809 587 70 75, tgl. 9–17 Uhr, Erw. 20 RD-$).

Ein Denkmal mit den Büsten der drei ermordeten Schwestern findet sich am Ortsausgang zurück in Richtung Moca. Eine namhafte, in den USA lebende dominikanische Schriftstellerin, Julia Alvarez, erinnert mit ihrem bekannten, auch ins Deutsche übersetzten Roman »Zeit der Schmetterlinge« an die vier Schwestern (s. S. 155).

Abends & Nachts

Konzerte mitten auf dem Land – **Palafitos:** im Zentrum für Kunsthandwerk Neoarte (s. S. 137 ›Unser Tipp‹). Am Samstagabend werden hier zwischen den Gebäuden des Centro Neoarte Live-Konzerte (Jazz, Pop, Rock) unter freiem Himmel veranstaltet, dazu gibt es Getränke und einen kleinen Imbiss.

Santiago de los Caballeros ▶ E 2

Zurück auf der Autopista Duarte erreicht man bald Santiago. Mit beinahe 575 000 Einwohnern ist Santiago de los Caballeros die zweitgrößte Stadt der Republik und die wichtigste Stadt des Cibao. Das Verhältnis zur übermächtigen Kapitale ist, wie häufig in solchen Konstellationen, durch eine latente Rivalität geprägt.

Santiago de los Caballeros

Reiselektüre »Zeit der Schmetterlinge«
In ihrem Roman beschreibt Julia Alvarez, die selbst als Kind mit ihren Eltern zur Trujillo-Zeit in die USA emigriert ist, das Leben der vier **Schwestern Mirabal**, die im Volksmund ›die Schmetterlinge‹ genannt werden. Drei von ihnen wurden auf dem Weg zu ihren inhaftierten Männern auf Veranlassung Trujillos ermordet. Der Roman, der in den einzelnen sehr anrührenden Kapiteln die Schwestern abwechselnd zu Wort kommen lässt, macht auch indirekt deutlich, was hinter den politischen Morden steckte: Es war nicht nur der gekränkte Machismus eines politisch mächtigen Wüterichs, sondern auch der soziale und regionale Gegensatz zweier dominikanischer Welten. Die grausame Rache des lebenslang von Minderwertigkeitskomplexen geplagten Aufsteigers Trujillo gegenüber der ehrbaren bürgerlichen Gesellschaft, wie sie vor allem im Cibao-Tal heimisch war.

Alle Abbildungen der Schwestern – wie z. B. die Bilder der ›Schmetterlinge‹ auf dem Macho (!) genannten Obelisken in Santo Domingo (s. S. 122) – aber vor allem der Roman von Julia Alvarez suggerieren diesen sozialen Gegensatz, den Trujillo trotz seiner schrankenlosen Machtdemonstrationen nie überwinden konnte.

Die Bewohner sehen sich und ihre Stadt als grundverschieden von Santo Domingo: Santiago sei ›weißer‹, fleißiger, städtischer, ordentlicher. Tatsächlich gemeint ist, dass die Stadt im Vergleich zur Hauptstadt nicht so chaotisch gewachsen ist und sich als Ganzes eine gewisse bürgerliche Urbanität bewahrt hat. Sie hat ihre eigene Moderne, die sich in den Geschäftsstraßen, öffentlichen Einrichtungen und der großzügigen Lösung der Verkehrsprobleme durch eine Stadtautobahn äußert. Santo Domingo lebt von Politik und Verwaltung, Puerto Plata vom Tourismus, Santiago aber hat weder das eine noch das andere. Seine Trümpfe sind seine beherrschende Stellung im reichen Umland des Cibao und das Geschick seiner Bewohner in Handwerk und Handel. Touristen kommen nur wenige hierher und so hält sich das ›lästige‹ Gewerbe der Fremdenführer, Geldwechsler und Schuhputzer hier in Grenzen.

Geschichte der Stadt

Die Stadt geht auf die Gründung einer Festung zurück, die Kolumbus von den ihn begleitenden Edelleute *(caballeros)* veranlasst hatten, und die 1563 durch das gleiche Erdbeben zerstört wurde, das auch La Vega vernichtete. Die **Ruinen der alten Stadt** befinden sich in 7 km Entfernung, in Jaragua, unerschlossen auf einem Privatgrundstück.

Die am heutigen Ort neu errichtete Stadt Santiago wurde vielfach durch Freibeuter, haitianische Truppen und Brände zerstört. Zudem wurde sie in spanischer Zeit in ihrer eigentlichen

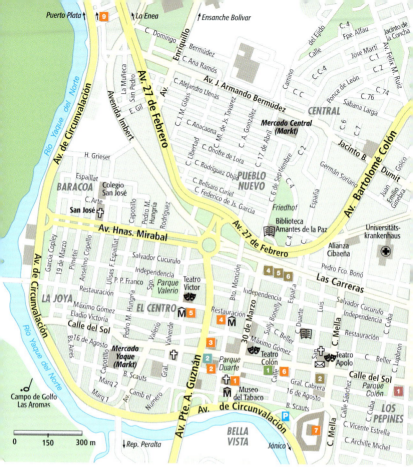

Berufung, der Verarbeitung des Cibao-Tabaks, durch die königlichen Handelskontrollen behindert, die den Zigarrenfabriken des spanischen Sevilla ihr Monopol erhalten sollten. Zwar wurde auch zu dieser Zeit der Tabak außer Landes geschmuggelt, doch erst nach der Unabhängigkeit und der folgenden Liberalisierung des Handels fand Santiago seine Stärke in der Verarbeitung und dem Vertrieb von Cibao-Tabak wieder, vor allem in der Fabrikation von Zigarren. Sie wären dem Ruhm Havannas zumindest ebenbürtig gewesen, wenn nicht Trujillo sich in den 1930er-Jahren dieses Gewerbes bemächtigt, es zu einem Monopol umgestaltet und somit korrumpiert hätte. Inzwischen haben die großen und traditionellen Manufakturen ihr Terrain zurückerobert. Daneben überleben viele kleine Produzenten, indem sie für bekannte Marken arbeiten; 2007 waren schon wieder 47 Tabak verarbeitende Firmen registriert.

Im **Instituto del Tabaco** (Tel. 582 31 66) kann die Adressen solcher Fabriken erfragen, die Interessierten gerne die

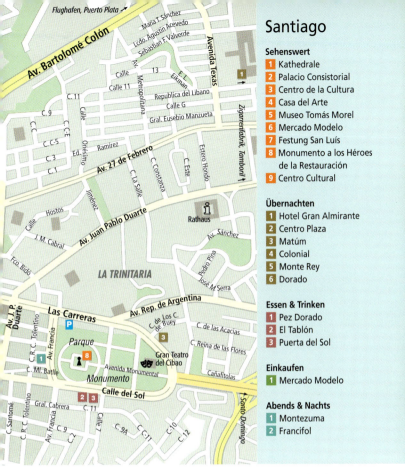

Santiago

Sehenswert
1. Kathedrale
2. Palacio Consistorial
3. Centro de la Cultura
4. Casa del Arte
5. Museo Tomás Morel
6. Mercado Modelo
7. Festung San Luís
8. Monumento a los Héroes de la Restauración
9. Centro Cultural

Übernachten
1. Hotel Gran Almirante
2. Centro Plaza
3. Matúm
4. Colonial
5. Monte Rey
6. Dorado

Essen & Trinken
1. Pez Dorado
2. El Tablón
3. Puerta del Sol

Einkaufen
1. Mercado Modelo

Abends & Nachts
1. Montezuma
2. Francifol

Türen öffnen und hierbei einige Kistchen zu verkaufen hoffen. Die größeren Fabriken, die **Companía Anónima Tabacalera** und vor allem das **Haus Jiménez** (s. Entdeckungstour S. 158) bieten regelmäßig solche Besuche an, doch gewinnt man einen ebenso guten Eindruck in den kleinen familiären, noch rein handwerklich aufgebauten Manufakturen.

Mittlerweile hat die Stadt aber auch ihre Abhängigkeit vom Tabak überwunden. Dazu haben nicht zuletzt die Bemühungen beigetragen, Santiago zu einer Kongress- und Kulturstadt zu machen, in der die traditionelle Merengue ebenso eine Heimat hat wie das jährliche internationale Theaterfestival.

Ein Rundgang durch Santiago

Auch Santiago hat ein traditionelles Zentrum, das sich jedoch von dem Santo Domingos sehr unterscheidet. Es ist das in eine Biegung des Río Ya- ▷ S. 160

Auf Entdeckungstour

Ein Land entdeckt seine Kultur

Eine durch Tabakhandel reich gewordene Familie hat ein hochmodernes Kulturzentrum am Rande von Santiago errichtet: das Centro Léon. Mit eindrucksvollen audiovisuellen Mitteln und gemäß neuesten kulturwissenschaftlichen Erkenntnissen bietet dieses Museum in seinen Ausstellungen eine spannende ethnologische Selbsterforschung, was einen ganz neuen Blick auf die dominikanische Kultur erlaubt.

Adresse: siehe S. 161

Öffnungszeiten: Di–So 10–19 Uhr.

Eintritt: Erwachsene 70 RD-$, Di Eintritt frei.

Internet: www.centroleon.org.do
Offizielle Seite des Museums in Spanisch, mit vielen Links und aktuellen Hinweisen auf temporäre Ausstellungen, Vorträge und Aktivitäten.

Bereits in der Eingangshalle stößt man auf ein ›Monument‹, das Schmunzeln, aber auch Nachdenklichkeit provoziert: ein Moped, Symbol der dominikanischen Mobilität und Jugendkultur, wie ein Insekt eingeschlossen in einen riesigen gelben ›Bernstein‹.

Das Centro León ist ein hochmodernes Kulturzentrum, das nichts mit den angestaubten Nationalmuseen gemein hat, die man sonst in der Welt kennt. Es lädt den Besucher stattdessen zu einem unterhaltsamen Streifzug durch die Kultur der Dominikanischen Republik ein.

Der Abschied von einer überkommenen Museumskultur

Um die Pionierarbeit des Centro León zu würdigen, muss man verstehen, dass alle Museen Lateinamerikas eine Idealisierung und Archivierung der eigenen Kulturen betreiben und dabei ein museales Selbstbild entwerfen, das besonders in den letzten Jahrzehnten mit der Alltagsrealität kaum noch Ähnlichkeit hat. Im Museum werden als landestypische Kulturformen Nachbauten strohgedeckter Häuser oder handgefertigte Gebrauchsgegenstände präsentiert, während in Wirklichkeit längst Wellblechdächer, Kreditkarten und T-Shirts die Alltagskultur beherrschen. Globalisierung, Modernisierung und kulturelle Vermischung haben auch in den armen und sich entwickelnden Gesellschaften die Lebenswelten so verändert, dass sich die Menschen, vor allem die Jugend, kaum noch repräsentiert fühlen.

Das Centro León setzt auf Wiedererkennung und erst dann auf die Problematisierung der eigenen Alltagskultur: Der **Kult des Beisból** (Baseball) etwa, der Schwerpunkt der temporären Ausstellung im Frühjahr 2008, betrachtete den dominikanischen Kult dieses Spiels nicht als einen ›fremden‹ Import, sondern als Teil der dominikanischen Jugendkultur.

›Mestizaje‹ und Selbstbild

Von den drei festen Ausstellungsbereichen spielen die der **Signos de Identitad** (›Zeichen der Identität‹, im Erdgeschoss) eine besondere Rolle, denn sie durchbricht das vertraut-erstarrte Bild drei verschiedener Rassen – die Idealisierung der indianischen, die Hervorhebung der spanischen und die Verdrängung der schwarzen Kulturen. Statt der Präsentation dreier isolierter dominikanischer Kulturen wird ihr Zusammenfließen pointiert. Was zählt ist der vergängliche Moment der Konvergenz von Kulturen und Menschen, ein fließender Zustand, der nur durch Multimedialität festgehalten werden kann.

Tabak, Geld und Kultur

Ein ähnliches, wenn auch weniger interaktives Konzept liegt der **Dauerausstellung im 1. Stock** (Génesis y trayectoría) zugrunde. Sie hat zwei Schwerpunkte: die dominikanischen Malerei zu Beginn des 20. Jh. einerseits und die Gegenwartskunst des Landes, die aus regelmäßigen Wettbewerben der Familie Léon Jiménes hervorgegangen ist, andererseits. Dieses Stockwerk ist den Räumen der **Tabakfirma La Aurora** der Familie Jiménez nachempfunden, wie auch die Frage beantwortet, die man sich hier unwillkürlich stellt: Wie kann sich eine nicht gerade reiche Stadt in einem armen Land ein solch international anerkanntes Museumskonzept leisten? Tabak ist die Antwort, ein Gutteil des Gewinns der angesehenen Zigarrenfirma La Aurora fließt in die Stiftung, die 1964 mit der Sammlung dominikanischer Malerei begann und 1999 im großen Wurf des Centro León ihren Höhepunkt fand.

Das Landesinnere

que del Norte hineingebaute Geschäftsviertel, dessen älteste Gebäude aus viktorianischer Zeit stammen.

Im Zentrum

Hier liegt der quadratische Hauptplatz, der **Parque Duarte**. Und hier steht auch die **Kathedrale Santiago Apóstol** 1 aus der zweiten Hälfte des 19. Jh. mit klassizistischen und neogotischen Details sowie bemerkenswerten Glasfenstern von Rincón Mora. Im Inneren fand Ulises Heureaux, der große Diktator aus dem 19. Jh., seine letzte Ruhestätte. Die Kathedrale ist wegen Renovierung bis 2012 geschlossen.

An der Westseite des Platzes fällt ein Gebäude in einem demonstrativen (falschen) Mudéjar-Stil auf. Daran anschließend steht der reich dekorierte **Palacio Consistorial** 2, das ehemalige Rathaus, das nun der Sitz der Secretaría de Cultura Región Norte, das regionale Kulturamt Nord, ist.

In unmittelbarer Nähe befindet sich das **Centro de la Cultura** 3 (Calle del Sol/Avenida Presidente Antonio Guzmán, Mo–Sa 9–18 Uhr), in dem Kunstausstellungen, aber auch Musik- und Theaterveranstaltungen stattfinden. Die **Casa del Arte** 4 in der Calle Benito Monción 46 (Tel. 809 583 53 46, Mo–Sa 9–19 Uhr) beherbergt ebenfalls wechselnde Ausstellungen dominikanischer Gegenwartskunst.

Das **Museo Tomás Morel** 5 ist ein kleines, liebevoll eingerichtetes Museum der dominikanischen Alltagskultur mit einer Dauerausstellung von Karnevalsmasken (Calle Restauración 174, Tel. 809 582 67 87, Mo–Fr 8.30–13, 15–19 Uhr, S*pende erbeten*).

Wer Kunsthandwerk erwerben möchte, kann dies im **Mercado Modelo** 6 (Calle del Sol 94, Mo–Sa 9–18, So bis 12 Uhr) tun, der ähnlich wie jener in Santo Domingo ein breites Angebot an Souvenirs aller Art – häufig aber auch qualitativ minderwertige Billigware – feilbietet. Geht man von dort Richtung Süden, so hat man bald den Río Yaque del Norte erreicht.

Festung San Luís 7

Calle Vicente Estrella/Calle San Luís
Die Uferstraße Avenida Mirador del Yaque führt zur hoch über dem Fluss gelegenen Festung. Das ehemalige Mi-

Noch immer ist die Zigarrenherstellung ein wichtiger Wirtschaftszweig von Santiago

Santiago de los Caballeros

litärquartier beherbergt, neben der Drogenpolizei und anderen militärischen und polizeilichen Einrichtungen, eine bislang ungeordnete und zusammenhangslose Ansammlung von Sehenswürdigkeiten, z. B. ein kleines **Museum** mit archäologischen Fundstücken der Taino-Kultur und zeitgenössischer Kunst. In der Mitte des Hofes befinden sich verfallene Gebäude eines ehemaligen Gefängnistraktes, in denen nun Künstler ihre Ateliers eingerichtet haben. Im Hof kann man dann die **Ahnengalerie** aller dominikanischen Präsidenten in Form von Bronzebüsten bewundern. Vom Rand der Festung reicht der Blick über die Flussebene.

Monumento a los Héroes de la Restauración de la República 8

Nach diesem Abstecher lohnt sich ein Bummel durch die traditionelle Einkaufsstraße der Stadt, die **Calle del Sol**. Sie stößt im Osten auf den Parque Monumento. Dort steht das Wahrzeichen der Stadt, das Monumento a los Héroes de la Restauración de la República, mit dem die Wiedererrichtung der Republik nach der spanischen Besatzung gefeiert wird. Es ist eine typische Trujillo-Schöpfung: ein 67 m hoher Monumentalbau aus Marmor mit Säule und Engel. Sein früherer Name lautete Monumento a la Paz de Trujillo – Denkmal des Trujillo-Friedens (!). In der Säule kann man nach oben klettern; auf verschiedenen Etagen liegen ein Restaurant/Café und ein kleines Museum. Wirklich lohnend ist jedoch nur der Blick von der Aussichtsplattform über die Stadt.

Centro Cultural Eduardo León Jiménez 9

27 de Febrero 146, Santiago de los Caballeros, Tel. 809 582 23 15
Etwas außerhalb liegt dieses Kulturzentrum – ein gigantisches modernes, an den neuesten Erkenntnissen der Museumspädagogik ausgerichtetes Haus mit drei großen Ausstellungsbereichen: einem ›ethnologischen‹ Museum zur dominikanischen Kultur, das eine Art Selbsterkundung von den Anfängen der Taino-Völker bis zur mestizischen Massenkultur im Zeitalter der Globalisierung vorführt. Ein zweiter Schwerpunkt ist die Ausstellung dominikanischer Kunst des 19. und 20. Jh. im Obergeschoss (s. S. 158).

Übernachten

Luxusbau im Las Vegas-Stil – **Hotel Gran Almirante** 1: Av. Salvador Estrella Sadhalá, Tel. 809 580 19 92, Fax 809 241 14 92, www.hodelpa.com, DZ ab 170 US-$. Etwas abseits gelegen, Zimmer mit allem möglichen Komfort, 2 Restaurants, Bar, Pool, Casino.
Modernes Business-Hotel – **Centro Plaza** 2: Calle Mella 54/Ecke Calle del Sol, Tel. 809 581 70 00, Fax 809 582 45 66, www.hodelpa.com, DZ 100–150 US-$. Das Prestige-Hotel an der Hauptgeschäftsstraße mit jedem Komfort, Restaurant, belebte Disco, Casino.
Mit beliebtem Casino – **Matúm** 3: Av. Las Carreras 1, Tel. 809 581 31 07, Fax 809 581 84 15, www.hotelmatum.com, DZ ab 2650 RD-$. Außen groß und sandgelb, innen etwas barock. Spielcasino (tgl. ab 12 Uhr), Pool und Disco (Fr/Sa ab 19 Uhr) werden auch von Nicht-Hotelgästen besucht.

Mehrere kleine einfache Hotels liegen fast nebeneinander beim Busbahnhof:
Gut bewährt – **Colonial** 4: Calle Salvador Cucurullo 113–115, Tel. 809 247 31 22, Fax 809 582 08 11. 3 Häuser mit unterschiedlicher Qualität und Preisstufen: Colonial (DZ ca. 35 US-$), Colonial de Luxe und Colonial de Luxe II (etwas besser ausgestattet und teurer).

Das Landesinnere

Alternativen hierzu – **Monte Rey** 5 : Calle Salvador Cucurullo 92, Tel. 809 582 45 58. Mit Aircondition und TV. DZ 600 RD-$, schlicht und akzeptabel.
Gleich daneben – **Dorado** 6 : Calle Salvador Cucurullo 88, Tel. 809 582 75 63. 41 Zimmer, DZ 400 RD-$, genauso einfach und annehmbar.

Essen & Trinken

Im Land des Lächelns – **Pez Dorado** 1 : Calle del Sol 43, Tel. 809 582 25 18, tgl. 11.30–23.45 Uhr, z. B. Huhn süßsauer 440 RD-$, Gerichte mit Meeresfrüchten 920 RD-$. Populäres chinesisches Restaurant mit guten Fischgerichten. Das Lokal ist dominikanisch fein, d. h. dunkel und tiefgekühlt, und so beliebt, dass am Sonntagmittag auf allen Parkplätzen der Nachbarschaft die schicken Jeeps der Kunden stehen.
Am Rondell – **El Tablón** 2 : Calle El Sol 12, Tel. 809 467 44 98, So–Do 11–24.30, Fr, Sa 11–2 Uhr). Grill- und Imbiss, Terrasse mit Blick auf das Monumento de los Héroes de la República. Es gibt Sandwiches, mexikanische Gerichte, Crêpes, Pizza, Hamburger, auch bis spät in die Nacht warmes Essen.
Jugendtreff – **Puerta del Sol** 3 : neben dem El Tablón, tgl. 12–24, Fr/Sa bis 2 Uhr, Tagesgericht 100–300 RD-$, Tacos für Nachtbummler, 100–150 RD-$. Volkstümliches Eckrestaurant, Snacks und einfache Küche mit dominikanischem Mittagstisch. Am Wochenende trifft sich hier die dominikanische Jugend zum Trinken und Tanzen.

Einkaufen

Die **Calle del Sol** ist eine sehr belebte Geschäftsstraße, in der sich unzählige Läden und große Kaufhäuser aneinanderreihen. Die größte Auswahl an Souvenirs findet sich im **Mercado Modelo** 1 : (Calle del Sol 94, Mo–Sa 8–19 Uhr, So bis 12 Uhr).

Abends & Nachts

Das Nachtleben findet zum großen Teil am **Monumento de los Héroes de la República** statt. Neben dem Puerta del Sol, das besonders abends auflebt, finden sich hier einige Freiluftlokale und Bars.
Groß und lebendig – **Montezuma** 1 : Terrassenlokal am Rondell (Avenida Francia/Ecke Calle Beller), tgl. 10–24 Uhr. Abends gibt es hier Karaoke und Disco, ab und zu auch ein Livekonzert.
Stimmungsvolle Lounge – **Francifol** 2 : Calle del Sol (gegenüber der Casa de la Cultura), Mi–So ab 20 Uhr, hohe Preise (kleines Bier 150 RD-$!). Schönes, stilvolles Lokal nach Art der europäischen Nostalgie-Kneipen, in einem alten Haus, mit Tanzfläche. Francifol war ein Schuhputzer, der sich an dieser Ecke aufhielt und gerne trank.

Infos

Touristeninformation: im Rathaus, Calle Juan Pablo Duarte, Tel. 809 582 58 85, http://santiagodominicana.com.

Verkehr

Überlandbusse nach Santo Domingo, Monte Cristi, Puerto Plata/Sosúa und San Francisco de Macorís.
Caribe Tours: Av. 27 de Febrero/Ecke Maímon, Tel. 809 576 07 90, www.caribetours.com.do.
Metro Autobuses: Calle Maimón/Ecke Calle Duarte, Tel. 809 582 91 11, www.metroserviciosturisticos.com.
Kleinbusse ab Calle Salvador Cucurullo.

Der Westen des Cibao

Ab Santiago folgt die Carretera Duarte dem Flusstal des Río Yaque del Norte, bis sie nach 115 km die Atlantikküste in Monte Cristi erreicht. Hinter Laguna Salada beginnt die trockene Zone mit ihren weiten Dornbuschsteppen und künstlich bewässerten Reisfeldern.

Hier zweigt eine weitere, meistens gut befahrbare Straße ab, die ebenfalls nach Westen führt und die man, wenn genügend Zeit zur Verfügung steht, mit der Hauptstraße zu einer abseits der touristischen Trampelpfade liegenden Rundfahrt verbinden kann. Der südliche Arm der Route hat seinen ganz eigenen Reiz: Er führt auf guter Straße am nördlichen Rand der Zentralkordilleren entlang – durch halbtrockenes, behäbiges Bauernland mit weitläufigen Viehweiden, Tabakfeldern und verschlafenen, aber interessanten Marktflecken.

Von Santiago nach Dajabón ▶ E 2–B 2

Mao und das verschlafene Santiago Rodríguez, das häufig auch unter seinem alten Namen Sabaneta aufgeführt ist, sind die ›städtischen‹ Eckpunkte dieser Route, bevor man die Grenzstadt Dajabón erreicht. Hier fährt man durch das **Grenzland**, das auch durch die Nähe zu Haiti geprägt ist. Bereits in vorkolonialer Zeit war es ein bedeutendes Zentrum der Taino-Bevölkerung. Diese hinterließ etwa 40 km vor Dajabón, in **Piedra Blanca,** einen **Zeremonialplatz** und, am **Ufer des Río Chacuey, Petroglyphen mit Gravuren**. Man findet die versteckten Stellen mithilfe eines Führers.

Im 19. Jh. wurde das Gebiet zum Einfallstor haitianischer Heere. Trotz des vielen vergossenen Blutes – dem der Grenzfluss Río Masacre seinen Namen verdankt – blieb es aber eine zusammenhängende Wirtschaftsregion, in der, sehr zum Missfallen der offiziellen Politik und auch nur am Rande der Legalität, ein ständiger Austausch an Waren und Menschen stattfand. Diese Symbiose wurde nachhaltig durch das unter Trujillo 1937 verübte, bislang letzte Massaker, diesmal an den Haitianern, beendet (s. ›Die Republik und Haiti‹ S. 80)

Dajabón ▶ B 2

Erst in den letzten Jahren hat der Ausbau der Brücke über den Grenzfluss den Austausch wieder belebt und aus Dajabón einen wichtigen Handelsplatz gemacht. Märkte, Schmuggel, der kleine und große Grenzverkehr geben der verschlafenen Kleinstadt eine neue Geschäftigkeit, die sie auch für die Touristen interessant macht.

Mit Reisen nach Haiti sollte man vorsichtig sein, denn die Sicherheitslage ist aufgrund der großen Armut und der hohen Gewaltkriminalität prekär. Von Dajabón aus kann man organisierte Ausflüge nach **Ouanaminthe,** in die alte befestigte Hafenstadt **Fort-Liberté** und sogar das sehenswerte **Cap-Haïtien** unternehmen.

Einen kurzen Spaziergang über die Grenze kann man wagen und sich auf der anderen Seite am Straßenrand mit haitianischen Bildern, Schnitzereien und dem berühmten Rum Barbancourt eindecken oder einfach den Grenzverkehr beobachten, eskortiert von Burschen, die ebenso haitianisches Kreolisch wie Spanisch sprechen und die alle möglichen Grenzgeschäfte vorschlagen.

Das Landesinnere

Schwer bepackt passieren Haitianer die Grenze zur Dominikanischen Republik. Für Viele gleicht sie dem gelobten Land, in dem man zumindest Arbeit findet

Markt

Am meisten beeindruckt in Dajabón der **haitianische Markt** (an der Grenzbrücke, Mo und Fr ab 9 Uhr bis nachmittags) – ein Meer von Verkaufsständen und ambulanten Händlern, die von der Gebühren eintreibenden Marktpolizei nicht immer gut behandelt werden. Die Ware ist, abgesehen vom haitianischen **Rum** (Barbancourt) und **Kunsthandwerk,** wenig verlockend: hauptsächlich gebrauchte Kleidung und Schuhe aus amerikanischen Spenden; Haushaltsgeräte und dominikanische Lebensmittel wie Suppenwürfel oder Konservendosen, die die Käufer schubkarrenweise mit nach Haiti nehmen.

Ein unglaubliches Schauspiel, das nicht unbedingt für zartbesaitete Gemüter geeignet ist, denn das Wohlstandsgefälle zwischen den beiden Ländern ist mittlerweile so groß, dass die Armut auf der anderen Seite einem regelrecht ins Gesicht schlägt.

Übernachten

Dajabón ist kein typischer Urlaubsort, Reisende sind meist geschäftlich in der Grenzstadt. Die Hotels sind hier alle preisgünstig und schlicht.

Akzeptabel und funktional – **Raydan:** Av. Pablo Reyes 16, Tel. 809 579 73 66, 45 Zimmer, EZ 400–750, DZ 650–1300 RD-$. Ordentliches, dominikanisches Hotel, vor allem von Geschäftsreisenden frequentiert. Restaurant tgl. 6.30–23 Uhr, dominikanische Küche.

Nett und hilfsbereit – **Hotel Masacre:** Calle Sánchez 89, Tel. 809 579 87 27, DZ ab 450–600 RD-$. Kleines Hotel in ruhiger Lage. Restaurant ›Delicias de Masacre‹, Tagesgericht für 100 RD-$.

Essen & Trinken

Traditionell – **Deli López:** Ecke Calle M. Carrasco/Calle Valerio. Gute dominikanische Küche zu kleinen Preisen.

Infos

Mit **Caribe Tours** gelangt man von Dajabón nach Monte Christi und Santiago; die südliche Strecke über Mao wird nur von **Kleinbussen** befahren. Abfahrt: Cruce de Pepillo Salcedo.

An der Grenze zu Haiti

Von Dajabón führt eine schnurgerade Straße ins 35 km entfernte Monte Cristi (s. S. 184) oder zum Badeort Pepillo Salcedo. Südlich geht es, auf Erdstraßen wechselnder Qualität, nach **Restauración** (▶ B 3), das bereits in den Kordilleren liegt. Die schöne Lage in üppigster Vegetation täuscht darüber hinweg, dass wir uns in einem der ärmsten Gebiete der Republik befinden. Die Hoffnungen der Bevölkerung stützen sich auf einige Goldfunde in der Provinz, die ebenso wie der kleine Grenzverkehr zur Überwindung der Isolation beitragen sollen.

Carretera Internacional ▶ B 2–5

Von Restauración aus kann man sich, wenn man abenteuerlustig gestimmt ist, auf ein merkwürdiges geopolitisches Phänomen einlassen: die Carretera Internacional. Es ist die einzige Straße, die durch die Zentralkordilleren hindurch den Norden und den Süden der Dominikanischen Republik miteinander verbindet. Sie geht auf den alten **Camino Real,** den ›königlichen‹ Maultierpfad aus kolonialen Zeiten, zurück. Im Jahr 1929 wurde er in dem einzigen Grenzvertrag zwischen den beiden Ländern zur Grenzlinie erklärt, wobei die Dominikanische Republik einen erheblichen Teil ihres Territoriums, in dem bereits Haitianer lebten, aufgab.

In den 1930er-Jahren ließ Trujillo den Saumpfad ausbauen und befestigen, um die Republik gegen weitere Verluste zu sichern. So ist heute die Straße, die sich durch die grandiosen Hochkordilleren windet, die Grenze selbst. Sie wird auf der einen Seite durch haitianische Grenzsteine, auf der anderen durch dominikanische markiert.

Beide Nationen haben das Recht, Grenzstationen, die auf dominikanischer Seite Burgen ähneln, zu errichten. Sollte man immer noch Zweifel haben, wo welches Land ist, braucht man nur auf die Vegetation zu achten: Die haitianische Seite ist trocken und fast baumlos.

Sicherheit – unterwegs auf der Carretera Internacional

Die Carretera Internacional ist noch immer in einem schlimmen Zustand: Um Pannen zu vermeiden, sollte man über ein verlässliches Fahrzeug mit Vierradantrieb verfügen; aber auch Mountainbikes sollen sie schon bezwungen haben. Bei Polizeiposten vor oder in Pedro Santana oder Restauración sollte man sich dringend nach dem Zustand der Straße (vor allem nach größeren Regenfällen) und die Voraussetzungen für ihre Benutzung erkundigen (die Straße wird immer wieder kontrolliert!).

Es wird abgeraten, die Straße allein zu befahren. Trotz ihres internationalen Namens ist sie nicht an das haitianische Straßennetz angeschlossen, es gibt keinen (offiziellen) Übergang nach Haiti.

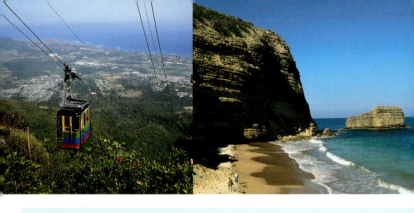

Das Beste auf einen Blick

Puerto Plata und die Nordküste

Highlights !

Die Altstadt von Puerto Plata: Sie ist ein attraktives Beispiel für die ›viktorianische‹ Bauweise des ausgehenden 19. Jh. Das mit dem Zuckerboom verdiente Geld schuf mit den hölzernen farbigen Stadtvillen und den im Gingerbread-Stil verzierten Galerien und Veranden eine ganz eigene Urbanität. S. 170

Auf dem Weg zum Morro: Nördlich von Monte Cristi erstreckt sich eine Landzunge hin zum Hügel ›El Morro‹, mit dem die Nordkordilleren im Meer versinken. Von hier aus hat man einen weiten Blick über Küste und Meer. S. 185

Auf Entdeckungstour

La Isabela: Der Ort der ersten europäischen Niederlassung in der Neuen Welt ist in seiner heutigen Abgeschiedenheit geprägt von einer eigentümlichen Atmosphäre. Die Schönheit der Bucht lässt verstehen, warum Kolumbus, der 1493 zum ersten Mal an dieser Stelle landete, sein Haus hier erbaute. Die wechselvolle Geschichte der Entstehung und des Niedergangs lässt sich anhand der Ausgrabungen und eines kleinen Museums entdecken. S. 178

Kultur & Sehenswertes

Mit der Seilbahn auf den Isabel de Torres: Einen weiten Blick über Puerto Plata und seine Küste kann man in der Gondel auf dem Weg zum Gipfel des Stadtberges genießen, vorausgesetzt, der Berg ist nicht mit Wolken umhüllt.
S. 171

Aktiv & Kreativ

Zauberhafte Unterwasserwelten: Die Korallenriffs von Punta Rucia bieten Tauchern und Schnorchlern in ihrer Farbenpracht einzigartige Erlebnisse.
S. 183

Wilde Schluchten und Wasserfälle: Zu einer (be)rauschenden Naturerfahrung kann ein abenteuerlicher und nasser Ausflug zu den 27 Wasserfällen von Damajagua werden. S. 177

Genießen & Atmosphäre

Restaurant Coco Mar: Nach einer anstrengenden Wanderung auf den Morro kann man sich hier, auf der Landzunge von Monte Cristi, auf einer luftigen Terrasse am Meer im Schaukelstuhl wiegen und an dominikanischen Fischgerichten satt essen. S. 186

Abends & Nachts

Nachtleben an der Playa Dorada: Feiern bis zum Morgengrauen kann man in den Diskotheken und Bars der Hotels dieser beliebten Touristengegend, z. B. dem Hemingway's und dem Crazy Moon. S. 176

Tanzen wie die Dominikaner: In der authentisch dominikanischen Disco Orion in Puerto Plata kann man bis spät in die Nacht Bachata und Merengue tanzen. Wenn man die Lautstärke verträgt.
S. 176

Feine Badebuchten und alte Städte

Die westliche Atlantikküste ist, anders als ihr Gegenstück auf der östlichen Seite, aufgrund natürlicher Umstände nicht durch eine durchgängige Küstenstraße erschlossen. Die Nordkordilleren nähern sich Richtung Westen immer weiter der Küste an; die große Verkehrsader verläuft daher in einiger Entfernung zum Meer durch das Cibao-Tal, das hier zunehmend trocken wird. Großartige Strände gibt es auch an der Nordwest-Küste, doch Orte wie Luperón und Punta Rucia müssen auf Stichstraßen gezielt angefahren werden. Buschland, Mangroven und Flüsse erschweren die Verbindungen, ebenso wie die Ausläufer der Berge, die nun die Buchten begrenzen. Wer hier Urlaub machen möchte, weiß, wo er hin will und was er dort findet. Wohl gibt es in der Nähe von Puerto Plata, an den Buchten von Cofresi und Maimon – und vor allem an der Playa Dorada – noch einige verstreute All-inclusive-Hotels, doch die Strände erreichen nicht die Dimensionen, die man am östlichen Atlantik und in Punta Cana findet. Stattdessen bestimmt die Intimität kleiner Buchten und weniger Hotels die Szenerie, in denen man auch schön tauchen und schnorcheln kann. Bei Monte Cristi haben die Nordkordilleren ganz das Meer erreicht und setzen als Schlusspunkt den Morro, den einsamen Berg, in eine bewegte Meereslandschaft, in der sich das versunkene Land noch in der Form von Inseln und Klippen fortsetzt. Hier ›stürzen‹, so scheint es, die Vorgebirge richtiggehend ins Meer und tauchen dort in Form von Klippen und winzigen Eilanden wieder auf. Strömungen und Untiefen ließen hier im Laufe der Geschichte so manches Schiff untergehen. Der Nationalpark Monte Cristi, der den Morro, die Inseln und Klippen umfasst, ist von dieser Landschaft geprägt. Die kleine Stadt Monte Cristi selbst bietet zwar kaum kulturelle Sehenswürdigkeiten und keine spektakulären Badestrände, doch wer einen gemächlichen Ort sucht, ist hier auf der Landzunge im äußersten Eck des Landes mit Blick auf den Morro und die Salzseen gut aufgehoben.

Infobox

www.puertoplataguide.com: Neben Informationen zur Stadt Puerto Plata gibt es auch einiges Wissenswertes zur Region zu erfahren.

Anreise und Weiterkommen
Der Nordwesten der Dominikanischen Republik ist verkehrstechnisch gut erschlossen und an das öffentliche Verkehrsnetz angebunden.
Wer allerdings die kleinen, einsamen Badebuchten der Küste besuchen will, ist auf ein eigenes Fahrzeug angewiesen.

Die Region Puerto Plata ▶ E 1

Die Touristen, die über den internationalen Flughafen von Puerto Plata einreisen, beginnen ihre Bekanntschaft mit der Dominikanischen Republik in einem Gebiet, das noch vor 40 Jahren

Die Region Puerto Plata

Vom Pico Isabel de Torres hat man einen herrlichen Blick auf Puerto Plata

zu den abgelegensten des Landes zählte. Puerto Plata war damals ein Provinznest, dessen beste Zeit als Schmuggelhafen vorbei war. Sosúa war so abgeschieden, dass die dort hingebrachten jüdischen Siedler in einer ganz eigenen Welt vor sich hin lebten (s. S. 190). Heute haben diese Küstenorte außerhalb ihres kleinen traditionellen Zentrums entlang der Strände ›Hotelvororte‹ gebaut, die der beschaulichen Provinzialität architektonisch und sozial etwas ganz Neues hinzufügen sowie Diskrepanzen und Kontraste erzeugen.

Viele Reisende werden vom Norden – oder von der ganzen Dominikanischen Republik – nur die touristische Zone von Puerto Plata und Sosúa kennenlernen. Beide Orte, etwa 20 km voneinander entfernt, wachsen zu einer touristischen Einheit zusammen. Sie werden vom gleichen Flughafen bedient und zahlreiche Dienstleistungsbetriebe haben sich an der Verbindungsstraße angesiedelt, um für beide Orte erreichbar zu sein. Östlich wie westlich dieser touristischen Enklave erstreckt sich jedoch noch eine Küstenlinie mit kilometerlangen, palmenbestandenen Stränden und kleinen Badebuchten, die so menschenleer sind, dass man oft glauben könnte, man habe die Dominikanische Republik gerade erst als Reiseland entdeckt.

Am Rande der Geschichte

Am 11. Januar 1493 kam Christoph Kolumbus an dem Berg vorbei, der heute Isabel de Torre heißt. Er nannte ihn Monte de Plata (Silberberg) und notierte: »Zu Füßen des Berges öffnet sich ein guter Ankerplatz, dessen Einfahrt 14 Spannen breit ist. Die ganze Umgegend ist reich besiedelt und muss meiner Ansicht nach sehr fluss- und goldreich sein.« Schon 1504 ließ Nicolás de Ovando an diesem viel versprechenden Ort eine Stadt gründen, die Puerto Plata genannt wird.

Aber durch die wachsende Bedeutung von Santo Domingo an der Südküste der Insel und vor allem durch die

Puerto Plata und die Nordküste

mit dem Dekret von 1604 verordneten sogenannten Devastaciones, den Zerstörungen nördlicher und westlicher Städte der Insel, setzte im ganzen Norden eine Entvölkerung der Kolonie ein. Schiffe legten hier kaum noch an, da den Handelsvorschriften entsprechend jeder Warenverkehr über Santo Domingo laufen musste. Die Menschen der Nordküste hatten zwar Exportprodukte in Hülle und Fülle – vor allem Vieh, das nur der Häute wegen gezogen wurde, das Fleisch warf man weg – doch der Maultierpfad in den Süden führte über drei Gebirgszüge, die voll von Wegelagerern waren. So wurde schon um 1600 Puerto Plata wieder aufgegeben.

Wieder 100 Jahre später versuchte die Krone eine mühsame und kostspielige Neugründung mit kanarischen Siedlern, um nicht auch diesen Landesteil an die Franzosen zu verlieren. Doch erst im 19. Jh., nach der Abschaffung des spanischen Zollreglements, wurde Puerto Plata zu einem der wichtigsten Häfen des Landes, über den die Produkte des Cibao-Tals ausgeführt werden: Rum, Tabak, Kaffee. Dieser ›goldenen‹ Epoche in der Stadtgeschichte folgte wiederum eine Rezession, verursacht durch Trujillos Zentralismus. So war Puerto Plata ein verschlafenes Provinznest, als um 1986 der Tourismus die Nordküste entdeckte.

Die Stadt Puerto Plata ▶ E 1

Der sprunghaften Geschichte entsprechend besteht Puerto Plata heute aus verschiedenen Stadtgebieten, die in unterschiedlichen Epochen entstanden. Es gibt ein traditionelles Zentrum mit Straßen und Häusern in viktorianischem Stil. Ihm zur Küste hin vorgelagert ist ein kilometerlanger **Malecón**, der zwei mit Hotels bestückte lange Strände bedient, Long Beach und etwas außerhalb Playa Dorada. Eine dritte Zone, die der Vorstädte, in denen die zahlreichen Zuwanderer wohnen, befindet sich weiter landeinwärts.

Aber auch das alte Stadtgebiet mit seinen sich rechtwinklig schneidenden Straßen hat sich verändert. Manche der hölzernen, säulen- und schmuckbewehrten Prachtbauten aus den Jahren um 1900 sind nun von Cafés und Restaurants besetzt, viele andere verschwinden jedoch im Zuge der städtischen Modernisierung. Puerto Plata ist eine turbulente, geschäftige Stadt, wenn jedoch die unzähligen Mopeds, die z. T. als Taxis die verschiedenen Stadtgebiete verbinden, abends heimgekehrt sind, erscheint sie im trüben Schein der Straßenlaternen wie ausgestorben. Nun hat sich das abendliche Leben an den Malecón verlagert.

Altstadt !

Der Hauptplatz im Zentrum ist der Parque Luperón. Er lohnt mit seinem **Glorieta** 1 genannten doppelstöckigen Pavillon, der früher als Musikbühne diente und wohl der schönste des Landes ist, einen Besuch. Um ihn herum befinden sich eine **Jugendstilkirche** und in den angrenzenden Straßen mehrere **viktorianische Häuser**, die um die Jahrhundertwende errichtet wurden, mit Balkonen, Veranden und Dachgauben. Der reiche Schmuck über den Türen und Fenstern macht den sogenannten Gingerbread-Stil aus.

Festung San Felipe 3
Di–So 9–17 Uhr, Eintritt 40 RD-$.
Die einzige historische Sehenswürdigkeit aus der Zeit der ersten Stadtgrün-

Die Stadt Puerto Plata

dung ist die kleine Festung San Felipe de Puerto Plata aus dem 16. Jh., die im äußersten westlichen Eck des Malecón den Hafen schützen sollte.

Malerisch über dem Meer gelegen und säuberlich restauriert ist sie ein beliebtes Fotomotiv. Im Inneren ist ein kleines **Museum** untergebracht, in dem alte Bajonette, Geschützkugeln und andere Militaria, die man hier gefunden hat, ausgestellt sind. Für die Dominikaner ist eine Zelle von Interesse, in der der ›Vater der Nation‹ Juan Pablo Duarte 1844, zur Zeit der Trinitaria-Bewegung, gefangen gehalten wurde.

Rumfabrik Brugal 4
Av. Luís Ginebra, Mo–Fr 9–11.30, 13–16 Uhr

Wer mehr Zeit in Puerto Plata hat, kann der Rumfabrik Deposito Brugal einen Besuch abstatten. Ein kostenloser Rundgang gewährt einen Blick in die industrielle Rumherstellung. Der Anblick der auf den langen Fließbändern wandernden Flaschen ist zwar von nur mäßigem Interesse, doch kann man in einem Aufenthaltsraum verschiedene Rumsorten probieren und günstig erwerben.

Mit der Seilbahn auf den Isabel de Torres
Av. Circunvalación Sur, tgl. 9–17 Uhr, Eintritt: 350 RD-$ (Erw.), 200 RD-$ (Kinder)

Der mit einer Christusstatue geschmückte Hausberg des Ortes, der Loma Isabel de Torres, von dem man einen Großteil der Küste überblicken kann, ist mit einer Seilbahn *(teleférico)* zu erreichen. Die Reise in der Gondel führt über tiefe Abgründe und man mag erstaunt sein, dass die italienische Konstruktion der fast drei Kilometer langen Seilanlage nur mit einem einzigen Stützpfeiler auskommt.

Die Talstation befindet sich im Westen an der Durchgangsstraße nach Santo Domingo (Av. Circunvalación Sur, ausgeschildert). Die Seilbahn funk-

Mein Tipp

Das Bernsteinmuseum 2
Calle Duarte 61 (Ecke Emilio Prud'-Homme), Tel. 809 586 28 48, www.ambermuseum.com. Mo–Fr 9–17, Sa 8–14 Uhr, Eintritt 50 RD-$.

Ein Prunkstück viktorianischer Architektur ist auch das schön restaurierte **Museo del Ámbar,** nur wenige Gehminuten von der Plaza entfernt. Es zeigt die schönsten Stücke des dominikanischen Bernsteins, der aufgrund seiner außergewöhnlichen Klarheit besonders gut die kleinen Insekten und sogar winzige Wirbeltiere wie Eidechsen zeigt, die in das Baumharz eingeschlossen eine Zeitreise von ca. 20–45 Mio. Jahren hinter sich haben. Neben ihnen erlauben kleine Pflanzenteile wie feingeäderte Blätter Rückschlüsse auf eine urzeitliche Flora und Fauna. Schautafeln erklären die Entstehung und das wissenschaftliche Interesse an diesen uralten Schätzen, die der ganzen Küste den Beinamen **Costa de Ámbar** gegeben haben. Der Bernstein entstand hier aus dem Harz einer Urform des Laubbaums Algarrobo. Die Knollen mit den versteckten Schätzen finden sich an den Geröllhängen der nördlichen Kordilleren, das Baumharz muss in vorsichtiger Handarbeit freigelegt werden. Beeindruckend ist auch der hier ausgestellte blaue Bernstein, der eine weltweite Besonderheit darstellt, seine Farbe kommt durch fluoreszierende Teilchen im Harz zustande.

Puerto Plata und die Nordküste

tioniert theoretisch täglich zwischen 9–17 Uhr, ist jedoch manchmal wegen starken Windes oder technischen Problemen geschlossen. Dann erreicht man den Gipfel zur Not auch über eine (schlechte) Straße, die einige Kilometer weiter Richtung Santo Domingo von der Circunvalación abzweigt und von der Landseite her durch das Naturschutzgebiet hinaufklettert.

Oben angekommen, wird man von einer Christusstatue, die dem Modell in Río de Janeiro nachempfunden ist, empfangen und kann einen kleinen Botanischen Garten besuchen. Das eigentlich Lohnende ist jedoch der weite Ausblick, daher empfiehlt es sich, die Fahrt bei gutem Wetter zu unternehmen.

Etwas aufwendiger ist eine Wanderung durch das Naturschutzgebiet der Reserva Científica Isabel de Torres, die ein schönes Beispiel für den Vegetationstypus des regenfeuchten Bergwaldes mit seiner spezifischen Vogelwelt darstellt.

Die Strände

Die Hauptattraktion von Puerto Plata sind und bleiben jedoch die Strände in der Umgebung. Am leichtesten zugänglich ist die **Playa Long Beach,** ein weiter Strand östlich des Malecóns, der trotz der scharfen Winde und der auf den Felsen wohnenden Seeigel sehr sicher ist. Der Malecón selbst lädt hingegen nicht

Rumlager der Firma Brugal

Puerto Plata

zum Baden ein, außer am östlichsten Ende, das durch Sandaufschüttung künstlich verbreitert wurde. Hier haben sich einige feudale Traditionshotels gehalten, auch wenn der Malecón in erster Linie als Restaurant- und Partymeile dient. Das Vergnügungsviertel, das gegenüber der Playa Long Beach an der Abzweigung der Avenida Hermanas Mirabal einst wild gewachsen war, wurde mit seinen Restaurants, Imbissstuben, Bars und Straßencafés in einer radikalen Regierungsaktion zerstört und geräumt. Auf der zurückbleibenden Brache soll, so heißt es, ein neuer großer Hotelkomplex entstehen.

Hinter der die Long Beach abschließenden Landzunge folgt der nächste Strand, die **Playa Dorada,** die von hier aber nur durch eine längere Strandwanderung zu erreichen ist. Die eigentliche Einfahrt in das weitläufige Hotelgelände liegt einige Kilometer weiter an der Straße nach Sosúa. Die hier ansässigen großen All-inclusive-Hotelkomplexe sind eine abgeschottete, luxuriöse Welt für sich, in der alle touristischen Urlaubswünsche erfüllt werden: Golf, Tennis, verschiedene Tanz- und Piano-Bars, Restaurants, Schönheitssalons und Läden aller Art. Die Hotels unterhalten verschiedene Busdienste, die in das sonst nur schwer erreichbare Zentrum fahren, doch die Bewohner von Playa Dorada sieht man hier nur selten.

Übernachten

... außerhalb des historischen Zentrums

Von den pompösen Anlagen im Westen des Malecón (Av. Circumvalación del Norte, in Richtung Long Beach) ist nicht viel übrig geblieben. An der Uferstraße finden sich nur noch ein paar Hotels für den Individualtourismus.

In guter Wohngegend – **Puerto Plata Apartments 1**: Urbanización Torre Alta, Calle H, Tel. 809 586 33 20 od. 809 543 80 20, www.puertoplata-apartments.com, Apartment für 2 Personen ca. 50 US-$. Ein amerikanisch-deutsches Pärchen vermietet diese gut ausgestatteten Ferienwohnungen mit WiFi, Garten und Pool.

Praktisch – **Aparthotel Lomar 2**: Malecón 8, Tel. 809 320 85 55, Fax 809 586 50 50, Apartments mit Küche 1090 RD-$. Mit Aircondition, Telefon und TV ausgestattete Ferienwohnungen.

Nähe Long Beach – **Portofino Guesthouse 3**: Calle Hermanas Mirabal 12, Tel. 809 586 28 58, DZ 800–1000 RD-$. Aircondition, TV, Küche, Restaurant, Kinderspielplatz und Mini-Pool, gutes Preis-Leistungs-Verhältnis. Das Hotel wird derzeit renoviert.

Stadthotel – **Sunshine 4**: Av. Monolo T. Justo 78, sunshinehotel@hotmail.com, DZ 750–950 RD-$. An lauter Durchgangsstraße, bei Dominikanern beliebt, gut für Durchreisende, Zimmer mit Bad, TV, Restaurant Mr. Lu's.

... im historischen Zentrum

Im Stadtkern von Puerto Plata gibt es keine großen Hotelkomplexe, wohl aber einige meist preiswerte, kleinere Stadthotels, die in netten viktorianischen Häusern untergebracht sind.

Schlicht & hübsch – **Victoriano 5**: Calle San Felipe/Ecke Restauración, Tel. 809 586 97 52, DZ ab 500 RD-$. 25 saubere, aber einfache Zimmer in schönem, altem viktorianischem Haus im Zentrum, mit eigenem Parkplatz und bewaffnetem Wächter.

Einfach, aber zentral – **Ilra 6**: Calle Villanueva 25, Tel. 809 586 23 37, DZ ab 350 RD-$. Übernachten in einem alten, kreolischen Haus mit dem Charme des Verfalls, jedoch sehr freundlich. Mit Ventilator und Moskitonetz, gemeinsames Bad.

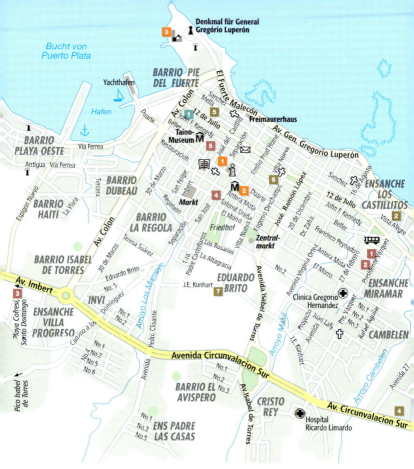

Blick auf die Berge – **Mountain View 7**: Ecke Calle Kunhardt / Calle Villanueva, Tel. 809 586 57 57, DZ 1000 RD$. Eindeutig das beste unter den günstigen Hotels. 22 funktional eingerichtete Zimmer, einige mit Blick auf den Pico Isabel de Torres und über die Stadt. Lassen Sie sich eins der Zimmer nach Osten hinaus geben.

... an der Playa Dorada

Alle Großhotels von Puerto Plata liegen außerhalb der Stadt nach Osten (Fortsetzung des Long Beach) und werden von zu Hause über die gängigen Reiseveranstalter im All-inclusive-Arrangement gebucht. Sie bieten jeglichen Komfort, Restaurants, Bars, Sportmöglichkeiten – und vor allem Strände, wie man sie sich wünscht. Die Anlagen sind nur von der Straße in Richtung Sosúa aus zugänglich.

Soziales Zentrum der Hotelkomplexe ist eine kleine Plaza; hier findet man alle öffentlichen Einrichtungen, z. B. Einkaufsmöglichkeiten, Verwaltung und als Herzstück einen bekannten Golfplatz.

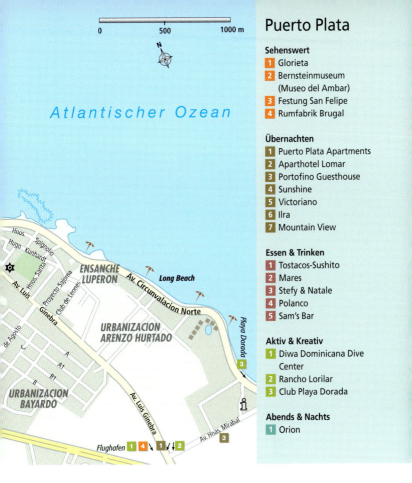

Puerto Plata

Sehenswert
1. Glorieta
2. Bernsteinmuseum (Museo del Ambar)
3. Festung San Felipe
4. Rumfabrik Brugal

Übernachten
1. Puerto Plata Apartments
2. Aparthotel Lomar
3. Portofino Guesthouse
4. Sunshine
5. Victoriano
6. Ilra
7. Mountain View

Essen & Trinken
1. Tostacos-Sushito
2. Mares
3. Stefy & Natale
4. Polanco
5. Sam's Bar

Aktiv & Kreativ
1. Diwa Dominicana Dive Center
2. Rancho Lorilar
3. Club Playa Dorada

Abends & Nachts
1. Orion

Essen & Trinken

Die schickeren Restaurants gibt es am Malecón, vor allem im westlichen Teil. *Mexikanisch und mehr* – **Tostacos-Sushito** 1: Av. Presidente Vasquez 3 (Ecke Francisco J. Peynado), Tel. 809 261 33 30, Mi–So 12–15 und 19–22, Fr bis 23 Uhr. Hier bekommt man mexikanische Fajitas und Burritos sowie Sushi und Burger zu moderaten Preisen. Wer etwas Feineres bevorzugt, geht gleich nebenan ins Mare.

Fusion – **Mares** 2: Francisco J. Peynado 6a (Ecke Ave Presidente Vasquez), Tel. 809 261 33 30, www.maresrestaurant.com. Gehobene und preiswerte internationale Küche mit einem sehr schönen Garten unter Bäumen und einem monatlich wechselnden Menü, das von Rafael Vasquez, einem der besten Chefs des Landes, zusammengestellt wird (Gerichte ab 300 Pesos).
Hausgemachte Pasta – **Stefy & Natale** 3: an der Straße nach Imbert, hinter Costámbar links ausgeschildert, Tel.

Puerto Plata und die Nordküste

809 970 76 30, Di–Sa 16–23 Uhr, So 12.30–22.30 Uhr. Echt italienisch: Knusprige Pizza und köstliche Pasta-, Fleisch und Fischgerichte.
Echt kreolisch – **Polanco 4**: Calle Beller 60, Tel. 809 586 91 74, tgl. 8–23 Uhr, Tagesgerichte um RD-$ 200. Altes viktorianisches Haus mit luftigem Speisesaal und Galerie. Kreolische Speisekarte. Internet für Kunden gratis.
Hangout der Yankees – **Sam's Bar 5**: Calle José del Carmen Ariza 34, Tel. 809 586 72 67, samsbar@gmail.com, Gerichte ab 200 RD-$. Für Traveller eine alte Institution, mit nordamerikanischer Folklore geschmückt und Filmplakaten tapeziert, viele bisweilen skurrile Stammgäste. Amerikanisches Frühstück wie Pancakes und Sausages. Auch Tagesmenüs, kabelloses Internet.

Einkaufen

Auf dem Zentralmarkt (Calle Villanueva/Calle El Morro) gibt es nicht nur Gemüse, sondern auch Souvenirs. Das modernste Einkaufszentrum befindet sich auf der Plaza Dorada.
Bernstein und Schmuck – **Museo del Ambar 2**: Calle Duarte 61 (Ecke Emilio Prud'Homme), Tel. 809 320 22 15, Mo–Sa 9–17 Uhr. Im Erdgeschoss des Museums können geschliffene Bernsteine, auch in eingefasster Form als Schmuck erstanden werden.

Aktiv & Kreativ

Tauchen – **Diwa Dominicana Dive Center 1**: Plaza Turisol, gegenüber der Brugal-Fabrik, Tel. 809 261 31 50, www.diwadominicana.com. Schnorchel und Tauchausflüge in die Umgebung.
Reiten – **Rancho Lorilar 2**: Sábana Grande, Tel. 809 320 0498, http://lorilarranch.com. Ausflüge von 3 bis 5 Stunden für Anfänger und Fortgeschrittene am Fuß des Isabel de Torres.
Golf – **Club Playa Dorada 3**: bei den Playa-Dorada-Hotel-Resorts, Tel. 809 320 42 62, www.playadoradagolf.com. 18-Loch-Anlage, designed von Robert Trent Jones.

Abends & Nachts

In den großen Hotelkomplexen an der Playa Dorada gibt es haufenweise Diskotheken und Bars, in denen auch Nicht-Hotelgäste die Nächte durchtanzen. Beliebt sind z. B. das **Hemingway's** an der Playa Dorada Plaza und das **Crazy Moon** im Paradise Beach Club. Hier findet man auch Spielkasinos.
Ohrenbetäubend – **Orion 1**: An der Ecke Calle 30 de Marzo/12 de Julio bietet die Disko Merengue und Bachata bis in die Morgenstunden. Eintritt frei, günstiger Rum und sehr laut.

Infos & Termine

Touristeninformation
Calle José del Carmen Ariza 45 (nahe der Plaza), Tel. 809 586 36 76, Fax 809 586 38 06. Hier bekommt man kompetente Auskunft.
Internet: www.puertoplata.com, www.puertoplataguide.com.

Feste und Festivals
Jazz-Festival: Wie in anderen Städten an der Nordküste finden auch in Puerto Plata an einem Wochenende im Okt./Nov. Konzerte von international bekannten Jazz-Musikern statt, www.drjazzfestival.com.
Kulturfestival: Tanz und Trank an einem Wochenende im Juni, dazu eine Ausstellung von Kunsthandwerk.
Merengue-Festival: meist im Oktober, 5-tägiges Fest mit Tanz, Kultur und

Kunst, kreolischen Speisen, diversen Spielen und Aktivitäten.
Karneval: Auch hier gibt es einen Karneval Ende Februar, jedoch weniger berühmt als die Feierlichkeiten in La Vega, La Romana und Santo Domingo.

Anreise und Verkehr

Flughafen: Aeropuerto Gregorio de Luperón, ca. 18 km östlich von Puerto Plata. Internationaler Flughafen mit Verbindungen zu diversen großen europäischen Flughäfen. Transport vom Flughafen nach Puerto Plata nur mit dem Taxi (mind. 20 US-$).
Überlandbusse: u.a. nach Santiago, Santo Domingo, Monte Cristi, Samaná.
Busterminal: Calle Camino Real/Ecke Calle Eugenio Kuhnhardt.
Büros: Caribe Tours: Av. Pedro Clisante, Tel. 809 586 45 44.
Metro: Ecke Calle Beller/Calle 16 de Agosto, Tel. 809 586 60 62.
Kleinere Buslinien und *públicos* in die Orte der näheren Umgebung fahren die Av. Circunvalación entlang.
Taxi: Taxi Puerto Plata, Tel. 809 844 57 60.

Die Küste westlich von Puerto Plata

Playa Cofresi und Playa Maimón ▶ D/E 1

Westlich von Puerto Plata trifft man auf zunehmend hügeliges Trockenland – die Ausläufer der Nordkordilleren, die hier die Küste erreichen. Unterbrochen werden sie durch einsame kleine, sandige Badebuchten. Die Hauptstraße entfernt sich von der Küste und führt im Inneren durch das Flusstal des Río Yaque del Norte. Man muss die schönen Strände und Sehenswürdigkeiten gezielt anfahren, und dabei gilt es manchmal, schlechte Straßen in Kauf zu nehmen.

Über die Küstenstraße kommt man kurz hinter Puerto Plata an der **Playa Cofresi** vorbei, an der sich drei große All-inclusive-Hotels und eine Reihe von Ferienvillen angesiedelt haben. Hier hat man nicht nur einen abgeschiedenen herrlichen Strand für sich, sondern auch den Luxus großer Resorts und die Nähe der Stadt. Eine Bucht weiter liegt die Playa Maimón mit den All-inclusive-Anlagen des RIU-Merengue, RIU Mango und RIU-Bachata.

Südwestlich von Puerto Plata, wenige Kilometer hinter Imbert Richtung Santiago (ausgeschildert), wurden erst kürzlich die **27 Wasserfälle und Canyons von Damajagua** erschlossen, die ein äußerst beeindruckendes, nasses Abenteuer und Naturschauspiel sind. Es empfiehlt sich, im dortigen Besucherzentrum (www.27charcos.com, Tel. 809 387 36 37, 280-500 RD-$) eine geführte Tour zu buchen. Gutes Schuhwerk und Badekleidung sind ratsam.

Luperón ▶ D 1

Luperón kann man mit dem Auto über Cofresi und Maimon, mit Bussen und Taxis über Imbert erreichen.

Luperón selbst ist nach dem berühmten General und Politiker Gregório Luperón aus dem Restaurationskrieg benannt. Es wäre wohl bis heute noch ein liebenswertes, aber auch gottverlassenes Fischernest, wenn hier nicht 1993 im Rahmen des 500-Jahr-Rummels zur Gründung von La Isabela (s. S. 178) ein gewaltiges Touristenresort, die **Ciudad Marina** gebaut worden wäre.

Heute fahren Urlauber mit dem Boot den schönen Jachthafen an oder verbringen ihre Ferien im All-inclusive-Hotel. Die durch das vor- ▷ S. 182

Auf Entdeckungstour

La Isabela

Der Ort der ersten europäischen Niederlassung in der Neuen Welt ist in seiner heutigen Abgeschiedenheit geprägt von einer eigentümlichen Atmosphäre. Die wechselvolle Geschichte der Entstehung und des Niedergangs lässt sich anhand der Ausgrabungen und eines kleinen Museums entdecken.

Reisekarte: ▶ D 1

Anfahrt: Der archäologische Park von La Isabela und der benachbarte Ort El Castillo liegen ziemlich isoliert, sind jedoch über eine Landstraße von Luperón oder per gechartertem Motorboot von Punta Rucia gut zu erreichen und in einem Tagesausflug zu besichtigen.

Öffnungszeiten: tgl. 8–18 Uhr.

Eintritt: 50 RD-$.

Wer die schöne Bucht von Isabela sieht, versteht, warum Kolumbus, der zum ersten Mal 1493 an dieser Stelle landete, sein Haus hier erbaute. Es ist ein schönes Fleckchen Erde, das die Konquistadoren nach ihrer langen Schiffsreise betraten. Heute gibt es in dieser Ausgrabungsstätte vor allem für archäologisch und geschichtlich Interessierte manches zu entdecken.

Hintergrund und Geschichte

1494, auf seiner zweiten Reise nach Amerika, führte Christoph Kolumbus bereits 1500 Spanier sowie Tiere und Gerätschaften mit sich, um die erste dauerhafte spanische Siedlung in der Neuen Welt auszubauen. La Navidad, seinen im Vorjahr improvisierten Stützpunkt an der Nordküste Hispaniolas fand er zerstört vor und so wählte er etwas weiter östlich ein ins Meer vorspringendes Plateau, das gut bewässert und leicht zu verteidigen war. Mit seinen Steinbauten, seinen Vierteln für Handwerker und indianische Bedienstete war La Isabela ein stattlicher Ort, der erst ab 1990, zum 500. Jahrestag der Entdeckung Amerikas, gründlich archäologisch erforscht wurde.

Der Ort, den Kolumbus für seine erste dauerhafte Siedlung wählte, ist ein ideales Gebiet, in dem auf dem jenseitigen Ufer des Río Bajabónico bald eine weitere spanische Siedlung, **Las Coles,** entstand. Dieser Ort besaß sich hier dank der dort zu findenden Tonerde und eines Brennofens eine Töpferindustrie. Insgesamt standen in El Castillo und Las Coles 150–200 Häuser, in denen die Spanier, meist zusammen mit indigenen Frauen, lebten. Indianische Siedlungen lagen in Reichweite – meist den Bajabónico flussaufwärts – und ihre Bewohner kamen nach El Castillo, um ihre Waren – Lebensmittel wie Maniokmehl und Früchte – gegen spanische Ton- und Eisenarbeiten zu tauschen. Generell waren die Beziehungen zwischen den Spaniern und Tainos gespannt, seit Kolumbus von der Zerstörung seiner ersten Siedlung erfahren hatte. Ein nicht mehr erkennbarer Erdwall grenzte daher das spanische Isabela gegen das Hinterland ab. La Isabela wurde ganz in der Tradition der spanischen Städte dieser Zeit errichtet und dementsprechend mit den typischen Bauten – Kirche, Friedhof, Lagerhäusern und vor allem Befestigungsanlagen – ausgestattet. Hinter den gemauerten Gebäuden standen die Wohnhäuser, die mit dem Taino-Wort für Haus, *bohio,* bezeichnet wurden. Ein gewichtiger Umstand war, dass kaum spanische Frauen auf den Schiffen mitgekommen waren; so entstanden Lebensgemeinschaften mit indianischen Konkubinen, die zunächst – bevor die spanische Gesellschaft sich richtig eingerichtet hatte – von Verwaltung und Kirche akzeptiert wurden, wenn auch Letztere zu ›ordentlichen‹, christlichen Ehen drängte. Die indianischen Frauen brachten ihre üblichen Küchengeräte mit, vor allem solche, die zur Herstellung des Maniokbrotes dienten. Trotzdem blieb die Berührung der Kulturen in der ersten Phase gering: Indianer und Spanier waren sich fremd und misstrauten sich.

Die Ausgrabungen

Auf den ersten Blick mag die Ruinenstätte enttäuschend wirken, denn vor 1986 hatte sich kaum jemand um den Ort gekümmert. Auf dem Ausgrabungsort hatte sich sogar ein dominikanisches Dorf, **El Castillo,** ausgebreitet, das zur archäologischen Erforschung seines Untergrundes ganz abgetragen werden musste; die Bewohner wurden in eine moderne Siedlung gleichen Namens am Ende der Straße umgesiedelt. Ein Teil der Baumaterialien von La Isabela wurde schon ab dem 18. Jh. in dem Dorf verwendet oder nach Puerto Plata geschafft; noch heute lassen sich im Kloster von Puerto Plata und in den alten Hausmauern Steine aus La Isabela identifizieren. Anderes Baumaterial wurde 1952 auf Befehl von Trujillo mit Bulldozern ›aufgeräumt‹. Immerhin kann man die Grundrisse der festen Gebäude noch gut erkennen, sie lagen in der Nähe der Küstenlinie an den der Topografie angepassten Orten. Im Norden befand sich das Lagerhaus *(alhóndiga)*, geschützt durch einen Turm; davor das Pulvermagazin *(polvorín)*. Die Bauweise entsprach der zu der Zeit in Europa und vor allem in Andalusien üblichen Technik: Auf einem gestampften Erdwall *(tapia)* wurden Steine mit Mörtel zu Wänden hochgezogen; die Dächer wurden mit gebrannten Ziegeln bedeckt. Weiter im Süden stand die Kirche und der sie umgebende Friedhof, auf dem man 60 Skelette teils spanischer (Rückenlage mit gekreuzten Armen), teils indianischer (gekrümmte Seitenlage oder Hockstellung) Herkunft fand. Wichtigstes Bauwerk war das festungsartige Haus des Kolumbus am südlichen Rande der Siedlung, dessen Mauern noch in einer Höhe von bis zu 60 cm erhalten sind. Die *bohios* und der Verteidigungswall bestanden aus vergänglichen Materialien und sind verschwunden.

Auch spanische Handwerkstechniken hatten sich bereits etabliert: Man entdeckte mehrere Brennöfen, in denen Keramikgeschirr und Ziegel gebrannt wurden, und auch Merkur, das man zum Abscheiden von Gold brauchte. Es wurde geschreinert, gemauert und geschmiedet, aber auch an den Geräten gearbeitet, die man zum

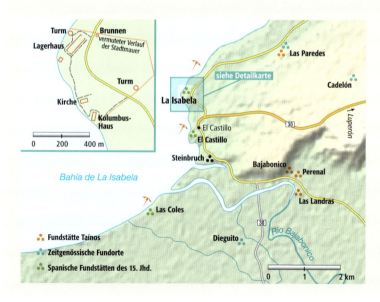

Indianische Skulpturen aus La Isabela

Herstellen von Maniokmehl oder zum Bauen von Kanus brauchte.

Das Museum

Beeindruckend an den Ausgrabungen von La Isabela ist aber vor allem der Reichtum an Alltagsgegenständen: Ein Sammelsurium aus Kriegsgerät (Lanzen, Büchsenteile, Kugeln), Ausrüstung für Pferde und die Jagd (Hufeisen, Fischerhaken), Münzen, Münzgeräte und persönliche Objekte (Nadeln, Glasperlen, Broschen, Ohrringe) sind in den beiden kleinen Museumsbauten zu sehen. Sie zeigen, dass La Isabela ein ganz dem spanischen Stand der Zeit entwickeltes Gemeinwesen war – und es stellte sich die Frage, warum es schon nach fünf Jahren aufgegeben wurde. Die Gründe mögen vielfältig gewesen sein: Isolation, Unsicherheit, Streitigkeiten. Der wichtigste Grund, so ergaben die Untersuchungen, war die mangelnde Versorgung mit Lebensmitteln, was zu ständigem Hunger, ja sogar zum Hungertod der Bevölkerung führte, wie an den Skeletten nachgewiesen wurde. Wie konnte das in einer Region mit einer paradiesischen Natur, fruchtbarem Boden und fischreichen Gewässern passieren? Die Archäologen vermuten, dass sich die Eroberer nicht an die fremden Lebensverhältnisse gewöhnen konnten: Sie waren spanisches Getreide und Gemüse gewohnt, das nur unregelmäßig von Schiffen gebracht wurde und das sie in mitgebrachten Handmühlen zerkleinern mussten; Maniokmehl und andere Wurzelknollen waren ihnen wohl zuwider, die tropischen Früchte suspekt, die unbekannten Fische oder Krebse fürchteten sie. Es war ›Indianer-Essen‹ – und wie konnte man wissen, dass diese wirklich Menschen waren, dass ihre Mägen und Därme das Gleiche verdauten, was man in Spanien oder auf dem Schiff zu essen gewohnt war? So mussten sie inmitten einer fruchtbaren Natur Mangel leiden.

Puerto Plata und die Nordküste

Mein Tipp

Ein Schiffsbug in der Landschaft
Der Franzose George hat mitten in die Landschaft ein Haus in Schiffsform gebaut. Einst servierte er auf dem Deck mit grandioser Aussicht auf die Bucht (in der Kolumbus landete) Fisch- und Fleischgerichte. Dann brach das Geschäft ein, und sein Castillo del Pirata musste schließen. Allerdings vermietet George weiterhin Zimmer und bekocht Gäste. Wer vorher anruft, bekommt auch größere Mahlzeiten. George hofft, das Restaurant irgendwann wieder öffnen zu können und freut sich über Unterstützung. Man kann sein Haus jederzeit besichtigen und zum Sonnenuntergang ein Bier oder einen Wein auf dem Deck trinken. El Castillo del Pirata, an der Straße von La Isabela nach Luperón, Tel. 829 717 17 89.

gelagerte Riff gut geschützte **Playa Grande de Luperón** ist mit ihrem feinen Sand ein beliebter Badeort.

Infos

Internet: www.luperon.net.

El Castillo und La Isabela ▶ D 1

Wer zur Ruinenstätte nach **La Isabela** und zum dazugehörigen Ort Castillo möchte, sollte sicherheitshalber die Strecke über Luperón nehmen. Beide Orte sind nach wie vor nur mit Mühe von Westen her zu erreichen, es müssen mehrere Flüsse durchquert werden. Um die direkte Strecke zwischen Punta Rucia und La Isabela zu bewältigen, ist ein geländetaugliches Fahrzeug oder ein niedriger Wasserstand nötig – man sollte in diesem Fall Ortskundige nach der Furt fragen.

Von Luperón kommend, führt dagegen eine gute Straße an der Küste entlang nach **El Castillo** (ca. 18 km). Der Ort, heute ›Die Burg‹ genannt, hieß zu Kolumbus' Zeiten La Isabela. Im Jahr 1493 gründete der Entdecker diese erste dauerhafte Siedlung der Neuen Welt, von der nur Ruinen erhalten sind. Verwirrung stiftet, dass es eine neue Siedlung mit dem gleichen Namen gibt, die jedoch mehrere Kilometer landeinwärts, südlich des Río Bajabónico, liegt und nicht mit der Ausgrabungsstätte zu verwechseln ist.

Wer sich El Castillo nähert, sieht schon von Weitem den **Templo de las Américas**. Das unspektakuläre Kirchlein wurde 1993, zum 500. Jahrestag der ersten Stadtgründung, erbaut, denn man erwartete zu den Feierlichkeiten den Papst persönlich – der dann allerdings nicht kam. Immerhin wurde aus diesem Grund auch die Stichstraße zur Ruinenstätte neu asphaltiert.

Davor liegen rechts auf einer Halbinsel die jetzt zu einem Nationalpark zusammengefassten Ausgrabungen von Kolumbus' Siedlung (s. S. 178), für deren Zweck das alte Dorf El Castillo hinter die Straßenbiegung verlegt wurde. Dort befinden sich auch verschiedene Werkstätten, in denen von Einheimischen und Fremden aus Ton und anderen Materialien Repliken alter Taino-Kunstwerke hergestellt und verkauft werden – ansonsten ist El Castillo unspektakulär.

Übernachten

Natur vor der Tür – **La Casa del Sol:** an der Ausfahrt von Luperón Richtung La

Isabela, Tel. 809 712 42 93, www.casa delsol.de.ms, DZ 30 US-$. Ordentliche Zimmer in schöner Anlage, die nach und nach von der wilden Natur erobert wird. Mit Frühstück und kleinem Restaurant. Herzliche deutsch-dominikanische Besitzer, die über die Jahre ein Stammpublikum anziehen.

All-inclusive – **Luperón Beach Resort:** an km 2 der Straße Richtung La Isabela, in der Nähe des Jachthafens, Tel. 809 571 83 03, Fax 809 571 81 80, www.luperon-beach-resort.de, Preise entsprechend den Pauschal-Angeboten. Hotelanlage mit vielen Extras: Tennisplatz, Fitnessraum, mehrere Pools, drei Restaurants, Bar, Diskothek und einem breiten Ausflugsangebot.

Essen & Trinken

Treffpunkt – **Letty:** Calle Duarte/Ecke 27 de Febrero, Tel. 809 657 35 04, Hauptgerichte ca. 250 RD-$. Terrasse an der zentralen Kreuzung. Hier kommen viele amerikanische Bootsbesitzer vom Jachthafen von Luperón her. Es gibt Frühstück, Meeresfrüchte und Fisch.

Zentral und bodenständig – **Los Almendros:** Eckrestaurant an der Kreuzung Calle 27 de Febrero/Calle Duarte, Luperón, tgl. ab 15 Uhr, einfaches Hauptgericht ca. 200 RD-$. Überwiegend typisch dominikanische Küche.

Infos

Touristeninfo: Calle General Luperón 50, Tel. 809 910 55 36.

Punta Rucia (auch Punta Rusia) ▶ C 1

Eine gängige Zufahrt zu dem Ort, die auch asphaltiert werden soll, führt über die Hauptstraße nach Monte Cristi, die Abzweigung in Villa Elisa ist ausgeschildert. Wenn es gelingt, von La Isabela aus den Río Bajabónico zu durchqueren, findet man auf der anderen Seite ein Sträßchen, das – nach dem Durchqueren von zwei weiteren, allerdings weniger beschwerlichen Flüsschen – nach 5 km in eine asphaltierte Kreuzung mündet. Nach rechts führt eine Erdstraße weitere 11 km zu dem Fischerdorf Punta Rucia.

Der Ort präsentiert sich als sehr abgelegenes, kaum erschlossenes dörfliches Idyll: Abseits von den großen Touristengegenden kann man hier in relativer Einsamkeit in einer weiten Bucht mit **Sandstränden** baden und die umliegenden **Korallenriffe, Mangrovenwälder** und **Höhlen** erkunden. Die paradiesische Ruhe ist jedoch nur zu bestimmten Tageszeiten perfekt, nämlich dann, wenn die Gruppen von Ausflüglern, die meist von Puerto Plata mit Schnellbooten nach Punta Rucia und durch das Dorf stürmen, den Ort wieder verlassen haben.

Am Rande der Bucht liegen Sandbänke im kristallblauen Wasser, die **Cayo Paraíso** oder **Cayo Arena** heißen: Atolle mit einer riesigen Vielfalt von Korallen, in denen sich eine bunte tropische Fischwelt tummelt. Der benachbarte **Nationalpark Estero Hondo** bietet auch den wenigen Seekühen, die es in der Dominikanischen Republik noch gibt, ein Rückzugsgebiet.

Übernachten

Bunt – **Casa Libre**: Kurz hinter Punta Rucia an der Straße Richtung La Ensenada linkerhand auf einem Hügel, Tel. 809 834 59 92, DZ 1000 RD$ inkl. Frühstück. Drei kleine, liebevoll eingerichtete und äußerst ruhig gelegene Hütten auf einem Hügel, die vom deutsch-

Puerto Plata und die Nordküste

französischen Aussteigerpaar Guertie und Marc betrieben wird; Zimmer mit Holzbalkon und Meerblick.

Essen & Trinken

Restaurants im eigentlichen Sinne gibt es nicht. Auf Absprache kann man sich jedoch von den **freundlichen Ortsansässigen bekochen** lassen, die eine typisch dominikanische Küche servieren. Nach den aktuellen Verpflegungsmöglichkeiten sollte man sich direkt im Dorf erkundigen.

Etwa 2 km entfernt an der schönen **Playa La Ensenada** haben sich am Meer kleine *frituras*, d. h. **Garküchen,** unter schattigen Palmenblätterdächern eingerichtet. Hier bekommt man – zumindest am Wochenende – eine warme Mahlzeit.

Aktiv & Kreativ

Tauchen und Schnorcheln – Tauchtouren organisiert der Tauchlehrer René Thalheim von Caribe-Punta-Rusia, der eine kleine Tauchstation in Punta Rucia aufgebaut hat, Tel. 809 757 22 52, http://caribe-punta-rusia.com. Schnorcheltouren werden von El Paraíso Tours angeboten.
Bootstouren – Ansässige **Fischer** sind immer gerne bereit, Besucher auf eine Tour mitzunehmen, z. B. zum benachbarten Parque Nacional mit seinen Seekühen. Die Preise sind noch moderat, man erkundige sich einfach im Ort nach den Möglichkeiten.

Infos

Anfahrt: Nur mit **eigenem Fahrzeug** oder **Taxi**, bzw. **Motoconcho** von Villa Elisa oder von der Kreuzung mit der Autopista 1 zu erreichen! Über Luperón und La Isabela gelangt man nur unter recht widrigen Umständen hierher (s. S. 182 zu La Isabela).

Monte Cristi ▶ B 1

Vom nordwestlichsten Städtchen der Dominikanischen Republik – auch oft Montecristi geschrieben und mit vollem Namen San Fernando de Monte Cristi – sieht man als Erstes den einsamen und auffälligen Berg, den Morro. In der die Bucht abschließenden, sehr fruchtbaren Ebene kam es schon früh zu einer spanischen Gründung, die dem Niedergang der Kolonie folgend 1605 aufgegeben und ähnlich wie Puerto Plata im 18. Jh. von Emigranten aus aller Welt neu gegründet wurde. Es ist heute eine verschlafene viktorianische Stadt mit schönen viktorianischen und kreolischen Häusern in streng symmetrisch angeordneten Straßen und einem auffälligen, aus Frankreich stammenden Uhrenturm auf dem Zentralplatz.

Das beschauliche Monte Cristi liebt man entweder heiß oder man findet es öde und langweilig, karibische Bilderwelten, wie man sie aus Reiseprospekten kennt, hat es nicht zu bieten. Verlässt man sie in Richtung Norden, so kommt man in eine eigentümliche Landschaft. Die **Dornbuschsteppe** tritt zurück, und das Land geht mit vielen Wasserrinnen, Pfützen und Lagunen allmählich ins Meer über. Hier wird in flachen Becken durch Verdunstung Meersalz gewonnen.

Der horizontale Charakter der Landschaft wird nur durch den in der Ferne auf der Landzunge gelegenen Morro durchkreuzt, einem einsamen Berg, der früher eine Landmarke der Seefahrt darstellte. Von ihm behauptete Kolumbus, er gleiche einem Kamelhöcker, und gab ihm den Namen Monte

Monte Cristi

Der Morro: Hier versinken die Nordkordilleren im Meer

Cristi. Die ungewöhnliche Erhebung wird als der Überrest eines versunkenen Gebirges angesehen, was auch den Reichtum an Inseln in unmittelbarer Umgebung erklären würde. Die Küstenlinie westlich von Monte Cristi, die mit ihren zahlreichen Lagunen und Inseln bis zur haitianischen Grenze reicht, bildet den **Parque Nacional de Monte Cristi,** der von der Stadt aus mit dem Boot erreicht werden kann.

Es ist eine abwechslungsreiche Landschaft, ein Mündungsdelta von drei Flüssen, in der man Teile des ursprünglichen tropischen Trockenwaldes, Mangrovensümpfe und Koralleninseln findet. Viele Schiffswracks erinnern hier daran, dass Monte Cristi einmal ein wichtiges Handelszentrum der Nordküste war. In dieser Zone zwischen Land und Wasser lebt eine **artenreiche Tierwelt:** 163 Vogelarten, darunter Pelikane, Reiher, Fregattvögel und Tölpel. Hinzu kommen eine große Zahl von Schnecken und Muscheln und elf Reptilienarten. Aber auch kleine Gruppen von Seekühen haben hier ihre Heimat.

Spaziergang zum Morro !

Von Weitem erkennbar liegt der kleine Berg in einer gänzlich horizontalen Landschaft, der den nordwestlichen Endpunkt des Landes markiert.

Zu ihm gelangt man auf der Landzunge, die der Stadt Monte Cristi vorgelagert ist – von der Calle San Fernando am Ende der Stadt aus eine Strecke von ca. 4 km Länge. Es ist ein netter Spaziergang auf einer kaum befahrenen Straße. Gesäumt von vom Wind zerrupften Palmen, führt er vorbei an wenigen Restaurants und Hotels, die hier alle direkt am Meer, der **Playa Juan de Bolaño,** liegen und entlang der rechteckigen **Salinen,** den Salzgewinnungsbecken, in denen Arbeiter die weißen Mineralablagerungen in Schubkarren häufen.

Kein weißer Bilderbuchstrand, sondern ein sehr eigentümliches Fleckchen Erde am hintersten Eckpunkt der Republik, das kaum von Touristen besucht wird. Schließlich endet der Weg an einer engen Bucht mit einem abgeschiedenen, von Wellen gepeitschten Strand von rauer Schönheit; manchmal

Puerto Plata und die Nordküste

baden hier auch einige Hartgesottene, doch Unterwasserströmungen können gefährlich werden, daher die Vielzahl gesunkener Schiffwracks. Sogar Schatzsucher wurden in dem tiefen Wasser fündig: Man entdeckte ein Piratenschiff, das hier mit seiner Beute untergegangen war. Der Aufstieg zum Morro beginnt bei einem kleinen Wachhäuschen, das daran erinnert, dass man hier einen Teil des großen Nationalparks Monte Cristi betritt.

Zum Gipfel muss man neben einer von Wind und Wetter zerstörten Holztreppe klettern – Wasser, lange Hosen gegen die Dornen und feste Schuhe sind geboten! Trotz der Trockenheit der Landschaft gibt es eine eigentümliche Pflanzenwelt zu erkunden: Die Fauna beschränkt sich auf Reptilien und Seevögel.

Doch die eigentliche Attraktion des Spaziergangs ist der Gipfel mit seinem einzigartigen Panoramablick: An klaren Tagen schweift er nicht nur über die Stadt und die Salzbecken, sondern bis hinaus zur Inselgruppe der Siete Hermanos.

Übernachten

… im Ort

Treffpunkt – **Hotel Chic:** Calle Benito Monción 44 (Ecke Calle Duarte), Tel. 809 579 23 16, Fax 809 579 20 39, http://chichotel.net, DZ 30–45 US-$ (Aircondition). Gesellschaftlicher Mittelpunkt des Ortes, einfaches Hotel mit belebtem Terrassenrestaurant und Wi-Fi.

… an der Playa Juan de Bolaño

Auf der Landzunge zum Morro liegen alle Hotels irekt am Meer:

Familienfreundlich – **Cayo Arena:** westliche Seite der Playa Juan Bolaño, Tel. 809 579 31 45, www.cayoarena.com, Apartment 3150 RD-$. 7 großzügige, schön eingerichtete Apartments mit großem Wohnzimmer und Balkon.

Am Fuß des Morros – **San Fernando:** Tel. 809 579 22 49, Fax 809 724 44 22, DZ 1600 RD-$. Am hinteren Ende der Landzunge gelegene, schöne Bungalowanlage mit 21 Zimmern, Restaurant, Bar und Garten.

Oase der Ruhe – **Los Jardines:** westliche Seite der Playa Juan Bolaño, Tel. 809 853 00 40, hotel.jardines@gmail.com, DZ 1300 RD-$. Wenige, aber sehr hübsche Bungalows in schöner Gartenanlage.

Balkon mit Meerblick – **Montechico:** In der Mitte der Playa Dorada. Größeres Hotelgebäude mit 33 Zimmern, alle mit Balkon. Hier besticht vor allem die fantastische Aussicht auf das Meer, den Morro und die Salzbecken. Aktuelle Konditionen müssen erfragt werden, Besitzerwechsel haben hier vorübergehend für ein organisatorisches Chaos gesorgt.

Essen & Trinken

Terrassenrestaurant – **El Bistrot:** westliche Seite der Playa Juan Bolaño neben dem Hotel Los Jardines, Tel. 809 853 00 40, tgl. geöffnet, Hauptgerichte um RD-$ 350. Geführt von einer französisch-dominikanischen Familie, die entsprechende Kochkünste mit Erfolg praktiziert. Bekannt sind die Fisch- und Langustengerichte.

Fisch satt – **Coco Mar:** Playa Juan de Bolaños, Tel. 809 579 33 54, Gericht um 250 RD-$. Schönes, luftiges Restaurant direkt am Meer, mit Schaukelstühlen. Beliebt auch bei Dominikanern. Die übliche kreolische Küche in großen Portionen, empfehlenswert ist z. B. das Ziegenragout (200 RD-$).

Mittendrin – **Restaurant Chic:** in dem gleichnamigen Hotel, Calle Benito Monción 44 (Ecke Calle Duarte), Hauptgericht 7–16 US-$. Am Stadtleben von Monte Cristi kann man am besten teilnehmen, wenn man es sich hier auf der Terassse bequem macht. Dominikanische Küche, Sandwiches und Frühstück.

Aktiv & Kreativ

Tauchen – Der **Schiffsfriedhof** vor der Küste von Monte Cristi ist vor allem für archäologieinteressierte Wassersportler ein spannendes Tauchgebiet. Information z. B. im Hostal San Fernando.
Hochseefischen – Das **Küstengebiet** um Monte Cristi ist bei Hochseeanglern sehr beliebt. Als Beutefische hat man es hier insbesondere auf Merline und Barrakudas abgesehen. Nach Angelfahrten kann man sich im Jachthafen von Monte Cristi erkunden.
Bootsausflüge – Den **Parque Nacional de Monte Cristi,** mit seinen Mangrovenwäldern, Salzwiesen und vorgelagerten Inseln – **Los Siete Hermanos** (Die sieben Brüder) und **Isla Cabrita** –, kann man mit dem Boot erkunden. Mit etwas Glück bekommt man neben den Wasservogelkolonien auch Seekühe, Leguane und Krokodile zu Gesicht. Bootsausflüge vermitteln die örtlichen Hotels und Restaurants. Touren organisieren auch das Hostal San Fernando und das El Bistrot.

Infos & Termine

Feste und Festivals
Karneval: Fröhliches, lautes Straßenfest im Februar, bei dem *toros* und *civiles*, Stiere und Bürger, symbolisch mit Peitschen gegeneinander kämpfen. Es wird getrunken, gelärmt und getanzt.

Verkehr
Von Monte Cristi nach Osten und Süden: Von der großen Kreuzung am Ortseingang (Calle Rodríguez Camargo/Av. Mella) fahren mehrmals täglich **Busse** nach Santiago/Santo Domingo und nach Süden bis Dajabon. Haiti beginnt am anderen Ende der Bucht von Manzanillo.

Stolz präsentieren die beiden Herren aus Monte Cristi ihren Kampfhahn

Das Beste auf einen Blick

Sosúa und die Küste bis Samaná

Highlights !

Las Terrenas: Der Ort ist eine Legende – einst Badeort, wurde er zum Sammelpunkt von so fröhlichen wie verlorenen Seelen, die hier ihre Art von Paradies neu erfanden und ist mittlerweile zu einer kosmopolitischen Hochburg des Individualtourismus geworden. S. 213

Parque Nacional Los Haitises: Der größte Nationalpark der Republik besteht aus einem weiten Flussdelta, in dem man die eindrucksvolle Pflanzen- und Tierwelt kennenlernen kann. In den Höhlen des Parks – heilige Orte der Tainos – finden sich Felsenbilder der Indianer. S. 218

Auf Entdeckungstour

Der Wasserfall von Limón: In einer paradiesischen Tropenlandschaft stürzt er in die Tiefe – der Salto de Limón, einer der höchsten Wasserfälle des karibischen Raumes. Er ist zu einem beliebten touristischen Ziel der Halbinsel Samaná geworden, hat damit aber auch einer bisher isolierten kleinbäuerlichen Kultur das Tor zur Welt geöffnet. Unser Ausflug dorthin gewährt nicht nur Ansichten einer wild-romantischen Naturschönheit, sondern auch Einblicke in die vielfältigen Versuche regionaler Gemeinschaften, die Folgen der über sie hereinbrechenden Moderne zu steuern. S. 214

Kultur & Sehenswertes

Museo Judío: Ein kleines Museum in Sosúa erzählt die Geschichte der jüdischen Siedler des Ortes, eine bittersüße Vergangenheit aus Verfolgung, Pioniergeist und gemeinschaftlichem Neuanfang. S. 193

Aktiv & Kreativ

Cabarete ist der Szenetreff der Surfer-Welt. An den belebten Stränden kann man Kite-, Windsurfen und Wellenreiten. Daneben bietet der Ort Action aller Art: Paragliding, Wakeboarding, Motocross, Reiten, Mountainbiking und Ausflüge zu den nahe gelegenen Tropfsteinhöhlen. S. 198

Walbeobachtung bei Santa Bárbara de Samaná: Im Januar und Februar paaren sich hier die Buckelwale – leider ein Riesenbetrieb, aber mit ein bisschen Glück doch ein eindrucksvolles Naturerlebnis. S. 209

Genießen & Atmosphäre

Frischen Fisch: Abends kommen die Fischer von Las Galeras mit ihren Booten zur Anlegestelle am Ende des Dorfes zurück. Die Frauen des Ortes bieten den Fang an, den sie in kleinen Hütten oder auf dem Grill direkt am Strand zubereiten und auf Holzbänken unter Palmendächern servieren. S. 210

Abends & Nachts

Sosúa ist berühmt (und berüchtigt) für sein Nachtleben. In der Calle Pedro Clisante kommt nach Sonnenuntergang das Leben in Schwung. S. 195

In Las Terrenas finden sich stil- und stimmungsvolle Lounges, Bars und Diskotheken direkt am Meer. Mit den Füßen im Sand kann man hier seinen Cocktail schlürfen und später mit Blick auf das Meer das Tanzbein schwingen. S. 217

Wellen, Wind und Wale

Die etwa 150 km der westlichen atlantischen Küstenstraße sind eine der wichtigsten Schlagadern des Ferientourismus, denn sie berühren nicht nur mehrere populäre Strände, sondern verbinden zwei touristische Hauptziele: die Ferienregion Puerto Plata/Sosúa mit ihrem internationalen Flughafen und die zunehmend beliebte und bereiste Halbinsel Samaná mit der ›Bacardi-Insel‹ Cayo Levantado und den Buckelwalen, die sich freundlicherweise die Hauptreisezeit im Januar und Februar für ihre Paarung ausgesucht haben. Für manche Touristen ist die Umgebung dieser Küstenstraße das Einzige, was sie von der dominikanischen Landschaft erleben werden – ein beispielhafter und schöner Ausschnitt, denn sie führt meist durch das immergrüne hügelige Küstenvorland, auf und ab durch eine üppige Vegetation. Auf der einen Seite, nur gelegentlich sichtbar, der blaue Atlantik, der kurz vor der Küste im Puerto-Rico-Graben mit etwa 12 000 m seine tiefste Stelle erreicht; auf der anderen Seite die Hänge der Nordkordilleren, die westlich von Río San Juan auf Sichtweite an die Straße heranrücken und sich als eine verkarstete Abbruchkante zeigen. Es folgen um Nagua und um die Landenge von Samaná endlose Kokoswälder, die den Reisenden von nun an immer wieder begleiten, bis sie vor Las Galeras ganz zum bestimmenden Vegetationstypus werden.

Die Stecke führt durch die Herzstücke des dominikanischen Tourismus: Von Sosúa mit seiner bewegten Küste, seinen Hotelpalästen und seiner Vergnügungsmeile zum kilometerlangen Sandstrand des wenig entfernten Cabarete, das dank seiner Wellen und der stetigen Winde zum Mekka des dominikanischen Surftourismus geworden ist; über die kleineren, aber auch intimeren Strände von Río San Juan und dem Cap El Bretón, zu der weniger bekannten und erschlossenen Playa Grande und Playa Juncal, an die sich bei Dominikanern beliebten Strände von Nagua anschließen. Und am Ende locken die schönen Küstenorte von Samaná: das heimelige Las Galeras, das kosmopolitische Las Terrenas, das mit einem ganzen Netz an Stränden aufwarten kann, und schließlich als i-Punkt das chronisch überbevölkerte Cayo Levantado, das man lieben oder verabscheuen wird, aber das man am Ende doch gesehen haben muss.

Infobox

Reiseplanung
Die gesamte Nordostküste entlang führt eine relativ gut ausgebaute Küstenstraße, die zwar nur wenige Ausblicke auf den Atlantik bietet, dafür aber alle wichtigen Orte miteinander verbindet. Mit dem Pkw kommt man hier am besten voran, aber auch Minibusse verbinden die einzelnen Küstenorte.
Die Hauptstadt und Santiago sind ebenfalls recht gut zu erreichen.

Sosúa ▶ E 1

Die Bucht von Sosúa, die malerisch von zwei karstigen Vorgebirgen eingerahmt wird, war noch in den 1940er-Jahren eine abgelegene Wildnis. Auf der westlichen Seite lag, an die Küstenberge angelehnt, das alte Fischer-

Sosúa

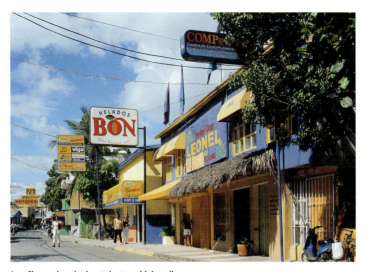

Los Charamicos ist bunt, laut und lebendig

dorf **Los Charamicos**. Auf der östlichen, flacheren Anhöhe hatte die United Fruit Company, die in der Region große Plantagen betrieb, das Barackendorf **El Batey** (›Das Lager‹) hinterlassen. Nach dem Rückzug des Unternehmens fiel das Gelände an den Staat, d. h. an den Diktator Trujillo, der hier eine Gruppe verfolgter deutscher und österreichischer Juden, etwa 800 Menschen, ansiedelte.

Es war eine abgelegene, isolierte Gegend. Als in den 1970er-Jahren der Tourismusboom einsetzte, wurde die Bucht von Sosúa zum ersten großen Ferienort der Dominikanischen Republik und entwickelte sich nun in atemberaubender Geschwindigkeit. Es war der Ort, den Hippies, Freaks und Aussteiger, aber auch betuchte Touristen als den ihrigen ansahen. Mittlerweile ist kaum zu übersehen, dass Sosúa auch ein Schwerpunkt des Sextourismus geworden ist. Es ist wohl diese Mischung, die den Unterschied zu anderen Touristenzentren seit Jahrzehnten ausmacht.

Los Charamicos und El Batey

Die zwei Ortsteile beiderseits der Bucht, die später zur Stadt Sosúa zusammengelegt wurden, haben sich ihren sehr unterschiedlichen Charakter bewahrt. Los Charamicos – oder Jaramicos – hat noch immer seinen verwirrenden dörflichen Grundriss mit einer Hauptstraße, die die Hügel hinauf- und herunterklettert, und einem Gewirr von kleinen Nebenstraßen und Sackgassen. Mopeds keuchen mit einem Höllenlärm den Berg hinauf und hinab, die Discos sind laut, die Pensionen dafür billig.

El Batey ist ruhiger, gedämpfter. An den geraden und ordentlich unterhaltenen Straßen liegen große Touristenhotels, Pensionen mit Vorgärten, tief-

Sosúa und die Küste bis Samaná

gekühlte Restaurants und offene Bars; sie sind überdurchschnittlich häufig im Besitz von Ausländern. Man spürt einen gewissen Wohlstand, der nicht mehr der alten, abwertenden Bezeichnung ›Lager‹ (Batey) entspricht – ein Wort, das heute in der Dominikanischen Republik eigentlich für die armen haitianischen Einwandererlager verwendet wird. Die Verbindungsstraße zwischen den beiden Ortsteilen ist die oberhalb der Orte vorbeiführende Landstraße von Puerto Plata in Richtung Samaná. Der direktere Weg ist natürlich der viel benutzte Fußpfad, der, etwa 1 km lang, an der Badebucht entlangführt. Sie ist in ihrer ganzen Breite ein **sehr schöner Strand:** feinsandig, geschützt, landschaftlich sehenswert – und den ganzen Tag über dicht bevölkert. Hier, wo sich die Touristen und Einheimische beider Ortsteile treffen, schlägt das Herz von Sosúa. Die Playa wird bewacht und gilt, außer bei starkem Wellengang, als sehr sicher. Man kann Surfbretter und Wasserskier, Stühle, Liegen und Sonnenschirme mieten. Der **fliegende Handel,** der früher die lebhafte Atmosphäre ausmachte, aber auch Ärger und Unsicherheit hervorrief, wird mehr und mehr eingeschränkt. Noch aber gibt es ihn: Es werden frische Kokosnüsse, Bananen, mundgerecht geschälte Ananas und Mangos, Konfekte und Getränke angeboten. Nicht zuletzt ist der Strandweg auch eine Prostitutionsmeile.

Am Weg entlang reihen sich die Stände mit haitianischer naiver Malerei und machen ihn, vor allem auf der Seite von El Batey, zu einer bunten Allee. Auf der Seite von Los Charamicos befinden sich auf den die Bucht begrenzenden Felsen Restaurants und Cafés mit schönem Ausblick auf das Strandparadies. Gegen Abend wird es in den lärmigen Diskotheken der **Calle Pedro Clisante** in El Batey lebendig; um sie herum lungern einheimische junge Männer und Frauen, die sich am Rande des Touristenrummels ihren Lebensunterhalt verdienen.

Die Juden von Sosúa

1938 nutzte der Diktator Trujillo den Rassenwahn des Dritten Reiches im Sinne seiner eigenen Rassenpolitik, der einer ›Verbesserung‹, sprich Aufhellung des dominikanischen Volkes: Er versprach, 100 000 europäischen Juden eine Heimstadt auf der Karibikinsel zu geben. Zwar kamen nur 500, doch die Geste blieb den Betroffenen im Gedächtnis: Zeitlebens unterstützten sie den Diktator und hatten nach der Ermordung Trujillos Schwierigkeiten zu verstehen, warum ihr ›Wohltäter‹ in der öffentlichen Meinung zum Scheusal abgestempelt wurde.

Die Einwanderer wurden in einem abgelegenen Barackenlager der United Fruit Company, dem heutige El Batey von Sosúa, angesiedelt, wo man sie gänzlich sich selbst überließ, als sich der Propagandaerfolg abgenutzt hatte. Heute ist es kaum vorstellbar, in welcher Isolation die meisten Siedler hier lebten, doch sie bot ihnen nach den schrecklichen Erfahrungen der Verfolgung und Flucht die Möglichkeit, in einem selbst verwalteten Gemeinwesen unter sich zu bleiben. Sie bauten in Gemeinschaftsarbeit neue Häuser, organisierten kulturelle Veranstaltungen und druckten ihre eigenen Zeitungen, die in deutscher Sprache aus der alten Heimat und der ganzen Welt berichteten – selten aber über das neue Gastland. Landwirtschaft war die einzige Überlebensgrundlage in diesem karibischen Kibbuz. Ob Lehrer, Künstler oder Architekt, alle waren sie nun ›Heimstättler‹, die zusammen Neuland rodeten und Gemüse zogen, Viehwirtschaft trieben und eine bis heute be-

Sosúa

kannte Wurst- und Käseproduktion aufbauten, die Spuren des Einflusses der deutschen Metzgerei- und Milchwirtschaft aufweist. Das Unternehmen war von Erfolg gekrönt, doch mit den Erträgen wuchsen auch die Probleme. Es gab keinen Markt, keine Straße und kein Verteilersystem, um die Überschüsse zu verkaufen.

Als der Krieg zu Ende war und die Heimstättler über die Verfolgungsangst und die bitterste Not hinaus waren, begannen die Eigeninteressen wieder zu überwiegen. Die Gemeinschaftsgüter lösten sich auf und viele verließen die Dominikanische Republik. Die verbleibenden Juden waren in dem tropischen Land zwar nicht wirklich heimisch geworden, doch hatten sie ihr gutes Auskommen. Einige wenige hatten in dominikanische Familien eingeheiratet, doch die meisten lernten nie richtig Spanisch. Informationen über die Außenwelt bezogen sie häufig über den ausländischen Rundfunk. Ihre Kinder studierten in den USA oder Kanada. Schließlich fanden sie im Ausland Arbeit und heirateten in die nun dritte Heimat. Sosúa blieb für sie das tropische Eden ihrer Kindheit, in das sie nun in den Ferien zurückkehrten. Und darin liegt eine gewisse Ironie: Wenige Jahre später wurde die Bucht von Sosúa als internationaler Ferienplatz entdeckt. Das Städtchen, unter dessen Isolierung die Siedler immer gelitten hatten, wurde nun zu einem kosmopolitischen Zentrum, an dessen jüdische Besiedlung nur noch die Straßennamen erinnern.

Straßennamen wie Dr. Rosen und David Stern, eine mit dem Davidstern geschmückte **Synagoge** von 1940 in der Straße Alejo Martínez, in der noch ein siebenarmiger Leuchter und eine alte, aus Süddeutschland stammende Thora-Rolle aufbewahrt werden, erinnern an eine Geschichte, die, fast vergessen, in jüngster Zeit durch Zeitungsartikel und Fernsehsendungen wieder ins Bewusstsein der Dominikaner gerückt wird.

Museo Judío
Calle Dr. Alejo Martínez, neben der Casa Marina Reef, Tel. 809 571 35 35, Mo–Fr 9–13, 14–16 Uhr, Eintritt 70 RD-$
An die Geschichte der Juden zu erinnern, ist auch die erklärte Aufgabe dieses jüdischen Museums neben der Synagoge, das die bemerkenswerte Geschichte der jüdischen Siedler von Sosúa dokumentiert.

Übernachten

Sosúa ist trotz des großen Hotelangebots häufig ausgebucht, also vorher reservieren!
Zuckerbäckerschloss – **Piergiorgio:** an der Puntilla, Tel. 809 571 26 26, Fax 809 571 27 86, www.piergiorgiopalace. com, DZ ab 95 US-$ mit Frühstück. Zuerst bewohnte ein US-Botschafter die Villa, dann der katalanische Modedesigner Piergiorgio, heute ist sie ein Hotel im karibischen Zuckerbäckerstil. Komfort, Noblesse und Geschmack in der Inneneinrichtung und Meerblick rechtfertigen den Preis. Mit italienischem Restaurant auf schöner Terrasse.
Riesengroß – **Casa Marina Reef:** Calle Dr. Alejo Martínez, Tel. 809 571 35 90, Fax 809 571 31 10, www.amhsamarina.com, all inclusive, Preis je nach Buchungsangebot ca. 100 US-$ p. P. Mit 378 Zimmern, 5 Pools, 5 Restaurants, 9 Bars, Diskothek sowie vielen Sportaktivitäten und Ausflügen.
Bezahlbarer Luxus – **Sosúa-by-the-Sea:** Calle B. Phillips, neben dem Casa Marina Beach, Tel. 809 571 32 22, Fax 809 571 30 20, www.sosuabythesea.com, 45–85 US-$ p. P. (je nach Zimmergröße und Saison). Feudale Anlage mit Pool

Sosúa und die Küste bis Samaná

Schön und edel dinieren lässt es sich bei Sonnenuntergang auf der Terrasse des Piergiorgio

und Bars, Traditionshotel mit 91 Zimmern mit allem Komfort und für den hohen Standard im Vergleich preiswert.
Eine Oase der Ruhe – **New Garden Hotel:** Calle Dr. Rosen 32, Tel. 809 571 15 57, www.newgardenhotel.net, DZ 45–60 US-$ (je nach Saison). Schöner Garten, geschmackvolle Zimmer und Pool.
Im tropischen Garten – **Tropix Hotel:** Camino Libre 7, Tel. 809 571 22 91, www.tropixhotel.com, DZ 35–45 US-$. 10 Zimmer mit Pool werden von Nachfahren jüdischer Siedler vermietet. Familiäre Atmosphäre, ruhig und gut bewacht von einem Schäferhund.
Herzlich willkommen! – **Casa Valeria:** Calle Dr. Rosen 28, Tel. 809 571 35 65, www.hotelcasavaleria.com, DZ 50 US-$. Kleines Hotel mit Pool und Garten im Ort, sehr freundlicher Service durch den holländischen Besitzer, mit einem italienischen Restaurant gehobener Klasse.
Großzügige Freiluftanlage – **Colibri:** Calle Pedro Clisante 141, Tel.809 571 18 47, Fax 809 571 41 15, www.elcolibri.net, einfache DZ 40 US-$, DZ mit Balkon zum Pool 60 US-$. 19 Zimmer, 4 Apartments, etwas abseits und daher ruhig, rund um eine weite französische Gartenanlage mit Pool und Restaurant im Freien, sehr netter Service und gutes Preis-Leistungs-Verhältnis.

Essen & Trinken

Elegant und italienisch – **La Puntilla:** an der Puntilla von El Batey, zum Piergiorgio gehörig, Tel. 809 571 26 26, tgl. 12–23 Uhr, Hauptgerichte um 700 RD-$. Romantische Terrasse mit kleinen

Sosúa

Balkonen, die wie Schwalbennester direkt über dem Meer hängen. Italienische Küche, mit viel Stil, zu gehobenen Preisen.
Für Feinschmecker – **On the Waterfront:** im gleichnamigen Hotel, Calle Dr. Rosen 1, Tel. 809 571 30 24, tgl. 12–24, Küche bis 22.30 Uhr, Hauptgericht um 550 RD-$. Renommiertes Restaurant mit preisgekröntem Koch, am Meer gelegen, abwechslungsreiche Speisen wie Rinderfilet in Brandy- und Mandelsoße oder Hühnchen in Marsala-Soße.
Auf dem Weg zur Party – **La Roca:** direkt über dem Strandzugang gelegen, Tel. 809 571 38 93, tgl. 8–24 Uhr, Gerichte um 400 RD-$. Großes Restaurant und Bar, dominikanische und italienische Speisekarte, US-amerikanisches Ambiente. In den Preisen ist deutlich ein Zuschlag für die Lage enthalten.
Italienische Küchenkunst – **Pizzeria Boloña:** Calle Alejo Martínez 33, Tel. 809 571 14 54, tgl. 8–24 Uhr, Gerichte um 250 RD-$. Original italienische Küche mit hausgemachter Pasta und raffinierten Soßen, z. B. Ricotta-Spinat-Tortellini mit Walnusssoße.
Deutscher Bäckerladen mit Imbiss – **Panadería Moser:** Calle Pablo Neruda, Tel. 809 571 33 83, Mo–Sa 7–19 Uhr. Wer Heimweh hat, kann hier deutsches Brot, Apfelkuchen und Sachertorten auf bayrischen Bierbänken verzehren und sich in dem kleinen Laden mit importierten Lebensmitteln wie sauren Gurken und Knäckebrot versorgen.

Aktiv & Kreativ

Tauchen – In der Umgebung von Sosúa gibt es mehrere mit **Korallen besetzte Riffe**. Größte Tauchschule ist **Merlin**, Tel. 809 545 05 38, Fax 809 571 1955, www.tauchschule-merlin.com. Tauchgang mit Ausrüstung 35 US-$. Diverse Angebote wie Nachttauchen und Wracktauchen, ebenso Trainingseinheiten nach PADI-Standards.

Inzwischen gibt es neue Anstrengungen, einen breiten Streifen der Küste in ein **Unterwasser-Reservat** (Parque Submarino de Sosúa) einzubinden; die Arbeiten sind bereits in vollem Gange: Betonblöcke werden vor der Küste versenkt, um ein künstliches Riff aufzubauen, ein Informationshäuschen wird am Eingang zum Strand von Batey gebaut.
Ausflüge – Die diversen **Jeep-Safaris** führen die ganze Küste entlang, von Samaná bis nach Haiti (mit ›Voodoo-Show‹ für 55 US-$) sowie ins Cibao-Tal. Beliebt sind auch Touren nach Monte Cristi und zu den **Korallenbänken** von Punta Rucia.

Es finden sich diverse Anbieter von Touren und Ausflügen wie z. B. **Extra Tours** (Calle Pedro Clisante 14, Tel. 809 571 12 44, www.extratours-sosua.de), **Alf's Tours** oder **Melissa Tours.**

Abends & Nachts

Sosúa hat ein berühmt-berüchtigtes Nachtleben, das man nicht lange suchen muss:

In der **Calle Pedro Clisante** reiht sich eine Bar an die nächste.

Die Clubs und Kneipen in dieser Straße haben den Ruf, die Domäne ›einsamer‹ Männer zu sein; macht die Polizei Druck, wechseln sie den Namen – wegen ›schlechten Benehmens‹, wie sie selbst stolz verkünden.

Dies gilt auch für den bekannten Latino's Club (Pedro Clisante 60), der jetzt als **Club Latino's** firmiert, aber weiterhin im Ort ist, an dem man zu dominikanischer Musik die Nächte durchtanzen kann.

Lieblingsort

Der Strand von Cabarete
Das intensive, schimmernde Blau des Wassers, weiße Schaumkronen, aufgewühlt durch einen stetigen Wind, die bunten knatternden Segel der Surfer auf dem Wasser und in der Luft, Gesprächsfetzen, Lachen, ein Gewirr von Strandliegen und Schirmen, Restaurants und Buden mit Tischen und Stühlen im Sand. Boards werden unternehmungslustig zur Brandung getragen, andere kehren von Meerwasser tropfend zurück – der Strand von Cabarete ist ein sympathischer Urlaubsort, ein mit vielen impressionistischen Farbtupfern gefügtes Feriengemälde.

Sosúa und die Küste bis Samaná

Infos

Touristeninformation
Calle Principal (Plaza Erich Hauser), 2. Etage, Tel. 809 571 34 33.
Internet: www.sosuanachrichten.com, www.sosua.com.

Anreise & Verkehr
Bus: Nach Santo Domingo (Caribe Tours und Metro) und Santiago (Caribe Tours); Minibusse zu den nahe gelegenen Küstenorten.

Cabarete ▶F 1

20 km östlich hinter Sosúa beginnt die Zone der offenen, weiten, mit Palmenwäldern gesäumten Buchten. Zugleich fällt die Küstenlinie nach Südosten ab und ist dadurch den östlichen Atlantikwinden direkt ausgesetzt, ein Umstand, der Cabaretes Ruf als das Kite- und Windsurferparadies der Karibik begründet hat. An nahen Stränden rollt auch die Brandung ungehindert auf das Ufer zu und ermöglicht das Wellenreiten.

Innerhalb von zwei Jahrzehnten – noch wesentlich rasanter als in Sosúa – schossen hier die Hotels, Pensionen, Surfschulen und Zubehörläden aus dem Boden.

Cabarete, das von seiner Struktur ein Straßendorf entlang eines 4 km langen Strandes geblieben ist, wurde so gänzlich vom Tourismus eingenommen, dass man den ursprünglichen Ort und sein Zentrum kaum noch erkennt. Surfer und Badegäste wohnen, essen und amüsieren sich auf engstem Raum. Hier trifft sich die sportliche ›Szene‹, und das bestimmt auch die laute, fröhliche Atmosphäre des Ortes.

Täglich bietet sich entlang des Sandstrandes das gleiche Bild, das man von vielen Werbeprospekten zu kennen glaubt: ein tiefblaues, mit weißen Schaumkronen verziertes Meer, ein Sandstrand geschmückt mit dem Gaukelspiel von Restaurants, Sonnenschirmen, bunten Liegen und Strandgewändern; auf dem Wasser die bunten Segel der Windsurfer, darüber, in der Luft, die Wind-›Drachen‹, die durch die Luft sausen, wirbeln und schließlich ins Meer stürzen.

Ein unendlich scheinendes Panoptikum der Freude und Eitelkeit, das sich auch nach Sonnenuntergang nicht auflöst, zeigt sich hier; denn dann erwacht in den Bars und Kneipen am Strand das Nachtleben.

Übernachten

Hier reiht sich ein Hotel an das nächste. Mit Ausnahme der Gästehäuser an der Puntilla im Osten des Ortes sind die Unterkünfte an der einzigen Straße, der Calle Principal, gelegen. Fast alle Hotels auf der Uferseite der Hauptstraße haben Zugang zum Strand.

Luxus und Sport – **Velero:** La Punta 1, an der Puntilla am östlichen Ende des Strandes, Tel. 809 571 97 27, www.velerobeach.com, Zimmer und Apartments DZ 115–326 US-$ je nach Saison und Ausstattung. Schön gelegene Anlage direkt am Strand, mit Pool. Wassersportangebot aller Art (Windsurfen, Kitesurfen, Reiten, Mountainbiking, Tennis, Höhlenwanderungen).

Wellness und Feng Shui – **Villa Taina:** im Zentrum, Tel. 809 571 07 22, www.Villa Taina.com, einfaches DZ 95 US-$, Komfort-Apartment 150 US-$. Mit Pool, teilweise Balkon mit Meerblick, Wellness-, Sport und Ausflugsprogramm. Die Gestaltung nach Feng-Shui soll das Wohlbefinden der Gäste steigern. Das Hotel hat Umweltfreundlichkeit und die Unterstützung von Hilfsfonds auf seine Fahnen geschrieben.

Cabarete

Deutsches Bier und deutsche Küche am Strand von Cabarete

Dominante Hotel-Kette – **Caribica Sanssouci:** Tel. 809 543 80 84 (Management), Fax 809 571 39 65, www.caribica.com. Das Flagschiff einer ganzen Hotelindustrie, die über den Ort verteilt 7 Dependenzen besitzt; das teuerste unter ihnen ist das Beach-Hotel mit direkter Strandlage und schönem Meerblick, ca. 25 US-$ p. P., günstiger ist das Surf Sanssouci ab 20 US-$ p. P., ebenso das Park Sanssouci ab 12 US-$ p. P.

Günstig und akzeptabel – **Alegria:** im Zentrum von Cabarete, eingezwängt zwischen den großen Hotels, doch mit Blick auf das Meer, Tel./Fax 809 571 04 55, www.hotel-alegria.com, reservations@hotel-alegria.com, 35–70 US-$. Amerikanisch kumpelhaftes Management, Zimmer und Apartments mit Küche, Kühlschrank und Balkon, dazu gibt es einen Fitnessraum, Jacuzzi, Pool mit ›wet bar‹ – ein gutes Preis-Leistungs-Verhältnis.

... außerhalb von Cabarete

Wie der Name verspricht – **The Secret Garden:** in der Villensiedlung Perla Marina 5 km westlich von Cabarete, Tel. 809 571 20 35, www.the-secretgarden.com, DZ 44 US-$. Schöne, kreativ gestaltete tropische Gartenanlage mit 5 Gästestudios und kleinem Pfad zum menschenleeren Sandstrand. Freundliche und familiäre Atmosphäre, für Individualreisende, die Ruhe suchen, ein idealer Platz.

Essen & Trinken

Am Strand finden sich eine Vielzahl von Restaurants und Snackbars – jeder Nationalität und auch für jeden Geschmack.

Teuer und berühmt – **Otra Cosa:** La Punta, direkt am Meer beim Hotel Velero, Tel. 809 571 06 07, Mi–Mo 18.30–24 Uhr, Hauptgerichte ca. 700 RD-$.

Sosúa und die Küste bis Samaná

Französische und exotische Küche mit besonderem Pfiff für den gefüllten Geldbeutel.

Fisch und Meeresfrüchte – **Casita del Papi:** am Strand unter Palmendächern, kein Telefon, 11–23 Uhr, wohl eines der beliebtesten Restaurants, daher evtl. vorher vorbeigehen und reservieren. Spezialität sind Garnelen und anderes Krabbengetier.

Authentisch italienisch – **Pizzeria Pomodoro:** rechte Mitte des Strandes, tägl. 12–23 Uhr, vor allem Pizza, ca. 300 RD-$. Die Besitzer sind echte Italiener und haben das Übliche im Programm: Pasta, Pizza, Rucola mit Mozzarella.

Bäckerei – **Panadería Repostería Dick:** Mitten im Ort an der Hauptstraße, http://panytortadick.com, Do–Di 7–18 Uhr, Gebäck ab 20 RD-$. Beliebter Treffpunkt, internationale Frühstücksvariationen, Gebäck, das man sonst in der Dominikanischen Republik nicht findet.

Aktiv & Kreativ

Surfen – Surfen bestimmt das Leben in Cabarete, und auch der Zaghafteste wird von der sportlichen Unternehmungslust animiert. Surfschulen gibt es in großer Zahl direkt am Strand von Cabarete, wo sich auch die Windsurfzone der Bucht befindet, oder gleich am westlich gelegenen Kitesurfer-Strand.

Kitesurfen – **Laser Training Center:** Kite- und Windsurfschule im Ort, Tel. 809 571 06 40, Fax 809 571 06 49, www.caribwind.com.

Kite Club Cabarete: entspannte Atmosphäre auch für Anfänger, Tel. 809 571 97 48, www.kiteclubcabarete.com.

Windsurfen – **Cabarete Windsports Club:** Tel. 809 571 97 84, www.cabaretewindsportsclub.com.

Club Mistral: Tel. in Deutschland 0881 925 49 60, www.cabaretewindsurfing.com/mistral.

Paragliding – Paragliding-Kurse, Tandem-Flüge und Leih-Equipment wird z. B. von **Kitexcite** angeboten, Tel. 829 962 45 56, www.kitexcite.com.

Wakeboarding – Diese Mischform aus Skateboarding und Wasserski kann man auf dem Fluss Yasica 7 km außerhalb von Cabarete praktizieren.

Cab Wake School: www.activecabarete.com/cabwake, 20 Min. ca. 35 US-$.

Motocross und Dirt-Biking – **Cabarete Enduro Tours:** www.activecabarete.com/mx cabarete. Touren für Anfänger und Fortgeschrittene.

Höhlen – **Cuevas de Cabarete:** Sechs Tropfsteinhöhlen, in denen sich Spuren der Taínos finden (auch Skelette); eine Höhle birgt sogar einen Badesee. Abends trifft man ihre Bewohner: verschiedene Arten von Fledermäusen. Zu erreichen über einen Fußweg von einem Kilometer, der hinter dem östlichen Ortsende (Hinweisschild) abzweigt. Eintritt 195 RD-$ (auch Ziel organisierter Touren).

Exkursionen – **Iguana Mama:** an der Hauptstraße, Tel. 809 571 02 28, Fax 809 571 07 34, www.iguanamama.com, größter Anbieter von Abenteuer-Touren: Mountainbiking, Whale-Watching, Trekking, Rafting, Klettern und Reiten.

Abends & Nachts

Abends ist alle Welt in Cabarete unterwegs. Einige Bars direkt am Strand haben bis in die Morgenstunden geöffnet, z. B. die **Bambu Bar** oder das **Onno's** in der Mitte der Strandmeile.

Style und Romantik – **7:36 pm:** Bar, Lounge und Restaurant in schön beleuchteter Anlage um einen Pool. Moderne, schick designte Speisen und ›gepflegte‹ Drinks.

Der Weg nach Samaná

Infos

Touristeninformation: an der Hauptstraße gelegen, gegenüber Tricom, Tel. 809 571 09 62.
Internet: www.activecabarete.com, www.cabareteguide.com, www.cabaretekiteboarding.com.

Anreise & Verkehr
Cabarete liegt an der Überlandstrecke Puerto Plata–Samaná; nach Santo Domingo mit Caribe Tours (8 x tgl.). Außerdem verkehren Kleinbusse nach Sosúa und Puerto Plata.

Der Weg nach Samaná

Die Straße nach Osten verläuft nun fast immer in einiger Entfernung zur Küste. Kleine Wege führen zu kleinen Buchten und Stränden, die man beinahe für sich allein hat. Sehenswert ist etwa die **Playa Grande** (die man kurz hinter Río San Juan), ein Musterbeispiel der von Palmenwäldern umgebenen Strände, die für den ganzen Osten und Nordosten charakteristisch sind.

Gri-Gri ▶ G 2

Auch **Río San Juan** liegt abseits der Hauptstraße links von einer stark befahrenen Kreuzung. Durch den Ort hindurch, in Richtung Küste, gelangt man zu einem hübschen kleinen Naturwunder, der **Laguna Gri-Gri.** Sie ist ein tiefer gelegenes Becken, in dem ein unterirdischer Fluss mit kristallklarem Wasser zutage tritt, das sich von der Lagune aus in einem gewundenen natürlichen Kanal seinen Weg bis zum

An den Ufern des San Juan trocknen die Dominikaner ihre Wäsche

Sosúa und die Küste bis Samaná

Meer bahnt. Er führt durch dichte Mangrovenwälder mit riesigen Vogelschwärmen hindurch.

Wer Glück hat, findet die Lagune verlassen vor und kann seinen Ausflug dorthin in vollen Zügen genießen. An einem kleinen Kiosk am Eingang der Lagune kann man eine **Bootstour** buchen (Tel. 809 589 22 77, 8–17 Uhr, der Preis von 1400 RD-$ pro Boot wird durch die Teilnehmerzahl geteilt). Der frühere Kampf um Touristen ist zum Erliegen gekommen, denn die Organisation der Touren hat inzwischen eine Genossenschaft, das Sindicato de Boteros, fest in der Hand.

Die Tour führt zunächst durch den dicht umwucherten Kanal und bringt die Besucher zu einer Höhle, die Boote drehen dann eine Runde auf dem offenen Meer und fahren an einem kleinen Strand, der **Playa Caletón,** vorbei. In der Nähe der Höhle reichen die Grundfelsen unter dem glasklaren Wasser bis nahe an die Oberfläche und bieten einen Blick auf eine bizarre Unterwasserwelt.

Der ganze Ausflug dauert etwas länger als eine Stunde. Es wird dringend empfohlen, einen Mückenschutz mitzuführen!

Cabo Francés Viejo ▶ G 1

Etwa 15 km östlich von **Río San Juan** verweist ein Schild auf den Zugang zu einem kleinen **Nationalpark** (Eintritt frei), einem Vorgebirge, das den nördlichsten Punkt der Republik bildet. Wer sich auf der langen Fahrt zwischen Puerto Plata und Samaná die Beine vertreten möchte, sollte zu diesem Kap hinauswandern (15–30 Min.), vor dessen Küste der tiefste Punkt des Atlantik liegt. Von dort führt ein Fußweg hinunter zu einem kleinen Strand.

Übernachten

In der Umgebung zwischen Cabarete und Nagua laden einige reizvolle Hotels dazu ein, sich die Natur der Gegend näher anzusehen.

Schön gelegen und freundlich – **Bahía Blanca:** Río San Juan, Calle Gastón F. Deligne, Tel. 809 589 25 63, Fax 809 589 25 28, bahia.blanca@verizon.net.do, DZ 15–35 US-$. Am Meer gelegen, luftige Terrasse und leise plätschernde Musik. Das etwas verlebte, preiswerte Hotel (in kanadischem Besitz) hat nach wie vor einen besonderen Charme. Angeschlossen ist ein gutes Restaurant, tgl. 8–11, 12.30–14, 19–22 Uhr, Fischgerichte ab 225 RD-$.

Schlicht und annehmbar – **Apartamentos Gri-Gri:** Calle San Juan /Ecke Calle Sánchez, Tel. 809 235 66 42, DZ ab 1200 US-$. Einfache Apartments mit Balkon in einer kleinen Gartenanlage. Frühstück gibt es auf Nachfrage.

Abgelegen und landschaftlich reizvoll – **La Catalina:** Straße zwischen Río San Juan und Nagua, Hinweisschild, Tel. 809 589 77 00, Fax 809 589 75 50, www.lacatalina.com, DZ mit Frühstück ab 75 US-$, Apartments ab 100 US-$. Abseits in den grünen Hügeln über dem Meer gelegene schöne Hotelanlage, in Terrassen angelegter Garten mit Bungalows. 2 Pools, Jacuzzi, Tennisplatz, Restaurant und Bar. Das ruhige, luxuriöse Hotel ist besonders beliebt bei kanadischen Pensionären, die sich hier mit allem umsorgen lassen.

Nagua ▶ G 2

Nagua ist auf dem Weg von Sosúa zur Halbinsel Samaná die wichtigste Stadt, in erster Linie, weil hier eine Verbindungsstraße nach Santo Domingo abzweigt. Touristisch gesehen ist Nagua uninteressant, wenn man von den mit

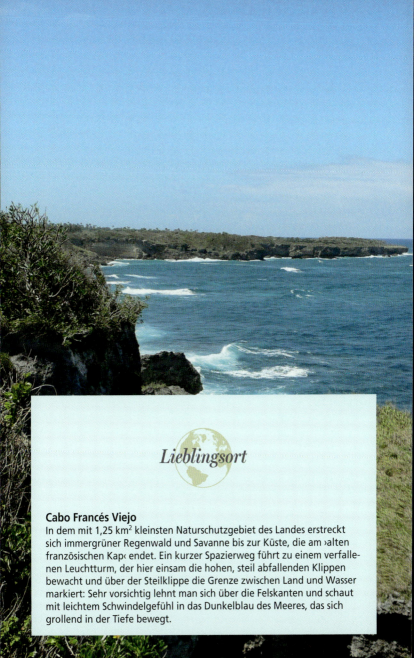

Lieblingsort

Cabo Francés Viejo
In dem mit 1,25 km² kleinsten Naturschutzgebiet des Landes erstreckt sich immergrüner Regenwald und Savanne bis zur Küste, die am ›alten französischen Kap‹ endet. Ein kurzer Spazierweg führt zu einem verfallenen Leuchtturm, der hier einsam die hohen, steil abfallenden Klippen bewacht und über der Steilklippe die Grenze zwischen Land und Wasser markiert: Sehr vorsichtig lehnt man sich über die Felskanten und schaut mit leichtem Schwindelgefühl in das Dunkelblau des Meeres, das sich grollend in der Tiefe bewegt.

Sosúa und die Küste bis Samaná

Palmenwäldern bewachsenen Stränden der Umgebung absieht.

Übernachten

Hier finden sich keine schönen Urlaubshotels, aber einige für die Durchreise akzeptable Unterkünfte.

Eine ganze Reihe einfacher Hotels (DZ um 10 US-$) befinden sich an der Ausfahrt nach Samaná.

Akzeptabel – **Gran Madrid:** in Nagua an der Ausfahrt nach Samaná, Tel. 809 584 71 71, syochamny@hotmail.com, DZ ab 800 RD-$. Bestes Hotel des Ortes, geeignet jedoch höchstens für Etappenreisende, mit Restaurant.

Infos

Touristeninformation: Calle Club Rotario (Gobernación), Nagua, Tel. 809 584 38 62, Fax 809 584 26 57.

Die Halbinsel Samaná ▶ H 3–J 3

Eine Geschichte der Isolation

Die abgelegene Halbinsel war lange Zeit ein besonderer Tipp von Urlaubern, die abseits vom Trubel der großen Strände und dem All-inclusive-Tourismus ihr kleines Paradies gehütet haben. Aufgrund ihrer Abgeschiedenheit war die Halbinsel bis in die 1950er-Jahren nur mit Schwierigkeiten zu erreichen – sie war eine Welt für sich. Denn noch im 18. Jh. trennte sie eine schmale Wasserstraße von der Hauptinsel, die später durch Sedimente des Río Yuna zugeschwemmt wurde und verlandete. Die besondere Lage der Halbinsel, die bis heute ihre Eigenart und Naturschönheit bewahrt hat, wurde zunächst nicht allzu viel beachtet: Nach der Vernichtung der Indianer, die Samaná nur ihren Namen hinterlassen haben, blieb die Region lange fast unbewohnt.

Ein erster systematischer Versuch der Neubesiedlung wurde in der haitianischen Zeit zwischen 1822 und 1844 unternommen, als man befreiten schwarzen Sklaven aus den USA hier Land zur Verfügung stellte. Ihre Nachkommen, die bis heute Green, King oder Willmore heißen und sich Relikte der protestantischen und englischsprachigen Kultur bewahrt haben, stellen ein eigenes Bevölkerungselement in den Landgebieten dar. Ihnen verdankt man einige kulinarische Spezialitäten, die sonst nur in der **anglophonen Karibik** beheimatet sind: Ingwerbrot, Yaniqueque (Johnny Cake) und Gerichte mit Kokosnuss und -milch, vor allem Fisch.

Samaná blieb den Dominikanern sehr lange fremd. Das ganze 19. Jh. hindurch stritt man sich darüber, ob man die Insel nicht an die Franzosen oder an die USA als Stützpunkt verpachten sollte. Vor allem die Yankees machten sehr begehrliche Augen, die patriotisch gesinnten Dominikaner und vor allem die Haitianer sahen dieses Ansinnen als Grund zu Krieg und Bürgerkrieg. Schließlich erledigte sich die Frage dadurch, dass die USA ohnehin beide Länder ab 1915 besetzten.

Um 1900 erlebte auch Samaná eine kurze Blüte. Der Bau einer Eisenbahn von La Vega nach **Sánchez** im Jahr 1887, von wo aus die Stadt Samaná mit Booten erreicht werden konnte, wertete den exzellenten Hafen auf. Doch wie so oft verfiel die Eisenbahnlinie, als das Straßennetz ausgebaut wurde; sie ist heute nicht mehr in Betrieb. 1946 brannte die aus Holz gebaute Stadt Samaná ab, und es wird gemunkelt, dass Trujillo selbst der Brandstifter gewesen sein soll.

Die Halbinsel Samaná

Santa Bárbara de Samaná ▶ J 3

Der Hauptort der Halbinsel Santa Bárbara de Samaná, meist nur **Samaná** genannt, hat selbst nur ganz kleine Strände. Wenn sich hier trotzdem ein bescheidener Tourismus halten kann, so liegt das zum einen am Ausflugsverkehr, zum anderen an der recht schönen Lage der Stadt. Vor dem Zentrum breitet sich eine **weite Bucht** aus, die von einer fotogenen Kette **kleiner Inseln** in sattem Grün abgeschlossen wird. Sie sind durch mehrere Fußgängerbrücken miteinander und mit dem Festland verbunden. Auch die Anhöhen hinter Samaná bieten eine lohnende Sicht auf die Stadt und ihre Bucht. In seiner baulichen Substanz unterscheidet sich Samaná von anderen dominikanischen Städten: Das Zentrum wurde nach dem großen Brand im Architekturstil der 1950er-Jahre und mit neuen Materialien wiederaufgebaut.

In und um Samaná

Wohl um diesen Mangel an alten Bauten zu kompensieren, wurde am Malecón für die Touristen das Pueblo Príncipe, eine Reihe an Häuschen im viktorianischen Stil, errichtet.

Das einzige bauliche Denkmal, das den Brand überstanden hatte, ist die aus England importierte (!) methodistische Peterskirche, die **Iglesia San Pedro**, aus dem 19. Jh., ein eigentümliches Monument protestantischer Kultur in diesem katholischen Land.

Viel gibt es in Samaná nicht zu tun, der Ort eignet sich in erster Linie als Ausgangspunkt für Ausflüge, unter anderem auch zu ein paar schönen Stränden der Umgebung. Man kann den – allerdings nicht sehr idyllischen – **Malecón** entlangbummeln und von den Cafés aus den Betrieb am Kai beobachten, der aufgrund des Ausflugstourismus zu bestimmten Zeiten sehr rege ist: Morgens kommen Busse am Hafen an, um von dort mit Booten die ›Bacardi‹-Insel **Cayo Levantado** anzulaufen. Im Winter, zur Zeit der **Paarung der Buckelwale**, herrscht auf dem Bootssteg sogar Gedränge, doch ansonsten ist das Leben eher gemächlich.

Das große Hotel Cayacoa, das als Blickfang und Aussichtspunkt auf der dem Hafen vorgelagerten kleinen Halbinsel thront, ist mittlerweile an die mallorquinische Kette Gran Bahía Príncipe verkauft worden. Man kann mit einem heftig schaukelnden Motoconcho hinausfahren, um in der Luxusanlage einen Drink zu nehmen und die Aussicht zu genießen, oder um zu einem versteckten kleinen Strand, der **Playa Escondida,** abzusteigen.

Ausflug zum Cayo Levantado ▶ J 3

Die östlich der Küste vorgelagerte Insel **Cayo Levantado** ist ein schwieriger Fall. Je stärker sie als ›Bacardi-Insel‹ die Wunschfantasien der Urlauber entfacht, desto mehr geht ihr paradiesischer Charakter verloren. Für die einheimische Bevölkerung in Samaná stellt die Organisation von Exkursionen eine wichtige Wirtschaftsgrundlage dar. Sicherlich: Cayo Levantado ist schön wie im Bilderbuch mit seinem türkisblauen Meer, den weißen Sandstränden, sattgrünen Wiesen und palmenbewachsenen Klippen – aber hier darf man keine Einsamkeit erwarten. Tagsüber füllen sich die beiden Strände, die Freiluftrestaurants und die **Piña-Colada-Stände** mit Sonnenbetern, dirigiert von lauten Reiseleitern, verfolgt von Obst- und Muschelverkäufern und umworben von Merengue-Kapellen. Wer Strände, Pal-

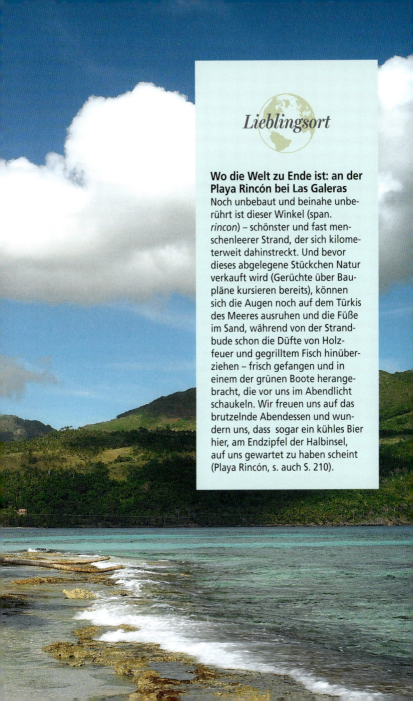

Lieblingsort

Wo die Welt zu Ende ist: an der Playa Rincón bei Las Galeras

Noch unbebaut und beinahe unberührt ist dieser Winkel (span. *rincon*) – schönster und fast menschenleerer Strand, der sich kilometerweit dahinstreckt. Und bevor dieses abgelegene Stückchen Natur verkauft wird (Gerüchte über Baupläne kursieren bereits), können sich die Augen noch auf dem Türkis des Meeres ausruhen und die Füße im Sand, während von der Strandbude schon die Düfte von Holzfeuer und gegrilltem Fisch hinüberziehen – frisch gefangen und in einem der grünen Boote herangebracht, die vor uns im Abendlicht schaukeln. Wir freuen uns auf das brutzelnde Abendessen und wundern uns, dass sogar ein kühles Bier hier, am Endzipfel der Halbinsel, auf uns gewartet zu haben scheint (Playa Rincón, s. auch S. 210).

Sosúa und die Küste bis Samaná

men, Meer und Himmel genießen möchte, sollte die Insel am frühen Morgen oder späten Nachmittag besuchen, oder dort sogar eine oder zwei Nächte verbringen. All dies ist möglich, wenn man sich am Hafen von Samaná privat mit einem Bootsführer arrangiert. Es ist ratsam, sich vorher im Hotel oder einer Bar nach den aktuellen Preisen für die Überfahrt zu erkundigen, um einen angemessenen Preis zu zahlen. An der Hafenmole können auch die Tickets für die regulären Überfahrten problemlos erworben werden.

Der Ausflug lässt sich in der entsprechenden Saison gut mit einer Walbeobachtungstour kombinieren.

Übernachten

Wie überall auf der Halbinsel dominieren innerhalb der Stadt die kleineren Hotels. Es handelt sich – mit Ausnahme des **Gran Bahía Príncipe** und dem Hotel **Ballenas Escondidas** – nicht um Ferienhotels, die Komfort und Urlaubsatmosphäre bieten. Die Qualitätsunterschiede bei den preiswerten Hotels sind sehr gering. Die drei letztgenannten Unterkünfte lassen sich als mehr oder minder austauschbare Varianten verstehen.

Blick über die Bucht – **Gran Bahia Príncipe Cayacoa:** weit sichtbar oberhalb der Stadt auf einem Hügel gelegen, Tel. 809 538 34 34, www.bahia-principe.com, DZ ca. 120 US-$ all-inclusive. Große Luxushotelanlage mit Restaurants, Pools und eigener Badebucht.

Abseits mit Aussicht – **Ballenas Escondidas:** Los Naranjos, außerhalb von Samaná auf dem Hügel gelegen, Tel. 809 495 08 88, www.hotelballenasescondidas.com, DZ 60–100 US-$. Anlage mit 11 bunt eingerichteten Zimmern und 2 Apartments in palmblattgedeckten Häusern mit Balkon, Pool und Restaurant, Meeresblick und Zugang zum Strand.

Gut dominikanisch 1 – **Hotel Nilka:** Calle Bárbara/Calle Colón, Tel. 809 538 22 45, DZ 1000 RD-$. Akzeptable Zimmer z. T. mit Aircondition und TV in einfacher Pension.

Traditionshotel – **King's Guest House:** Calle Francisco Del Rosario Sánchez 13 (beim Markt), Tel. 809 538 23 53, DZ 1000 RD-$. Schon der Name zeigt, dass der Besitzer zur alten schwarzen Elite von Samaná gehört; die einfachen, aber sauberen Zimmer ziehen sich den Hang hinauf und sind durch Treppen verbunden.

Gut dominikanisch 2 – **Docia:** Calle Teodoro Chacereaux, gegenüber der Holzkirche, Tel. 809 538 20 41, DZ 25 US-$. Unter den einfacheren Hotels das empfehlenswerteste. Ruhiger als die anderen gelegen, aber doch zentral.

Essen & Trinken

Am Malecón – **La Mata Rosada:** gegenüber dem Kai, Tel. 809 538 23 88, Mi–Mo 10–15 und ab 18 Uhr, Gerichte um 10 US-$. Professionelle französische Küche an der Hafenpromenade.

Viel Fleisch – **L'Hacienda:** Av. Marina 6, Tel. 809 538 23 83, Do–Di 11–24 Uhr, Gerichte ca. 380 RD-$. Grillrestaurant mit Bar, dominikanische und internationale Küche unter französischer Leitung, gut ist das Filet in Pfeffersauce.

Schöne Aussicht – **El Chino:** Calle San Juan 1, auf dem Gipfel des Hügels oberhalb der Holzkirche gelegen, Tel. 809 538 22 15, 11–23 Uhr, Gericht um 230 RD-$. Einfaches Chinarestaurant, berühmt für seine Lage auf dem Stadthügel mit Aussichtsterrasse. Mit angefügtem Hotel, DZ ab 1500 RD-$.

Einfach und bodenständig – **El Bambú:** gegenüber dem Kai (Av. Malecón 3),

Die Halbinsel Samaná

Tel. 809 538 26 61. Di–So 9–23 Uhr. Hauptgerichte ca. 300 RD-$. Populäres Imbissrestaurant an der Hafenpromenade, tagsüber Frühstück, Sandwichss und Snacks, abends Restaurant.

Aktiv & Kreativ

Whale Watching – Die gleichen Gewässer vor Samaná bieten im Januar und Februar die Kulisse für ein weiteres begehrtes Großereignis: Die **Bucht von Samaná** wird zum **Liebesnest der Buckelwale**; der Großteil der Weltbevölkerung dieser bis zu 40 Tonnen schweren Tiere, die durch ihre Unterwasser-Gesänge bekannt geworden sind, paart sich in der Bucht; ihnen folgen zu Tausenden die touristischen ›Jäger‹ in Booten und Hubschraubern. Der Konkurrenzdruck unter den Bootsführern führte dazu, dass die Tiere als Photoobjekte lange und nahe umkreist wurden; die Gefahr, sie vielleicht ganz zu vergraulen, hat nun einen Zusammenschluss der Bootsführer bewirkt, um ›Anstandsregeln‹ durchzusetzen. Nur noch vierzig Boote sind zugelassen; nicht mehr als drei dürfen sich gleichzeitig bei einer Walgruppe aufhalten und nicht näher als 50 m heranfahren. Aber wird dies alles eingehalten? Die Touristen sollten jedenfalls nicht zu einer Verletzung dieser Regeln drängen.

Bootsausflüge zur Walbeobachtung zur Paarungszeit der Buckelwale im Jan./Feb. starten am Kai von Santa Bárbara de Samaná. Verschiedene Anbieter finden sich gegenüber vom Kai am Malecón, so z .B. **Whale Samaná**, Tel. 809 538 84 94, www.whalesamana.com, Ausflüge tgl. um 9 und 13.30 Uhr.

Infos

Touristeninformation: Av. Santa Bárbara 4, Edificio de Oficinas Públicas, Tel. 809 538 23 32 (nett, jedoch wenig effizient).

Die Bucht von Samaná mit ihren sattgrünen Inseln und filigranen Fußgängerbrücken

Sosúa und die Küste bis Samaná

Internet: Information zur gesamten Halbinsel: www.the-samana-page.com (deutsch), www.samana.org.do (spanisch und englisch).

Verkehr
Reisebus: Die Busgesellschaft **Caribe** (Tel. 809 538 22 29) sorgt für regelmäßige Verbindungen nach Santo Domingo und Puerto Plata, Abfahrt vom Malecón bei der Fähre.
Minibusse und Kollektivtaxis: nach Sánchez, Las Galeras und zu den anderen Stränden, Abfahrt am Markt.
Personenfähre: Die Personenfähre verkehrt zwischen Santa Barbara de Samaná und Sabana de la Mar zweimal täglich, Überfahrt ca. 1,5 Std., 150 RD-$ p. P., Motorrad 200 RD-$, Fahrrad 120 RD-$, keine Autos!
Flughafen: Der »Samaná« benannte Flughaften liegt westlich von Nagua. Die Stadt Samaná selbst hat einen weiteren Flughafen, Arroyo Barril, 10 km westlich, der derzeit nicht von Deutschland aus angeflogen wird.

Las Galeras ▶ J 3

Hinter Samaná ist die Welt (fast) noch in Ordnung. Durch endlose Palmenwälder führt eine Straße zum östlichsten Ort der Halbinsel, nach Las Galeras. Die Straße führt als Hauptstraße durch den Ort und endet fast am Meer vor einer Reihe von *comedores*, einfachen Garküchen am Strand. Schnell kommen Frauen, die **frischen Fisch** mit *patacones* und Reis auf einem Bänkchen im Sand servieren, pünktlich zum Sonnenuntergang.

Las Galeras ist das Ende der Welt, ein ruhiges Dorf an einem prachtvollen Palmenstrand gelegen, mit einem noch überschaubaren Individualtourismus. Es folgt einem gemächlicheren Rhythmus als das turbulentere Las Terrenas. Italiener und Franzosen bestimmen hier das Tourismusgeschäft und haben das gastronomische Angebot geprägt.

Außer der **Playa Las Galeras** gibt es verschiedene andere sehr schöne und ruhigere Strände; besonders an der abgelegeneren **Playa Rincón** (s. auch Lieblingsort S. 206) einige Kilometer westlich lässt sich das Leben wunderbar genießen. Sie ist per Boot vom Strand in Las Galeras aus in ca. 10 Minuten erreichbar, eine Überfahrt kann mit den örtlichen Fischern vereinbart werden. Alternativ kann sie per Auto oder Motorrad-Taxi angefahren werden: Ca. 6 km hinter Las Galeras auf der Straße in Richtung Santa Bárbara de Samaná rechts abbiegen und der ca. 11 km langen, auf dem letzten Stück etwas holprigen Stichstraße bis zur Küste folgen.

Übernachten

Paradies mit Sündenfall – **Grand Paradise Samaná:** östlich am Strand gelegen. Das Hotel wird zumeist all-inclusive von zu Hause aus gebucht, www.grandparadisesamana.com/. DZ 100–140 US-$, pauschal viel billiger. Das 300-Zimmer-Hotel nimmt den rechts vom Ort gelegenen schönsten Strand ein und hat sich gegen Nicht-Hotelgäste komplett abgeschottet.
Lieblingsort – **Todo Blanco:** Tel. 809 538 02 01 od. 809 729 23 33, Fax 809 538 00 64, www.hoteltodoblanco.com, DZ ab 65 €, Frühstück 7 US-$. Schneeweißes, im karibischen Gingerbread-Stil gehaltenes Haus in herrlicher Lage. Mit stilvoller Einrichtung (s. Bild gegenüber).
Schlupfwinkel für Verliebte – **Villa Serena:** Direkt am Strand gegenüber der kleinen Insel. Tel. 809 538 00 00, Fax 809 538 00 09, www.villaserena.com, DZ

Lieblingsort

Viktorianischer Traum

Eine Szenerie wie aus der Werbung, einem schönen Traum oder, für dramatischer gestimmte Gemüter, der Ort einer geheimnisvollen Missetat im Spionagefilm: ein Hotel ganz in weiß, »viktorianischen« Stils, geräumig, luftig und mit nur acht Zimmern fast privat. Vom Salon mit seinem langen hölzernen Esstisch führt eine Holzbrücke zu einem Pavillon, der über dem Garten thront und den Blick auf die nahe Küste mit ihrem palmenbestandenen Sandstrand freigibt. (**Hotel Todo Blanco,** s. auch S. 210.)

Sosúa und die Küste bis Samaná

Mein Tipp

Sancocho dominicano – unbedingt probieren!
Es gibt kulinarische Schätze, die zu entdecken ein kulturelles Ereignis sein kann: Dies trifft wohl auf den **Sancocho** zu, der als Nationalgericht des Landes gehandelt wird und gerne zu besonderen Anlässen gegessen wird. Er eignet sich gut dazu, große dominikanische Festgesellschaften satt zu bekommen.

Dazu braucht man in der Regel nur einen, dafür allerdings sehr großen Topf. In diesen wirft man nach Möglichkeit viele verschiedene Sorten Fleisch – Huhn, Rind, Ziege, geräucherte Wurst, alles vorher in etwas Olivenöl, Zwiebeln, Knoblauch, Petersilie, Oregano und vor allem reichlich frischem Koriander mariniert. Nach langem Weichkochen kommen dann Kochbananen, Maiskolben, Süßkartoffeln, Yuca und Yam – möglichst alles in Riesenstücken – hinein. Nun wartet man, bis auf dem Feuer ein dicker Eintopf entsteht, während man mit den Freunden schon das ein oder andere kühle Bier oder Fläschchen Rum leert.

110 US-$ inkl. Frühstück. Ein intimes, elegantes Hotel im viktorianischen Stil mit 21 unterschiedlich gestalteten Zimmern und tropischem Garten. Alle Zimmer mit Meerblick. Wi-Fi.
Origineller Wirt – **La Plantación:** Tel. 809 538 00 79, www.villaplantacion.com, DZ 35–40 US-$. Im Südstaatenstil gebaute Anlage aus mehreren kleinen Gebäuden, mit Pool, Jacuzzi und ›wet bar‹, 12 Zimmer. Der gutgelaunt-unterhaltsame, französische Besitzer Remi kocht auf Wunsch für seine Gäste (Abendessen ca. 15 US-$). Hier wird's nie langweilig.
Distinguiert – **Casa Lotus:** Am Weg parallel zum Strand in Richtung Westen gelegen, Tel./Fax 809 538 01 19, www.casalotus.ch.vu, DZ ab 75 US-$ inkl. Frühstück. Direkt am Meer gelegene, liebevoll eingerichtete Villa mit Schaukelstuhlveranda, die von der eleganten und ruhigen Schweizer Lady namens Teresa geführt wird. Bunter Garten, Wi-Fi.

Essen & Trinken

Zentral und gut – **Plaza Lusitania:** am Hauptplatz, (s. Hotel Lusitania), Hauptgericht 5–10 US-$. Exquisite italienische Küche mit selbst gemachten Nudeln, guter Service.
Auf den Klippen speisen – **El Cabito:** ca. 4 km östlich von Las Galeras, Di–So ab 10 Uhr, Reservierung empfohlen. Hier kann man bei spektakulärer Aussicht auf einer Terrasse auf Stelzen frischen Fisch genießen und dabei den ein oder anderen Mutigen von der Klippe springen sehen.

Aktiv & Kreativ

Ausflug – zum Parque Nacional Los Haitises (s. S. 218).
Hochseefischen – Auf besonderen Wunsch beim französischen Besitzer des Hotels **La Plantación** zu buchen. (Der Fang kann dort zum Abendessen zubereitet werden.) Darüber hinaus sind die Fischer gegenüber im kleinen Hafen leicht zu Bootsausflügen zu überreden.
Reitausflüge – **Ranch La Loma-Cita:** östlich vom Grand Paradise Beach Resort.

Las Terrenas

Tauchen – **Las Galeras Divers:** Plaza Lusitania 3, Tel. 809 538 02 20, www.las-galeras-divers.com.

Unterwegs auf der Halbinsel

Von Samaná aus führt seit wenigen Jahren eine asphaltierte Straße quer über die Halbinsel zu ihrer atlantischen Seite, nach **Las Terrenas.** Es ist eine Fahrt durch ein tropisch grünes Hügelland; die Menschen, die man von der Straße aus sieht, sind meist Bauern, darunter viele Nachkommen der zu Beginn des 19. Jh. eingewanderten freien oder freigekauften Sklaven aus den Vereinigten Staaten, die noch über rudimentäre und stark kreolisierte Englischkenntnisse verfügen.

Sie sind stolz darauf, denn die Sprachkenntnisse und die protestantische Kultur sind ein Teil ihrer Identität; andererseits galt das kreolische Englisch in dem spanischsprachigen Land auch als Stigma, das sich erst jetzt, im Kontakt mit Touristen, als ein Vorteil herausstellt. Es ist eine bäuerliche Gesellschaft im Wandel: ein freundliches, ja sehr herzliches Volk, das nun komplett an die Mechanismen der touristischen Marktwirtschaft angebunden wird.

Dies führt zu charakteristischen Verwerfungen wie Konkurrenzverhalten und Gewinnsucht, was an touristischen Zentren besonders auffällt ist – z. B. bei den Ausflügen zum Wasserfall von Limón (s. S. 214).

Las Terrenas ❗ ▶ H 3

Auf der atlantischen Seite, mit dem Rücken zu Samaná, ist auch Las Terrenas ein Ende der Welt – allerdings ein sehr geschäftiges und bekanntes. Auch wenn der Tourismus anderswo über heftige Geschäftseinbrüche zu klagen hat, Las Terrenas legt zu, denn es hat seine eigene Klientel – alle, die schon einmal hier waren und im etwas örtlichen Gesellschaftsleben richtig in ihrem Element sind.

Kein Wunder, dass die Hauptstraße von Las Terrenas der einer Goldgräbersiedlung gleicht. Unzählige Geschäftsschilder ›schmücken‹ sie, mit denen Kleinanbieter auf ihr besonderes Gewerbe – Betten, Bier, Frisuren usw. – verweisen.

Die beiden Hauptstraßen, die das Leben des ständig expandierenden Ortes organisieren, gehören mit Sicherheit zu den am dichtesten befahrenen der Republik.

Über sie schleppt sich ein unendlicher Verkehr, sodass bei Regen die Pfützen nicht zur Ruhe kommen. Trotz allem hat Las Terrenas eine soziale Dorfstruktur: Hier ist was los, hier kennt jeder jeden, hier passieren den merkwürdigsten Leuten die ulkigsten Geschichten und man kann den ganzen Tag damit verbringen, einfach zwischen den beiden Hauptschlagadern des Ortes zu pendeln, um Neuigkeiten in allen Sprachen der Welt zu sammeln.

Las Terrenas war vor vielen Jahren noch ein kleiner Ort der ›glücklichen Aussteiger‹ und ist mittlerweile auch dank der guten Straßenverbindung zum großen Sammelpunkt von Individualtouristen aus allen möglichen Ländern geworden. Die Hotel- und Restaurants sind hier mittlerweile allerdings überwiegend in französischer Hand.

Die beiden dicht bebauten Hauptstraßen laufen spitzwinklig auf die Küste zu. Die Strände erreicht man entweder links und rechts vom nördlichen Ende der Hauptstraße oder aber von deren dritter ▷ S. 216

Auf Entdeckungstour

Der Wasserfall von Limón

In einer paradiesischen Tropenlandschaft stürzt er in die Tiefe – der Salto de Limón. Er ist zu einem beliebten touristischen Ziel geworden, hat damit aber auch einer bisher isolierten kleinbäuerlichen Kultur das Tor zur Welt geöffnet. Unser Ausflug gewährt Ansichten einer wilden Naturschönheit und Einblicke in die Versuche regionaler Gemeinschaften, die Folgen der Moderne zu steuern.

Reisekarte: ▶ J 3

Ausgangspunkt: Ca. 1 km hinter Limón Richtung Santa Barbara de Samaná (alternativer Ausgangspunkt 6 km weiter an der gleichen Straße)

Organisierte Touren: Zu Fuß und zu Pferde. In Limón ist es ratsam, nicht den ersten sich anbietenden Führer anzuheuern, sondern sich an einen der Anbieter der Organisation ACESAL zu wenden.

Preis: rund 30 US-$.

Schmale Pfade führen durch eine beglückend schöne Landschaft – mal durch Urwaldgebiete, mal durch offenes Hügelland, in dem die Baumbestände lichter sind und Raubvögel ihre Kreise ziehen. Auf dem Pferderücken ist man am besten aufgehoben, wenn man den Ausflug zum Salto de Limón unternimmt, kann man doch die Natur voll genießen, während sich das Pferd den Weg durch das rutschige Gelände sucht und steinige Wasserläufe durchquert.

Der größere der beiden Wasserfälle – er stürzt aus 50 m Höhe aus einer nahezu senkrechten Wand – endet in einem Becken mit köstlich frischem, kühlem Wasser, das zum Baden einlädt.

Wege und Wanderungen

Der Ausgangspunkt der Wanderung zum Salto de Limón ist meist der Ort **El Limón** selbst, doch auch südlich davon, entlang der Landstraße Samaná–Las Terrenas gibt es mehrere Ausgangspunkte, an denen man sich mit Proviant versehen und Pferde und Führer mieten kann: **El Café, Arroyo Surdido** (von Süden her der kürzeste Weg) und **Rancho Español.** Von Limón aus muss man mit einem Ritt von zwei Stunden rechnen (Hin- und Rückweg), wobei das letzte Stück zu Fuß zurückgelegt werden muss (denken Sie an festes Schuhwerk und an Badekleidung).

Wer gut zu Fuß ist, kann den Weg auch problemlos laufen, nur nach Regen kann er etwas schlüpfrig werden.

Ein Beispiel des Ökotourismus

Die Erschließung des Salto de Limón wird offiziell als gemeinschaftsorientiertes Modellprojekt des Ökotourismus verwaltet, an dem auch der DED, der Deutsche Entwicklungsdienst, mitarbeitet. Zugleich sind verschiedene dominikanische Dienststellen beteiligt. Konkret bedeutet dies, dass die Infrastruktur vornehmlich auf 15 von einzelnen Familien getragenen und in der ACESAL verbundene Mikrounternehmen beruht, die selbst wiederum bei der Festsetzung der Leistungen bestimmten Regeln unterworfen sind. Es ist eine Struktur, die ihrerseits Reibereien nicht ausschließt; doch stellt diese Ausrichtung in einem Land, das touristisch fast ausschließlich von großen Konzernen beherrscht wird, eine wichtige Erfahrung dar.

Sosúa und die Küste bis Samaná

Abzweigung in Richtung Süden (Playa Bonita und Playa Cosón).

Übernachten

Las Terrenas besteht in erster Linie aus Hotels, das Angebot ist vielfältig. Hier nur eine kleine Auswahl der zahlreichen stilvollen und atmosphärisch schönen Übernachtungsmöglichkeiten:

Familienfreundlich – **Residencias Las Palmas:** im Zentrum an der Hauptstraße, Nähe Playa Casablanca, Tel. 809 240 64 36, Fax 240 64 35, www.vamosalaspalmas.com, Haus für bis 4 Pers. 70–90 US-$. 23 voll eingerichtete Häuser mit Terrasse in schönem Garten. Wohnraum mit TV, Küche, 2 Schlafzimmer, 2 Bäder, auch monatsweise (dann preiswerter) zu vermieten.

Am Wasser gebaut – **Playa Colibri:** Av. de la Mar, 800 m vom Zentrum, Tel. 809 240 64 34, www.playacolibri.com, Apartments 70 US-$ (ein Schlafzimmer) bis 150 US-$ (mehrere Schlafzimmer). Häuser im karibischen Stil, viele mit Meerblick, schöner Garten, Pool, Jacuzzi, Bar und Restaurant.

Schöne Bungalows im Garten – **Casas del Mar:** bei der Ortseinfahrt von El Portillo kommend links (Calle Emilio PrudHomme), Tel 809 240 66 17 od. 809 360 27 48, www.casas-del-mar-neptunia.com, DZ inkl. Frühstück 1500 RD-$. Charmante und gepflegte kleine Bungalow-Gartenanlage mit stilvoller und farbenfroher Einrichtung. Auf den Veranden kann man im Schaukelstuhl dösen. Besonderer Stolz des französischen Besitzers ist das karibische Holz-häuschen, in dem die Gäste bis ins Detail kreolischen Wohnstil erleben können.

Einfach, nett und etwas abgelegen – **Fata Morgana:** bei der französischen Schule, Tel. 809 836 55 41, http://fatamorganalasterrenas.com, DZ ab 22 US-$ (derzeit wohl die preisgünstigste Unterkunft in Las Terrenas). Mit friedlichem Aussteiger- und Traveller-Ambiente, Bungalows mit eigenem Bad, in großem Garten. Benutzung der Gemeinschaftsküche möglich.

Westlich an der Playa Bonita

Schön und bunt – **Coyamar:** Tel. 809 240 51 30, Fax 809 240 51 41, www.coyamar.de, Preise variieren gemäß Buchungszeitraum, DZ mit Frühstück ca. 60 US-$. Schöne künstlerisch gestaltete Häuschen im Park direkt am Meer. Restaurant, Bar und kleiner Pool.

Romantisch – **Acaya:** Tel./Fax 809 240 61 61 od. 829 883 19 85, http://acaya.free.fr/, DZ mit Frühstück 50–86 US-$. 2 hübsche Häuser in kreolischen Kolonialstil in großem Park direkt am Strand, 20 Zimmer mit Meerblick, französische Besitzer, gutes Restaurant.

Essen & Trinken

Sand in den Schuhen – **Chez Sandro:** an der Ortseinfahrt, von El Portillo kommend, Tel. 809 240 56 06, chezsandro@hotmail.com, tägl. 8–24 Uhr, Gerichte um 350 RD-$. Unter französischer Leitung, tagsüber direkt am Strand, mittags und abends auf der gegenüberliegenden Seite der Straße. Guter Service und vorzügliche Küche.

Original italienisch – **La Campannina:** an der Ortseinfahrt, von El Portillo kommend auf der linken Straßenseite, Tel. 809 886 21 22, Pizza ca. 250 RD-$. Terrassenrestaurant mit 30 Arten von Pizza und Pasta, angeblich der beste Italiener des Ortes.

Mehr Fisch – Im Pueblo de Pescadores reiht sich ein Fischrestaurant an das nächste, z. B. **La Salsa:** hier bekommt man z. B. eine große Paella mit Meeresfrüchten für RD-$ 550. Das Restau-

rant hat nur abends geöffnet. Oder **Cayuco:** tgl. 12–23 Uhr, Hauptgerichte um 380 RD-$. Spanische Küche mit Tapas und Meeresfrüchtegerichten.
Dominikanischer ›Italiener‹ – **La Elegancia:** Calle Sánchez 48, Tel. 809 240 54 77, Do–Di, ab 19 Uhr, Pizza 200 RD-$. Kleines, dominikanisches Restaurant, dessen Mittelpunkt ein offener, gemauerter Pizzaofen ist.
Bäckerei und Konditorei – **Boulangerie Française:** Plaza Taina, tgl. 7–19 Uhr. Die Törtchen und das Gebäck schmecken hier köstlich und wer über die Neuigkeiten des Orts informiert bleiben möchte, sollte hier mindestens einmal am Tag seinen Kaffee trinken.

Einkaufen

Haitianische Malerei – **Haitian Caraibes Art Gallery:** Calle Principal 233, Mo–Sa 9–13, 16–20 Uhr. Hier wird, neben allerlei Kunsthandwerk, nicht die übliche haitianische ›Fließbandmalerei‹ verkauft, sondern Einzelstücke teilweise bekannter haitianischer Künstler, die allerdings auch ihren Preis haben. Mit klimatisiertem Humidor.
Kunsthandwerk – **Nativ' Art:** Calle Principal, Mo–Sa 9.30–13, 16–19.30 Uhr. Keine Massenware, sondern schön gefertigte, individuelle Stücke: Keramik, Schmuck und andere Souvenirs.

Aktiv & Kreativ

Tauchen – **Las Terrenas Divers:** Playa Bonita, im Hotel Bahía Las Ballenas, www.lt-divers.com. Neben den üblichen Tauch-Trips im Meer auch Süßwasser-Tauchen, Nacht-Tauchen und Exkursionen zu Höhlen. **Stellina Diving** im Hotel Las Cayenas, Tel. 809 887 5503, www.stellinadiving.com, Anfängerkurs 210 €, Tauchgang 55 €. ddd

Surfen – **Pura Vida:** mitten im Ort oder oder an der Playa del Cosón, Tel. 809 964 70 51, http://puravidaplanet.com/repdom/de/. Kiteboarding, Wakeboarding und Wellenreiten. Wellenreiten findet an der Playa Bonita statt, die Wellen sind auch eine Surfschule mit Surfbrett-Verleih für ca. 10 US-$ am Tag.
Reiten – Ausritte am Strand und Ausflüge zu Pferde zu verschiedenen Zielen sind möglich und werden von mehreren Hotels angeboten. Näheres zu Preisen und Konditionen erfährt man bei der Touristeninformation.

Abends & Nachts

Stilvolle Lounge – **Syroz Bar:** Calle Libertad, Tel. 809 868 33 90, täglich 18–4 Uhr. Beim Backgammonspiel kann man seinen Cocktail schlürfen und Jazz hören.
Latino-Ambiente – **Xa va c bon:** Pueblo de los Pescadores, Tel. 240 63 37, Mi–Mo ab 18 Uhr. Bar direkt am Meer. Hier versammeln sich diverse Gestalten, um bis spät in die Nacht zu feiern.
Am Strand – **Paco Cabana:** Calle Libertad, www.pacocabana.c.la. In diesem Beach Club kann man am frühen Abend noch gemütlich in den Armstühlen im Sand sitzen und einen Cocktail schlürfen, außerdem wird hier auch Abendessen serviert.
Merengue-Disco – **Nuevo Mundo:** an der Hauptstraße im Zentrum, tgl. ab 21 Uhr. Diese seit vielen Jahren existierende Diskothek ist eine echte musikalische In.

Infos

Touristeninformation
Calle Libertad (gegenüber der Polizei), Tel. 809 240 63 63.

Sosúa und die Küste bis Samaná

Verkehr
Flughafen: Inlandsflüge von El Portillo nach Puerto Plata und Santo Domingo.
Bus/Taxi: Kleinbusse und Taxis von Sánchez und Samaná aus.

Sánchez ▶ H 3

Wenn man Las Terrenas auf seiner südlichen, dem Gebirge zugewandten Seite verlässt, erreicht man über ein nur 15 km langes Straßenstück wieder die Stadt Sánchez und damit die große Straße nach Nagua und Santo Domingo. Diese 15 km mögen viel länger erscheinen, denn die Straße ist eng, kurvenreich und überschreitet die Höhen, die das Rückgrat der Halbinsel bilden. Auf der Passhöhe angelangt, hat man eine beeindruckende Aussicht auf den Atlantik und kurz danach auf die Bucht von Samaná.

Nach der Abfahrt erreicht man Sánchez am westlichen Ende der Stadt. Es ist heute schwer, sich vorzustellen, dass das trist erscheinende Sánchez einmal ein großer und wichtiger Verkehrsknotenpunkt war: der Endpunkt der im ausgehenden 19. Jh. gebauten längsten Eisenbahnstrecke des Landes. Aus dem Cibao kommend wurden hier im Hafen von Sánchez die Landwirtschaftsgüter umgeschlagen und exportiert.

Nationalpark Los Haitises ❗ ▶ H/J 3/4

Der zurzeit – und nicht zu Unrecht – beliebteste Nationalpark des Landes, liegt im Eck zwischen dem Festland und der Halbinsel Samaná und kann von Sábana de la Mar, von Santa Barbara de Samaná oder auch Sánchez angefahren werden (Ausflüge dorthin sind auch in Las Terrenas buchbar.) Der Park besteht aus einem weiten **Flussmündungsgebiet**, eine von zahlreichen kleinen Hügeln und Inselchen geprägte Landschaft von Wasserarmen und sumpfigem Terrain, weshalb Boote für den Besuch unerlässlich sind. In beiden Orten gibt es verschiedene Tourveranstalter sowie jeweils ein Büro der Nationalparkbehörde, das – meist über die Anbieter organisierter Touren – eine Genehmigung für den Besuch ausstellt. Ein Besuch auf eigene Faust ist nicht möglich.

Im Bergland

Der Name Haitises ist ein Taino-Wort, das etwa ›Berge‹ oder ›Bergland‹ bedeutete und auch im Namen der Nachbarrepublik Haiti enthalten ist. In Bezug auf den Nationalpark verweist das Wort auf eine geologische Besonderheit des 208 km^2 großen Gebietes: die große Zahl der *mogotes* genannten Karstkuppen, die meist 200 bis 300 m aus dem Wasser herausragen. Sie bestehen aus Korallenkalk, der durch frühe vulkanisch-tektonische Bewegungen in die Höhe gedrückt wurde. Obwohl die ganze Gegend aufgrund häufiger Niederschläge und Nebel sehr feucht ist, gibt es auf den *mogotes* keine Wasserstellen, denn die Feuchtigkeit sickert rasch durch das poröse Kalkgestein ab.

Flora und Fauna im Nationalpark

Dennoch ist die ganze Gegend – auch die Kuppen der *mogotes* – mit dichter tropischer Vegetation bewachsen: ein undurchdringlicher immergrüner Regenwald mit zum Teil seltenen Palmenarten, überwuchert von Schlingpflanzen. An Bäumen findet man hier unter anderem Zedern, Kapokbäume, Mahagoni, rote und weiße Mangroven sowie unterhalb der Baumetage verschiedene Farne, Bromelien und Bambusarten. Die Tierwelt weist na-

Nationalpark Los Haitises

Beeindruckende Karstinseln im Nationalpark Los Haitises

hezu alle auf Hispaniola vorkommenden Arten auf: braune Pelikane, Fregattvögel, Eulen, Kormorane, blaue Reiher, Sittiche, eine endemische Bussardart und, wenn auch selten, den endemischen **Papagei** *(perico)*. Ebenso schwer zu sehen sind die zwei einheimischen Säugetiere, die **hutia** und der **soledon** (Schlitzrüssler). Die **manatís** (Seekühe) sind aus dem Gebiet beinahe verschwunden. Das Aufspüren der Tiere ist mehr oder minder Glückssache und hängt vom Geschick des Führers ab.

Die Felsbilder der Tainos

Zusätzlich findet sich in diesem Nationalpark ein ausgedehntes **Höhlensystem,** das der Urbevölkerung als Unterschlupf diente: Kalkstein-Formationen sind hier zu sehen, vor allem aber Felsenbilder, die in dieser Gegend nicht nur Gesichter, sondern auch Tiere – Vögel, Walfische etc. – zeigen. Diese daher als besonders geltenden Höhlen werden als **heilige Orte der Tainos** angesehen, die hier als versprengte Gruppen noch das ganze 16. Jh. gelebt haben sollen. Als wichtigste Höhle in diesem Sinn gilt die **Cueva de La Linea** mit ihren Felsbildern.

Aktiv & Kreativ

Touren durch den Nationalpark – **Moto Marina:** Santa Bárbara de Samaná, Av. de Malecón 3, Tel. 809 538 23 02; **Paraíso Caño Hondo:** Sábana de la Mar, Los Haitises, Sábana de la Mar, Tel. 809 248 59 95, www.paraisocanohondo.com (s. S. 205, Sábana de la Mar); weitere Anbieter auch in Las Terrenas und Sánchez.

Das Beste auf einen Blick

Der Osten

Highlights !

Die Cueva de Maravillas: Die ›Höhle der Wunder‹ östlich von San Pedro de Macorís ist eine imposante Touristenattraktion: ein riesiges System von Tropfstein-Sälen mit zahlreichen Taino-Felszeichnungen, stimmungsvoll erleuchtet und bequem begehbar. S. 230

Playa de Bávaro: Der Strand ist das Herzstück der ›Costa de Coco‹, das sich über 50 km erstreckende, beliebteste Feriengebiet des Landes. Großhotels bestimmen das Bild, dazu gibt es einiges, was das Strandglück vervollkommnet: z. B. das letzte verbliebene Dorf der Küste, El Cortecito. S. 243

Auf Entdeckungstour

Altos de Chavón: Ein Bilderbuchdorf über dem Chavón, aus Feldsteinen gebaut wie in der Provence, mit Arkaden wie in Italien und einem Amphitheater wie in Griechenland. Ein ›mediterranes‹ Dorf. Aber unecht, 1976 von zwei Architekten erfunden. S. 232

Boca de Yuma: Ein kleines verträumtes Fischerdorf an der Mündung des Yuma, abseits des Massentourismus: In den kleinen *comedores* werden frische Langusten zubereitet, mit Booten kann man den Yuma befahren und der nahe Parque Nacional del Este lädt zum Wandern ein. S. 238

Kultur & Sehenswertes

Casa de Ponce de León: In San Rafael de Yuma steht eines der ersten Bauwerke der Kolonie: ein festungsartiges Haus, das die Jahrhunderte fast unversehrt überstanden hat. Eingerichtet wurde es mit Möbeln aus der Zeit des Kolumbus. S. 240

Aktiv & Kreativ

Beim **Tauchen** an der Südostküste lässt sich eine spannende Unterwasserwelt mit versunkenen Wracks, Höhlen und Riffen erkunden. Ein besonderer Leckerbissen: der **Parque Nacional Submarino**. S. 223

Isla Saona: Jeden Morgen fährt von Bayahibe aus eine meist feuchtfröhliche Karawane von Booten zur Isla Saona. Man kann aber auch mit einem Bootsführer einen persönlichen Trip verabreden und die Insel außerhalb der üblichen Tageszeiten besuchen. S. 234

Genießen & Atmosphäre

In **Boca Chica** laden drei luftige Restaurants auf Holzstegen mit weiß gepolsterten Liegen und Armstühlen zum Relaxen ein: Hier kann man einen Drink oder ein gutes Essen genießen, während unter den Füßen die Wellen schwappen.

Wer es lebhafter mag, kann am Strand des Ortes in den Trubel des Wochenendvergnügens dominikanischer Familien eintauchen: Musik, ein Picknick und vor allem viel Rum gehören dazu. S. 224, 225

Abends & Nachts

Boca Chica: Für ein boomendes Nachtleben wird hier abends die Hauptstraße gesperrt. Etwas dörflicher, aber äußerst belebt geht es in **Bayahibe** zu, wo wohl der verrückteste Gemischtwarenladen des Landes die Feiernden mit lauter Musik und Getränken versorgt. S. 226 und S. 234

Badeorte und Zuckerrohrland

Der größte Teil des Ostens besteht aus flachem Karst – eine Ebene, die nur hier und da durch gering gestufte Senken, Höhen oder durch Vegetationsinseln unterbrochen wird. In den weiten Flächen weideten schon Rinder, die Kolumbus selbst in die Neue Welt gebracht hatte. Heute sind es die anspruchslosen, sanftmütigen Zeburinder aus Asien, die in weiten Umzäunungen grasen oder mittags im Schatten vor sich hin dösen. Erst zu Beginn des 20. Jh. entdeckte man eine profitablere Form der Landnutzung: Zuckerrohr. Die ausgewählten Sorten gediehen auf dem trockenen Karstboden und warfen so hohe Gewinne ab, dass Städte wie San Pedro de Macorís und La Romana bald zu den wichtigsten des Landes zählten. Heute sind die Weltmarktpreise allerdings so niedrig, dass Zucker ein Zuschussgeschäft wird – doch die wogenden Rohrfelder neben den Straßen, die riesigen Zuckerfabriken von San Pedro und La Romana zeigen, dass sich die Dominikaner nicht vom Zucker trennen können.

Einige Kilometer weiter in Richtung Osten hat ein neueres Gewerbe das Sagen: der Tourismus. Punta Cana hat zusammen mit seiner modernen Erweiterung Cap Cana entlang der Ostküste eine riesige, ununterbrochen bebaute Zone entstehen lassen, ganz ausgerichtet auf Dienstleistungen für die Hotelkomplexe, die abgeschottet von ihrer Umgebung den größten Teil des Ferienlebens auf die in Poolgärten verstreuten Bungalows und mit Palmen bestückten Strände beschränken. Nur leise hört man die Mahnungen, dass hier Ressourcen – Wasser, Strom, Nahrungsmittel – verschleudert werden, die anderswo im Lande fehlen.

Ganz am Rande des Landes der Rinderweiden und der Zuckerrohrplantagen findet man aber auch im Osten der Republik eine Landschaftsgestaltung und Wirtschaftsweise, die als spezifisch karibisch und dominikanisch gelten kann: Hier produziert die kreolische Mischkultur auf Landflecken in der Nähe kleiner Einzelgehöfte in einem bunten Durcheinander das, was sie selbst verzehren – in einem Rhythmus der Pflanzungen, der so abgestimmt ist, dass zu jeder Jahreszeit etwas auf den Tisch kommt und auch auf den Markt.

Das feuchte und immergrüne Bergland der Ostkordilleren im Gebiet von Miches und Sábana de la Mar, die entlang der Bucht von Samaná verlaufen, lässt diese Form von Landwirtschaft und Lebensstil besonders gut gedeihen.

Infobox

Anreise und Weiterkommen
Der Osten ist die Ferienregion schlechthin und wird sowohl über den Flughafen Santo Domingo als auch den in La Romana bedient. Von dort fahren – wenn man nicht von seinem Hotelresort abgeholt wird – Taxis die einzelnen Urlaubsorte an.

Nach La Romana

La Caleta und der Parque Submarino ▶ H 5/6

Man verlässt Santo Domingo in Richtung Osten, indem man meist auf der Puente Mella den Ozama überquert

La Caleta und der Parque Submarino

Es lässt sich einiges entdecken in den Welten des Parque Nacional Submarino

und die nun zur Autobahn ausgebaute Straße zum Flughafen nimmt. Ein erster Stopp lässt sich bereits auf der Höhe der Ausfahrt zum Flughafen einlegen: In dem unmittelbar davor an der Küste gelegenen Ort **La Caleta** wurde ein **Archäologischer Park** (Parque Archeológico) um die hier gefundenen Gräber von 31 Tainos mit zahlreichen Artefakten eingerichtet. Die Fundstelle wurde überdacht und ist jetzt ein **Museo-Panteón**, allerdings in nicht besonders gutem Zustand.

Zu den menschlichen Skeletten gehört auch das eines hundeähnlichen Tieres, angeblich die Überreste eines ›stummen Hundes‹, von dessen Existenz schon Kolumbus erstaunt in seinem Bordbuch berichtet hatte. Die Grabbeigaben waren in der Vergangenheit häufig gefälscht und an Touristen verkauft worden; solche Repliken werden noch immer angeboten, doch jetzt meist als dominikanisches Kunsthandwerk.

Unterwasserwelten

Erheblich mehr Touristen zieht der Ort La Caleta aber durch seinen der Küste vorgelagerten Nationalen Unterwasserpark, den **Parque Nacional Submarino** an, ein zum Teil durch die absichtliche Versenkung von Schiffen und von Zubehör wie alten Ankern oder Kanonen geschaffenes Tauchrevier. Das bekannteste hier liegende Wrack ist das der Hickory, das Schiff eines nordamerikanischen Schatzsuchers, das 1984 an dieser Stelle als künstliches Riff versenkt worden war. Es ist nun mehr und mehr zu einem Teil dieser Unterwasserwelt geworden, die sich vor der Küste in verschiedenen Tiefenstufen vor allem zwischen 10 und 50 m ausbreitet, in einzelnen Zonen aber auch die Tiefe von 180 m erreicht. Damit können bei einem Tauchausflug gleich mehrere ökologische Zonen erreicht werden, die unterschiedliche Gemeinschaften von Korallen und Meeresbewohnern beheimaten.

Der Osten
Boca Chica ▶ H 5

Kurz hinter dem Flughafen folgen zwei weitere Ausfahrten, die beide nach Boca Chica führen: Über die erste gelangt man zu dem traditionellen Ortteil **San Andrés** mit seiner Zuckermühle, der Touristen außer einigen Geschäften wenig bietet. Nimmt man die zweite Ausfahrt, erreicht man den von Korallenriffen umgebenen Badeort Boca Chica. Er wurde schon zu Trujillos Zeiten heißgeliebt und auch von dem Diktator selbst favorisiert. Heute lebt Boca Chica von verschiedenen sehr konträren Urlaubergruppen: Zum einen tummelt sich hier eine internationale Szene von Müßiggängern und Nachtschwärmern, d. h. eine kleine Boheme-Szene, zu der sich ein internationales Set an Sextouristen gesellt, ein Substrat des ›Verruchten‹, das durch ein im Jahr 2000 aufgelegtes Sanierungsprogramm vertrieben oder entschärft werden sollte. Zum anderen liebt auch die dominikanische hauptstädtische Mittelschicht Boca Chica seit Jahrzehnten als ihre nah gelegene warme ›Badewanne‹ und macht es zum Inbegriff des Kleintourismus und Wochenendvergnügens. Hinzu kommen Pauschalurlauber in den großen Resorts am westlichen wie am östlichen Rande des Ortes.

Strandtrubel

Der Strand im Ort selbst ist schmal und wird durch die Lautsprecher von vielen Restaurants beschallt – eine auch tagsüber belebte Partymeile mit Restaurants, Bars, Liegestuhlvermietern. Weiter in Richtung Santo Domingo folgt dann ein breiter und dicht bevölkerter Strand, der von den All-inclusive-Resorts und anderen größeren Hotelanlagen beherrscht wird. Schließlich gelangt man an einen Küstenteil mit nur schmalen Sandstreifen, der mit ausgebleicht-bunten Tischen und Stühlen zugestellt ist; hier richten sich, vor allem am Wochenende, die Hauptstädter mit ihren Familien ein. Die Väter

Am Strand von Boca Chica wird garantiert niemand ertrinken

Boca Chica

trinken reichlich Bier, die Mütter überwachen die badenden Kinder mit ihren aufgepumpten Autoschläuchen. Merengue-Musik, Kindergeschrei, die Rufe der Eis- und Limonadenverkäufer und die brütende Hitze ergeben eine fast psychedelische Mischung. An Wochenenden, wenn sich dominikanische Familien und ausländische Touristen mischen, ist Boca Chica ein wahrhaft kurioses Erlebnis.

Übernachten

Das Angebot ist reichlich; an der westlichen und an der östlichen Strandseite Boca Chicas gibt es Großhotels.
Traditionshotel – **Be live Hamaca:** am östlichen Ende der Calle Duarte, Tel. 888 774 00 40, www.oasishamaca.com, all-inclusive, DZ ab ca. 80 US-$. Ein gewaltiger, aus Trujillo-Zeiten stammender sandfarbener Bau mit 600 Zimmern, direkt am Meer gelegen; alle Annehmlichkeiten. Wen der Massenbetrieb und die Flughafen-Nähe nicht stören, ist hier gut aufgehoben. Hier können diverse Ausflüge gebucht werden.
Großanlage – **Don Juan Beach Resort:** Calle Duarte (westlich von Zentrum), Tel. 809 687 91 57, Fax 809 688 52 71, www.donjuanbeachresort.com, 3) DZ ca. 200 US-$. 225 Zimmer in verschiedenen Gebäuden, mit direktem Strandzugang und Pool. Großanlage mit All-inclusive-Regelung, das auch von Individualtouristen gebucht werden kann.
Abseits mit Meerblick – **Neptuno's Refugio:** hinter dem Hotel Oasis Hamaca, Calle Duarte 17, Tel. 809 523 99 34, www.dobrick.de/neptuno.htm, DZ ab 60 US-$, Apartment 70–120 US-$. 6 Zimmer und 10 Apartments, teilweise mit schönem Balkon mit Sicht über die Bucht von Boca Chica. Ruhig gelegen, Garten mit Bar und Pool.

Direkter Strandzugang – **Hotel Zapata:** Calle Abraham Núñez 27, Tel. 809 523 47 77, Fax 809 523 55 34, www.hotelzapata.com, DZ ab 65 US-$. Etwas ruhiger gelegen, 22 Zimmer mit Balkon in 2 Gebäuden. Der Strand befindet sich direkt vor der Tür.
Familiär und nett – **Casa Coco:** Calle Domínguez 8, Tel. 809 523 44 09, www.casacoco.net.tc, DZ 35 US-$. Sympathisches kleines Hotel unter französischer Leitung, mit kleinem Pool, gutem Frühstück, Abend- und Mittagessen auf Wunsch.

Essen & Trinken

Nobel und stimmungsvoll – Hinter dem Oasis-Hamaca-Resort in der Calle Duarte befinden sich drei schicke Restaurants/Bars auf Stelzen direkt über dem Meer: Das bekannteste ist das **Neptuno's**, Tel. 809 523 47 03, mit Hauptgerichten um die 25 US-$. Dahinter liegt das etwas preiswertere **Boca Marina:** An das Beach-Resort angeschlossen ist das ebenso schöne **El Pelicano**.
Bewährt und gemütlich – **Pequeña Suiza:** Calle Duarte 56, Tel. 809 523 46 19, www.pequenasuiza.com, Gerichte ca. 12 US-$, einfache DZ 20–25 US-$. Beliebtes italienisches Restaurant mit behaglichem Innenhof und kleiner Pension, aber auch Tischen draußen, mitten auf der Bummelmeile. Die Zukunft des Restaurants ist noch nicht abzusehen, da es gerade zum Verkauf steht.
Mit den Füßen im Sand – **El Puerco Rosado:** Calle Pedro Mella 1 (westlich vom Zentrum am Strand), Tel. 809 523 43 07, Hauptgerichte 9–18 US-$. Betriebsames Strandrestaurant mit italienischer Küche.
Typisch dominikanisch – **Fernando's Café:** Calle Pedro Mella 3, Tel. 809 523 49 39, tgl. 12–22 Uhr, Hauptgerichte 5–9 US-$. Einfaches dominikanisches

Der Osten

Speiselokal, das insbesondere Fisch in großen Portionen, dazu Reis, Bohnen oder Kochbananen serviert.

Einkaufen

Das Geschäftsleben konzentriert sich auf die Calle Duarte, die tagsüber zum Bummeln in den zahlreichen und unübersehbaren Souvenirläden einlädt.

Aktiv & Kreativ

Surfen – Gute Bedingungen besonders für unerfahrene Windsurfer herrschen in der **Bucht von Boca Chica** (Equipment-Verleih in großen Hotels, z. B. dem Don Juan Beach Resort). Außerhalb der geschützten Zone kann man (Gerüchten zufolge) gut Wellenreiten, man muss jedoch lange auf dem Board zu einer Sandbank paddeln.
Tauchen – **Caribbean Divers:** Calle Duarte 28, www.caribbeandivers.de, Tel. in Deutschland: 09429 86 12, Tel. vor Ort: 809 854 34 83. Deutschsprachige Tauchbasis, Tauchgänge zu verschiedenen Wracks und Korallenriffs, auch nach La Caleta.

Abends & Nachts

Das Herzstück Boca Chicas, die **Calle Duarte**, wird abends für den Verkehr gesperrt und blüht mit den vielen Bars und Diskotheken zur Flaniermeile auf (z. B. **La Cueva, Madhouse, La Noria, Mango's Laser Disco, Route 66, Disco Club Austria**, der alle Bundesligaspiele zeigt). Neben den gewöhnlichen Touristen, die sich das Spektakel ungläubig ansehen, finden die Prostituierten hier ihre Freier. Nach Mitternacht füllt sich die Straße mit ansässigen Dominikanern, die in der Gastronomie arbeiten, bis 4 Uhr nachts erscheint die Calle Duarte an manchen Tagen als eine einzige große Freiluftdisco.

Wer ein elegantes und ruhiges Ambiente vorzieht, kann abends auf weißen Liegen auf den Holzkonstruktionen über dem Meer in den drei Bars hinter dem Oasis Hamaca (**Neptuno's, Boca Marina, El Pelicano**) einen (teuren) Cocktail schlürfen.

Infos

Touristeninformation
Calle San Rafael (Plaza Turística), Tel. 809 523 51 06.
Internet: www.bocachicabeach.net, www.bocachicaservice.com.

Anreise & Verkehr
Bus: Bis in die Nacht verkehren auf der Av. de 20 Diciembre die Minibusse nach Santo Domingo und (seltener) nach La Romana.

Juan Dolio und Guayacanes ▶ J 6

Juan Dolio und das im Westen direkt anschließende Städtchen Guayacanes sind kaum mit Boca Chica zu vergleichen, das nur 25 km entfernt liegt. Sie waren am offenen Meer gelegene Fischerdörfer, die erst mit dem internationalen Tourismusboom ›entdeckt‹ wurden. Der eigentliche touristische Schwerpunkt der Orte sind die All-inclusive-Hotels im östlichen Teil, die jedoch in den letzten Jahren nicht mehr gut besucht waren. In dem davon weniger berührten westlichen Teil hat sich ein bescheidener lokaler Tourismus erhalten. Ausländische Individualtouristen, Traveller und junge Dominikaner bilden ein gemischtes Publikum. Allerdings scheint sich auch hier der

Juan Dolio und Guayacanes

Sextourismus auszubreiten. Im Vergleich zu Boca Chica sind die beiden Orte angenehm ruhig und beschaulich, man darf sich aber auch hier keine Fischerorte mit Dorfstruktur mehr vorstellen. Juan Dolio besteht in erster Linie aus einer weit gestreckten Hauptstraße, die sich am Meer entlangzieht und von einzelnen Hotels, Bars und Geschäften gesäumt ist.

Übernachten

Kleinere Hotels für den Individualtourismus findet man in Guayacanes und im Westen von Juan Dolio. An der Küstenstraße von West nach Ost liegen:
Traveller-Hotel mit indischem Flair – **Fior di Loto:** Calle Central 517, Tel. 809 526 11 46, Fax 809 526 33 32, www.fiordilotohotel.com, DZ 15–30 US-$, Apartments 40 US-$. Gefällige, verspielte Exotik mit indischem Mobiliar, Wandteppichen und entsprechenden Malereien, in luftigem Gebäude voller Gänge und Terrassen; großer Yogaraum in der obersten Etage, die freundliche Gastgeberin Mara, die verschiedene Hilfsprojekte in Indien leitet, versprüht hier ›gute Vibrationen‹. 25 Zimmer, von denen keines dem anderen gleicht, Internet, Jacuzzi.
Dominikanisches Ferienhotel – **Don Pedro:** zentral gelegen, Calle Marina 40, Tel. 809 526 21 47, DZ 25 US-$. Der Pionier des Tourismus in dieser Gegend wirkt heute sehr bescheiden. Sehr einfache Zimmer und eine kleine Bar gegenüber direkt am Meer.

Essen & Trinken

Für Genießer – **Deli Swiss:** Guayacanes, Calle Central 338, Tel. 809 526 12 26, http://deli-swiss-restaurant.com, Mi–So 11–22 Uhr, Gerichte um 18 US-$. Mit

Postkartenreif: der Strand von Guayacanes

Der Osten

selbst gebackenem Brot, einem für das Land einmaligem Weinsortiment und frischem Fisch hat sich ein Schweizer Tausendsassa einen küstenweiten Ruf erworben.
Fidel – **El Bambú:** Calle Principal 48, Tel. 809 526 19 01, Grillplatte 8 US-$, auch Zimmer zu 25 US-$. Kneipe unter Palmendach, tagsüber Snackbar, wandelt sich das El Bambú abends zum Restaurant, und später zur Nachtbar (mit Billardtisch).
Musik und Girlanden – **El Sueño:** Calle Principal, Tel. 809 526 39 03. Di–So 12–15.30, 19–22 Uhr, Gericht ca. 5–10 US-$. Großes und beliebtes italienisches Restaurant, an manchen Abenden mit Beschallung durch einen italienischen Schlagersänger mit Hammondorgel. Man sitzt im Freien gegenüber vom Meer und genießt Fisch und Spaghetti.

Einkaufen

Vor den großen Hotelkomplexen westlich des Ortes finden sich verschiedene Läden und Internetcafés.

Aktiv & Kreativ

Tauchen – In fast allen großen Hotels befindet sich ein Tauchzentrum. Die größte Tauchbasis ist **Neptuno's Dive Center** (deutschsprachig) am Strand der Hotels Barceló Capella und Barceló Talanquera, www.neptunodive.com.
Golf – **Guavaberry Golf & Country Club:** Am östlichen Teil zwischen den großen Hotelresorts kann man auf dieser 18-Loch-Anlage den Golfschläger schwingen. Auch **Reiten** ist hier möglich.
Surfen – Windsurfen und Wellenreiten kann man an den Stränden westlich von **Juan Dolio** und **Guayacanes.** Die Ausrüstung ist in den meisten großen Resorts zu bekommen.

Abends & Nachts

Billard und Drinks – **Mata Pollo:** Bar mit lebhaft-lautem Ambiente, bei Einheimischen und Touristen beliebt, am Meer gelegen.
Freiluftdiskothek – **El Batey:** beim Hotel Decameron, Autopista de las Américas, am Wochenende ab 21 Uhr. Merengue und Salsa bis in den Morgen.
Im Las-Vegas-Stil – **Casino im Resort Coral Costa Caribe:** mit Livemusik, tgl. 20–4 Uhr.

Infos

Auf der Hauptstraße fahren **Minibusse** (allerdings weniger als in Boca Chica) vor allem nach Santo Domingo, einige wenige auch nach La Romana.

San Pedro de Macorís ▶ J 5

San Pedro ist eine touristisch weniger bekannte Stadt, die jedoch wegen ihrer Einwohnerzahl – mit 219 000 Menschen ist sie die drittgrößte der Republik – und ihrer wirtschaftlichen Bedeutung eine große Rolle spielt. Zu dieser Stellung verhalf ihr die Zuckerindustrie, die auch heute das Umland prägt; sie kam zwischen 1870 und 1920 dank der Einwanderung reicher kubanischer Flüchtlinge in Schwung.

Die guten Böden und der exzellente Flusshafen am Río Higuamo trugen das ihre dazu bei. Die Stadt wurde zum ersten und lange Zeit wichtigsten Ort der dominikanischen Zuckerproduktion. Die hohen Zuckerpreise während des Ersten Weltkrieges machten die Stadt so reich, dass noch heute von dem ›Tanz der Millionen‹ gesprochen wird. Dem Mangel an Arbeitskräften half man damals ab, indem man Einwanderer von den briti-

San Pedro de Macorís

schen Jungferninseln kommen ließ. Diese *cocolos* genannten Menschen verleihen mit ihren Tänzen und ihrer Musik der sorgfältig gehegten Folklore eine besondere Note (s. Feste S. 230).

San Pedro hat den im 20. Jh. folgenden Niedergang überwunden und ist noch heute eine geschäftige Stadt mit nicht besonders viel Charme, deren wichtigste Attribute der **Flusshafen**, eine der größten zollfreien Industriezonen und eine Universität sind. Von Westen kommend, führt die Straße über die **längste Brücke der Karibik**, die auf 606 m den Río Higuamo überwindet, in die Stadt. San Pedro de Macoris lässt sich aber auch nördlich auf der Autobahn, die mittlerweile bis kurz vor La Romana reicht und weiter bis zum Flughafen Punta Cana ausgebaut wird, umfahren.

Zucker spielt in der Wirtschaft der Stadt wie überall im Land heute eine geringe Rolle, doch die **Zuckerfabrik Porvenir** ist noch immer eine der größten des Landes und kann nach Absprache besichtigt werden. Für die Dominikaner ist San Pedro vor allem die Hauptstadt des dominikanischen Baseball, aus der eine ganze Reihe international bekannter Spieler hervorgegangen ist, namentlich Samuel Sosa Peralta, dessen Erfolg in den USA den Ballsport in der Dominikanischen Republik populär gemacht hat.

Übernachten

Hotel mit Fachschule – **Macorix:** Calle Gaston F. Deligne (Malecón), Tel. 809 339 21 00, Fax 809 529 92 39, DZ 3600 US-$, auch All-inclusive-Angebote. 170 Zimmer. Das Ganze ist eine Art ›Übungsgelände‹ der angeschlossenen Hotelfachschule, der Service wird hier direkt am Gast geprobt. Pool, Tennisplatz, Diskothek, Restaurants, jedoch kein Strand.

All-inclusive – **Santana Beach Resort:** abseits der Straße nach La Romana, Tel. 809 412 10 10, www.playasantana.com. Strandhotel mit allem Komfort, 400 Zimmer und Kasino.

Essen & Trinken

Mittagsbüfett – **Macorix:** im gleichnamigen Hotel: Mittagsbüfett inklusive Getränken ca. 9 US-$. Auch Nicht-Hotelgäste können sich hier preisgünstig an der Speiseauswahl im schattigen Garten bedienen.

Der Traditions-»Italiener« – **Portofino:** am Malecón, unweit des Hotels Macorix, Tel. 809 526 61 06. Di–So 11–24 Uhr. Fisch und Paella ab 7 US-$.

Kutschfahrt durchs Zentrum

Das Zentrum von San Pedro ist eines der besten Beispiele des ›viktorianischen‹ Baustils, eine Form des kunterbunten Neoklassizismus, mit dem die reichen dominikanischen Bürger um 1900 ihre Weltläufigkeit demonstrierten. Viele der Prunkgebäude wurden renoviert, sodass sich ein Spaziergang oder eine Kutschfahrt entlang der Flusspromenade und der ins Zentrum führenden Hauptstraße Calle Duarte durchaus lohnen.

›Leckerbissen‹ sind das **Feuerwehrhaus** (Calle Duarte 46) und die neogotische Kirche **San Pedro Apóstol** (Calle Dominguez Charro), die wegen ihrer schönen Glasfenster, dem prunkvollen Altar aus Mahagoni und der verzierten Kanzel einen Kurzbesuch wert ist.

Der Osten

Der Momise-Tanz ist eine regionale Besonderheit von San Pedro de Macorís

Infos

Touristeninformation
Calle Dominguez Charo 8, Tel. 809 529 36 44.

Feste & Festivals
Karneval: Auch hier gibt es im Feb. ein lohnendes Karnevalsfest. Zu den Feierlichkeiten tanzen, wie auch beim Patronatsfest der Stadt am 29. Juni, die *cocolos* – bzw. ihre erklärten Nachkommen – den Momise-Tanz, auch *guyola* genannt, in bunten Kostümen.

Cueva de Maravillas ❗ ▶ J 5

Tel. 809 390 81 86, Di–So, 9–17 Uhr, 300 RD-$ inkl. ca. 40 min. Führung (obligatorisch)
Wenige Kilometer östlich von San Pedro de Macorís an der Landstraße nach La Romana kann man die – unübersehbar ausgeschilderte – Cueva de Maravillas, die ›Wunderhöhle‹, besuchen, ein beeindruckendes Höhlensystem mit über 500 Felsmalereien der Tainos. In kleinen, gut geführten Gruppen werden die Besucher über befestigte Wege durch die schön erleuchteten Tropfstein-Säle geführt.

La Romana ▶ K 6

Der Name der Stadt stammt angeblich von einer im Hafen benutzten **römischen Waage**. Seinen Aufschwung verdankt der zunächst unbedeutende Ort der 1876 zur Zeit des Zuckerbooms errichteten Zuckermühle, die bis heute die Stadt beherrscht: die Central de la Romana. Mit ihr hat La Romana der Konkurrentin San Pedro de Macorís den Rang als Zuckermetropole des Ostens abgelaufen. Obwohl die Zuckerfabrik seit ihrer Übernahme durch einen nordamerikanischen Konzern 1911 wiederholt um ihre Existenz ringen musste und immer wieder verkauft wurde, wuchs La Romana in wenigen Jahren zur drittgrößten Stadt des Landes an.

Wichtigster privater Arbeitgeber bleibt die Central, doch der inzwischen dominikanische Konzern unter der aus Kuba stammenden Familie Franjul baut ein zusätzliches Standbein im Tourismusgeschäft auf und ist maßgeblich am größten Hotelkomplex des Landes, der östlich der Stadt gelegenen Casa de Campo beteiligt. Trotz dieses Hotels der Superlative bietet La Romana für eine Stadt dieser Größe erstaunlich wenig touristische Infrastruktur.

Es lohnt ein Rundgang durch das historische Zentrum, in dem sich noch viele der farbenfrohen **alten Holzhäuser** aus der Zeit des Zuckerbooms erhalten haben. Als Ausgangspunkt kann der beschauliche Hauptplatz, der **Parque Duarte**, dienen, an dem sich die Kirche Santa Rosa de Lima befindet. Dahinter liegt der **Mercado Municipal**.

Übernachten

Ordentliches Alltagshotel – **River View:** Calle Restauración 17, Tel. 809 556 11 81, hotelriverview@gmail.com, DZ 1300 RD-$. Angenehmes, sauberes und sachliches Hotel, guter Service, kabelloses Internet, Parkplatz auf der Rückseite. 38 Zimmer, Gäste sind vor allem dominikanische Geschäftsreisende.

Essen & Trinken

Gutes Frühstückscafé – **Trigo de Oro:** Calle Eugenio Miranda 9, Tel. 809 550 56 50, Mo–Sa 7–21, So 7–13 Uhr. Beliebtes Bistro mit französischer Bäckerei und Konditorei, tagsüber Sandwiches.

Mit Blick über den Fluss – **Pizzeria al Río:** Calle Restauración 43, Tel. 809 550 91 09, Mo, Mi–Fr 12–15, 18.30–23 , Sa, So 18.30–23 Uhr, Di geschlossen, Pizza ab 200 RD-$. Terrassenrestaurant mit Aussicht auf den Río Dulce.

Infos

Verkehr
Überlandbusse: von La Romana nach Santo Domingo und Higüey. Auch Bayahibe wird von Minibussen angefahren.
Flughafen: Aeropuerto La Romana.

Nach Higüey

Casa de Campo ▶ K 6

Casa de Campo, das am östlichen Stadtrand von La Romana gelegene ›Landhaus‹, bezeichnet sich selbst als die kompletteste, in ihrer Ausdehnung größte, aber auch exklusivste Ferienanlage der ganzen karibischen Inselwelt. In der Tat braucht man das Riesengelände nie zu verlassen, denn es bietet alles, was man sich denken kann: Neben den Villen und Hotelhäusern 10 internationale Restaurants, Diskotheken und Kneipen, Massageund Schönheitssalons, drei Golfplätze, 60 Schießstände, Pferde – und natürlich Strand und Meer, ganz nach Wunsch mit Felsen oder Sand. Das Gelände, auf dem die Bungalows, Hotelgebäude, Sportmöglichkeiten und Dienstleistungsbetriebe verstreut sind, ist so gewaltig, dass man eigene Buslinien oder private Wägelchen braucht, um sich fortzubewegen. Es passt ganz zu dieser Ansammlung der Superlative, dass das Hotel ein eigenes Künstlerdorf als Sehenswürdigkeit ▷ S. 234

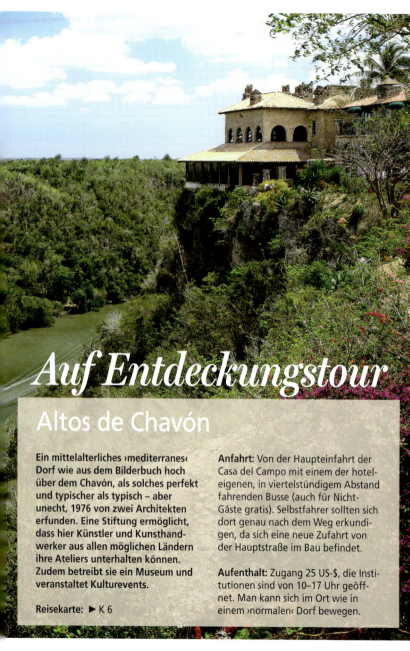

Auf Entdeckungstour

Altos de Chavón

Ein mittelalterliches ›mediterranes‹ Dorf wie aus dem Bilderbuch hoch über dem Chavón, als solches perfekt und typischer als typisch – aber unecht, 1976 von zwei Architekten erfunden. Eine Stiftung ermöglicht, dass hier Künstler und Kunsthandwerker aus allen möglichen Ländern ihre Ateliers unterhalten können. Zudem betreibt sie ein Museum und veranstaltet Kulturevents.

Reisekarte: ▶ K 6

Anfahrt: Von der Haupteinfahrt der Casa del Campo mit einem der hoteleigenen, in viertelstündigem Abstand fahrenden Busse (auch für Nicht-Gäste gratis). Selbstfahrer sollten sich dort genau nach dem Weg erkundigen, da sich eine neue Zufahrt von der Hauptstraße im Bau befindet.

Aufenthalt: Zugang 25 US-$, die Institutionen sind von 10–17 Uhr geöffnet. Man kann sich im Ort wie in einem ›normalen‹ Dorf bewegen.

Eine ›mediterrane‹ Enklave am Río Chavón

Der Ort ist eine Überraschung: Auf der Anhöhe über der engen Biegung des smaragdgrünen Chavón liegt ein idyllisches Dorf, das ganz und gar nicht dominikanisch erscheint. Gebaut aus Feldsteinen wie in der Provence, von Arkaden beschattet wie in Italien und sogar mit einem Amphitheater wie in Griechenland. 1976 wurde es gegründet, aus schweren Steinquadern errichtet, mit verwinkelten Gassen, brunnenbewehrten Plätzen und herrlichen Ausblicken auf den Río Chavón, der sich unterhalb des auf einer Anhöhe gelegenen Dorfes durch Palmenwälder windet. Ein derzeit verschwundener Mississippi-Raddampfer, der spektakulär durch die Flusswindungen fuhr, passte bestens zu diesem Spiel des Authentisch-Unauthentischen, das sich in allen Details wiederholt. So gehören zur Ausstattung des künstlichen Dorfes auch die **Dorfkirche San Estanislao**, zu deren Einweihung der Papst eine Figur des Heiligen beisteuerte, und das in eine Senke eingepasste **Amphitheater** mit 5000 Plätzen, das mit einem Frank-Sinatra-Konzert eingeweiht und auch von der Stimme Julio Iglesias' beschallt wurde. Aber auch eine **Schule für Design,** Ableger einer namhaften Schule aus New York (Parsons School of Design, www.altosdechavon.com), die Ausbildungsprogramme in verschiedenen Größenordnungen anbietet, eine Galerie, die ausländische und dominikanische Künstler und Designer vorstellt, sowie das **Museo de Arte Prehispánico** mit 3000 sehenswerten Funden aus der Taino-Kultur (10–17 Uhr, Eintritt frei) ergänzen das Bild.

Dass allerdings auch der kommerzielle Faktor wichtig ist, zeigen die teuren Andenkenläden, mit individuell gefertigtem Kunsthandwerk, Boutiquen mit hier hergestellter Designerkleidung, die zahlreichen Restaurants, Bars und sogar Diskotheken, die das touristische Publikum zum Kauf und Konsum anregen.

Zucker und Kultur

Auch die Geschichte des Baus und die Finanzierung haben ihre sehr realen und irrealen Seiten. Altos de Chavón ist verwaltungsmäßig Teil des riesigen Areals der Casa de Campo, die dem US-amerikanischen Multi-Konzern Gulf & Western gehört. Es war damals vor allem auf Zucker gebaut und betrieb die größte dominikanische Zuckerfabrik in der nahe gelegenen Stadt La Romana – man kann daher sagen, dass das exquisite Ambiente von Altos de Chavón mit dem Blut und Leben haitianischer Zuckersklaven bezahlt wurde. Vielleicht steckt tatsächlich ein Stück schlechtes Gewissen dahinter, dass in Altos de Chavón einiges vom Zucker-Geld für soziale und kulturelle Projekte ausgegeben wird, namentlich für die Ausbildung von Grafikern und Designern, die auch Stipendien, Arbeits- und Verdienstmöglichkeiten bekommen – eine clevere Strategie, bei der ganz nebenbei die Grenzen zwischen künstlicher Welt und der Welt der Künstler verwischen.

Wasserspeier in Altos de Chavón

Der Osten

betreibt: die **Altos de Chavón**, die Chavón-Höhen (s. Entdeckungstour S. 232).

Übernachten

Luxuriös – **Casa de Campo:** Tel. 809 523 33 33, www.casadecampo.com.do. Zimmer können hier auch individuell gebucht werden (DZ 195–295 US-$).

Essen & Trinken

Sowohl auf dem Hotelgelände wie auch im nahen Altos de Chavón fehlt es nicht an Restaurants, die jedoch nicht zu den preiswertesten gehören (**El Sombrero** mit mexikanischer, **La Piazzetta** mit italienischer und **Casa del Río** mit internationaler Küche).

Einkaufen

In Altos de Chavón gibt es diverse kleine Läden mit Kunsthandwerk, Galerien und Boutiquen.

Aktiv & Kreativ

Diverse Sportmöglichkeiten im **Casa de Campo:** Schießen, Golf, Reiten, Tennis und viele anderen Aktivitäten.

Abends & Nachts

Verschiedene Bars und Nachtclubs in Casa de Campo (Vorsicht, Dresscode!), für alle zugänglich sind die Kneipen und die Diskothek in Altos de Chavón:
Tapas satt – **Onno's Tapas Bar:** Mo–So, ab 20 Uhr bis in die Nacht.
Abtanzen – **Club Onno's: Diskothek:** Fr/Sa 23–5 Uhr. Eintritt ausschließlich für Männer 10 US-$.

Bayahibe ▶ L 6

Bis vor einigen Jahren war das Fischerdorf Bayahibe das krasse Gegenstück zur Casa de Campo: ein Geheimtipp des alternativen Kleintourismus. Nahezu alle Einheimischen nahmen daran teil, indem sie Zimmer vermieteten, Bootsfahrten organisierten oder Imbissbuden unterhielten.

Auch heute gibt es noch viele Restaurants, Frühstückskneipen und andere abendliche Vergnügungsstätten für Individualreisende, doch wird der Ort zunehmend von umliegenden Hotelresorts mit All-inclusive-Regelungen eingeschnürt.

Mittelpunkt ist der schöne, weite **Sandstrand** östlich des Ortes. Doch der Strand hat an Charme verloren: In der Nähe wurde ein immenser Parkplatz angelegt, den jeden Morgen Dutzende von Bussen ansteuern. Der Strand selbst dient ebenfalls als ›Parkplatz‹ für Hunderte von Plastikbooten der Tourveranstalter, die die Insel Saona ansteuern.

Geblieben ist natürlich die wunderbare Bucht mit ihren bunten Fischerbooten, Motiv unzähliger Fotografien, die in ihrem abgelegeneren Teil durchaus noch einen Abstecher wert ist. Hier hat sich etwas Kleintourismus erhalten, mit seinen Cabañas, Bars und dem *colmado* (Gemischtwarenladen) als Ortsmittelpunkt, um den sich abends Touristen und Einheimische zu lautstarker Musik scharen und trinken.

Die Isla Saona und der Parque Nacional del Este
▶ L 6/7

Zweimal am Tag durchqueren den Ort die Passagiere Dutzender Bussen, um von dort aus eine – meist feuchtfröhli-

Isla Saona und Parque Nacional del Este

che – Bootsfahrt zur Isla Saona zu unternehmen, die zu dem 310 km² großen **Parque Nacional del Este** gehört. Diese Fahrt führt zu **Mangrovensümpfen** und einer kleinen Ortschaft und schließlich zu einem sehr schönen Strand. Der Nationalpark in seinem größeren Teil umfasst ein heißes, abflussloses Plateau, das nur wenig über den Meeresspiegel herausragt; es fehlen ganz offene Wasserstellen, da der ohnehin geringe Niederschlag im porösen Kalkgestein versickert. Die Halbinsel und die Insel Saona sind umgeben von **kilometerlangen Sandstränden.** Die Vegetation im Landesinneren zeigt verschiedene Übergänge vom Feucht- zum Trockenwald, der, ebenso wie die Küstengewässer, Heimat vieler seltener Tiere ist: unter den Vögeln zwei Eulenarten, Tölpel, Fregattvögel und braune Pelikane. An Land leben der Schlitzrüssler und die Waldratte *(hutia)* sowie der Rhinozeros-Leguan; im Wasser finden sich Seekühe, Delfine und zwei Arten von Schildkröten.

Zu den ältesten Dominikanern

In dieser Arche Noah, die nahezu alle Arten der dominikanischen Fauna beherbergt, leben nur sehr wenige Menschen. Auf der Insel Saona gibt es zwei extrem abgeschiedene Dörfer, deren Bewohner sich bemerkenswerterweise der längsten Lebenserwartung in der Dominikanischen Republik erfreuen. Der ganze Nationalpark ist kaum erschlossen und daher kaum zugänglich. Bayahibe und Boca de Yuma (s. Entdeckungstour S. 238) bieten die einzigen

Obst und Erfrischungen gibt es in Bayahibe direkt am Strand

Der Osten

offiziellen Zugänge, von denen aus Trampelpfade die Küste entlang zu einer Handvoll isolierter Fischerdörfer führen. Von Bayahibe aus kann – als Tagesausflug mit Führer und entsprechender Ausrüstung – der Ort Guaraguao besucht werden, in dem es Höhlen (**Cueva del Puente** und **Cueva José María**) mit Felsmalereien der Tainos zu sehen gibt. Andere Zeremonienplätze im Inneren der Halbinsel sind nicht zugänglich.

Übernachten

Riesen-Hotelresort außerhalb – **Catalonia Gran Dominicus:** 5 km südlich von Bayahibe, Tel. 888 774 00 40, www.cataloniagrandominicus.com. 404 Zimmer, außerdem zwei weitere Dominicus Hotels, die zusammen eine kleine Stadt darstellen.

Auch nicht zu verachten – **Be Live Canoa Beach Hotel:** www.oasiscanoa.com. Diese Hotels sind für all-inclusive-Urlauber konzipiert, daher bucht man am besten schon im Voraus.

An kleineren Hotels im Ortszentrum ist zu empfehlen:

Das Traditionshaus – **Hotel Bayahibe:** im Zentrum des Ortes, Tel. 809 833 01 59, www.hotelbayahibe.net, DZ 50 US-$. Von den kleineren Hotels das am besten ausgestattete:
heißes Wasser, Aircondition, Balkon mit Meerblick und Internet.
Schön und gut bewacht – **Villa Iguana:** Tel./Fax. 809 757 10 59, www.villaiguana.de, DZ ab 39 US-$. Schöne Anlage mit Schwimmbecken. Sieben Zimmer, drei Apartments und Luxus-Suite mit eigenem Pool. Das Hotel leitet seit vielen Jahren ein kundiges deutsches Paar.
Preiswert und funktional – **Cabañas Trip Town:** direkt neben dem Hotel Bayahibe, Tel. 809 833 00 82, DZ ab 25 US-$. Einfache, etwas verwohnte Bungalows mit kleinen Terrassen, die eine rege Teilnahme am Dorfleben erlauben, eventuell schallt die laute Musik des nächtlichen Treffpunkts des Ortes herüber.

Essen & Trinken

Am Meer eine reiche Auswahl, sowohl im Ortskern als auch in der Bebauung hinter dem Touristenhafen.
Nicht zu verfehlen – **La Bahía:** links von der Anlegestelle in Bayahibe, Tel. 809 710 08 81, Hauptgerichte ca. 10 US-$. Tagsüber Strandbar (ab 11.30 Uhr), abends Restaurant (18–24 Uhr). Mit Terrasse zum Meer hin, vor allem Fisch und Meeresfrüchte.
Unter dem Palmendach – **Bamboo Beach:** Tel. 809 410 13 26, Gerichte 5–15 US-$. Bar und Grillrestaurant mit Holzfeuer, unter freiem Himmel in Strandnähe, französischer Besitzer.

Aktiv & Kreativ

Tauchen – Vor der Küste von Bayahibe gibt es diverse sehr schöne Tauchziele. Es gibt einige Tauchbasen, z. B. direkt im Ort neben dem Hotel la Bahía: **Scubafun Dive Center:** Calle Principal 28, Tel. 809 833 00 03, www.scubafun.info.
Ausflüge – **Seavis:** Calle Eladia 4, Dominicus, Tel. 829 714 4947, www.seavisbayahibe.com.

Abends & Nachts

Nächtlicher Mittelpunkt des Ortes ist der *colmado*, ein offener Gemischtwarenladen mit seiner großen Theke, an der sich Touristen ebenso wie Einheimische mit kühlem Bier und Rum versorgen. Er beschallt das ganze Dorf

Boca de Yuma

und ist der Ort des Sehens und Gesehenwerdens. Später geht man zum Tanzen in die Diskothek **Coco Rico** dahinter.
Drinks am Meer – **Barco Bar:** am Wasser, Tel. 809 905 38 39. Auf der Terrasse dieser beliebten Bar kann man aufs Meer schauen und gemütlich einen Drink oder – guten! – Espresso schlürfen.

Infos

Verkehr
Von La Romana aus fahren *colectivos* und **Kleinbusse** hin und zurück.

Boca de Yuma ▶ L 6

Ein lohnenswerter Ausflug führt auf die Ostseite der Halbinsel zum abgelegenen Dorf Boca de Yuma, das auf einem Plateau über dem Meer gelegen ist. Der Río Yuma mündet hier in den Atlantik (s. Entdeckungstour S. 238).

Übernachten

Neben dem Viejo Pirata (vgl. Tipp unten) gibt es im Ort einzelne sehr einfache Pensionen für den Notfall, so z. B. das El Manantial in der zweiten Parallelstraße zur Küste (ca. 10 US-$).

Essen & Trinken

Diverse einfache Restaurants und Bars entlang der Küstenstraße. Hier kann man auf wackeligen Holzstühlen direkt an der schönen Felsküste den gerade frisch gefangenen Fisch oder Meeresfrüchte essen. Auch auf der anderen Seite der Straße gibt es einfache kreolische Küche.

Aktiv & Kreativ

Bootsausflug – Einheimische Fischer bieten den Ankömmlingen Bootsausflüge zur **Flussmündung des Yuma** oder zum nahe gelegenen **Sandstrand** an, an dem sie auf Wunsch ▷ S. 240

Mein Tipp

Bei Piraten zu Gast
An der Uferstraße Boca de Yuma Richtung Süden steht etwas außerhalb des Ortes auf einem Eingangstor ein einbeiniger Pirat, der mit seinem Fernglas auf das strahlend blaue Meer hinausschaut. Den gleichen Blick genießt man von der großzügigen Terrasse des relativ neuen Hotels **Viejo Pirata** mit 11 Zimmern, Gartenanlage und Swimmingpool. An diesem Fleckchen Erde abseits der übervölkerten Traumstrände ist man garantiert ungestört. Dazu gehört ein italienisches Restaurant mit Bar, das auch Frühstück anbietet. Der Besitzer gibt dem Ort seine besondere Würze, indem er seinen Stammbaum auf den Piraten zurückführt, der einst in der Schlucht seine Schätze vergrub (Proyecto 33, Tel. 809 780 34 64, www.modna.com/vp/pirata_do.html, DZ ca. 40 US-$).

Auf Entdeckungstour

Boca de Yuma

Abgelegen am südwestlichen Ende der Republik hat Boca de Yuma die Unschuld eines Fischerdorfs bewahrt: bunt bemalte Boote in einem winzigen Hafen, eine Felsküste mit kleinen ›comedores‹, in denen frischer Fisch zubereitet wird, freundliche Leute, die Fremde auf der Straße grüßen, etwas Wind und viel Sonne.

Reisekarte: ▶ L 6

Anfahrt: Mit *colectivos* von Higüey oder von La Romana.

Aufenthalt: Hier lässt sich die Cueva de Berna besuchen, eine kaum bekannte kleine Höhle im Nationalpark. Eine Nationalparkgebühr von 50 RD-$ ist direkt am Höhleneingang zu zahlen; der ›Parkwächter‹ begleitet die Besucher und erwartet ein Trinkgeld.

Wer das Bedürfnis hat, dem Touristenmengen zu entkommen, kann sich für einen oder zwei Tage nach Boca de Yuma zurückziehen: Der Ort bietet keinen direkten Zugang zu weißen Traumstränden, aber das felsige Stück Küste mit seinem tiefblauen Wasser hat seinen eigenen Charme. Wer sich dennoch nach weißen Sandstränden sehnt, kann mit einem der örtlichen Fischer eine Bootstour mit Picknick arrangieren.

Ein liebenswerter Ort

Die Struktur des Örtchens Boca de Yuma ist leicht zu durchschauen: Die Straße, die von Higüey und San Rafael kommt, führt als Hauptstraße bis zur Küste und zu dem kleinen Fischerhafen. Hier zweigt rechts, d. h. in südwestlicher Richtung eine zweite Hauptstraße als ›Malecón‹ ab und führt bis zum Nationalpark mehr oder minder dicht an der Küste entlang. Hier liegen direkt hinter der Kreuzung einträchtig nebeneinander mehrere improvisierte Restaurants: links, mit Meeresblick über der Steilküste, die **kleinen Fischlokale,** vor denen die Fischersfrauen die gerade gefangenen Langusten und andere Meerestiere anbieten, die nachher auf dem Teller des Gastes landen; auf der anderen Straßenseite die Konkurrenz ohne Meerblick ebenfalls mit kreolischer Küche. Doch vom Touristentrubel ist hier nichts zu spüren, der Fischerort scheint im Dornröschenschlaf zu liegen. Das einzige nennenswerte Hotel, »El Viejo Pirata«, findet man etwas weiter die Straße entlang, ein paar Meter außerhalb des Ortes. Wem es hier langweilig wird, der kann im Fischerboot den Yuma hinauffahren.

Bootsausflug auf dem Yuma

Beim ersten Spaziergang lernt man den einen wirklich geschäftstüchtigen Fischer kennen, der gelernt hat, die Fremden wie alte Bekannte zu begrüßen. Sein Angebot: Für ein paar Hundert Pesos fährt er die Gäste in seinem Boot die Flussmündung hinauf, wo sich eine **bunte Tierwelt** eingenistet hat: Pelikane, Reiher, Leguane und dem Gerücht nach die seltenen und endemischen Hispaniola-Papageien. Vorbei geht es an einem in Konstruktion befindlichen großen Holzboot, dass eine Kopie eines **Piratenschiffs** werden soll, durch die tropische Vegetation zu einer kleinen unspektakulären Höhle, wo ein legendärer Pirat vor geraumer Zeit seine Schätze vergraben haben soll.

Wer möchte, kann sich noch an den nahe gelegenen, nur mit dem Boot erreichbaren, und daher garantiert einsamen Sandstrand fahren und dort ein Mittagessen servieren lassen, zubereitet von der Frau des Kleinunternehmers. Seine Gäste verspricht der Fischer zu verabredeter Stunde wieder abzuholen – ob er eine Uhr hat, ist am Strand dann eigentlich gleichgültig.

Die Höhle von Berna

Folgt man dem südlichwestlichen Ende des ›Malecón‹ auf einer Erdstraße über die Ortsgrenze hinaus – zu Fuß sollte man mit einer Stunde Weg rechnen – gelangt man zur **Grenze des Nationalparks** und gleich darauf zu einer der vielen Höhlen der Gegend, der **Cueva de Berna.** Sie ist eigentlich eine Art Tunnel oder Teil eines ausgetrockneten Flussbetts, und diente einst den Tainos als Wohnung oder heilige Stätte. An den Wänden zeigt sie zahlreiche Wandmalereien – darunter viele *caritas*, d. h. einfach gezeichnete »Gesichtchen«. Man kann sie sich von dem ›Parkwächter‹ zeigen lassen, der die Touristen gerne durch die Höhle führt.

Der Osten

auch ein Mittagessen servieren. (s. Entdeckungstour S. 238).

San Rafael de Yuma ▶ L 6

Ca. 12 km vor Higüey von Boca de Yuma kommend liegt der kleine Ort San Rafael de Yuma. Eine an der Hauptkreuzung ausgeschilderte Stichstraße führt zu einem festungsartigen Haus aus den ersten Jahren der Kolonisierung.

Casa de Ponce de León
Es stammt von 1505 – der Zeit, als die Region noch Taino-Land war – und wurde bewohnt von Ponce de León, der sich später einen Namen bei der Eroberung von Puerto Rico machen würde. Die Räume hinter den erstaunlich gut erhaltenen dicken Mauern und schmalen Fenstern sind mit Mobiliar, Alltagsgegenständen und Waffen aus dem 16. Jh. ausgestattet und führen anschaulich vor, wie ein Leben in diesem feindseligen Vorposten der Kolonisierung wohl ausgesehen haben mag.

Der zuständige Wächter öffnet gegen ein Trinkgeld auf Wunsch das Haus und gibt eine Führung.

Higüey ▶ L 5

Das ›dominikanische Lourdes‹ ist vor allem ein in der gesamten katholischen Karibik bekannter Ort der Verehrung der **Virgen de Altagracia** (Jungfrau von der Hohen Gnade), die zugleich die Patronin der Dominikanischen Republik ist.

Nebenbei ist Higüey – der Name bezeichnet in der Sprache der Tainos den Ort des Sonnenaufgangs – auch ein Hauptort des Ostens und das Wirtschaftszentrum für die umliegenden Zuckerrohrplantagen und Viehzuchtbetriebe.

Higüey hat nur eine besondere Sehenswürdigkeit, die Basilika Nuestra Señora de la Altagracia (s. u.). Interessant ist hier vor allem, das Spektakel der Pilgerreisenden zu erleben, die hier Rettung und Heilung suchen. Für die meisten Reisenden spielt es ansonsten vor allem als Verkehrsknotenpunkt eine Rolle, der die Straßen aus der Hauptstadt (über La Romana), dem Osten (Punta Cana) und dem Norden (Costa de Coco) zusammenführt. Wer Zeit vertreiben möchte, kann durch das Viertel um die Calle Colón spazieren oder auch die alte Wallfahrtskirche San Dionisio besuchen, die etwas abgelegen am südöstlichen Rande des Wallfahrtsgeländes liegt. Sie wirkt bescheiden im Vergleich zur neuen Basilika, doch sie vermittelt den Eindruck der alten Wehrkirchen des 16. Jh., in der bei feindlichem Angriff die christliche Gemeinde Schutz suchte.

Basilika Nuestra Señora de la Altagracia
Doch die Kathedrale und das hier aufbewahrte Gnadenbild spielen in der Stadt die Hauptrolle (s. S. 66). Die Marienverehrung findet jedes Jahr am 21. Januar, wenn Wallfahrer aus dem ganzen Land, aber auch aus Haiti und vielen anderen Ländern Higüey in einen großen Marktplatz verwandeln, ihren Höhepunkt. An anderen Tagen ist es wesentlich zwar ruhiger, doch wird man auch dann Gruppen von Pilgern sehen, oft Arme, die in den Wandelgängen um die Kathedrale ihren Alltag bewältigen.

Seit 1971 ersetzt die moderne Basilika Nuestra Señora de la Altagracia die frühere Kirche San Dionisio am Parque de Altagracia. Das neue Gebäude, wir-

Wahrzeichen von Higüey: die Basilika Nuestra Señora de la Altagracia

Der Osten

kungsvoll in einem Park und am Ende einer breiten, an Festtagen mit Menschenmassen gefüllten Allee gelegen, ist mit seinen charakteristischen, in den Himmel hinaufragenden Bögen und Wandstrukturen rasch zu einem Wahrzeichen der Stadt geworden und wird auch als Markstein der Architekturgeschichte Lateinamerikas angesehen.

Übernachten

Groß und praktisch – **Don Carlos:** Calle Juan Ponce de León/Calle Sánchez, Tel. 809 554 23 44, Fax 809 554 42 19, DZ 1200 US-$. 62 Zimmer, ein Hotel der sachlichen Mittelklasse, das im Vergleich zu den besten des Ortes gehört.
Für die Durchreise – **K & C Gran Hotel:** An der Ausfallstraße Richtung Süden (Boca de Yuma), Tel. 809 554 17 80, Fax 809 554 29 77, www.kycgranhotel.com. Komfortabel und funktional.

Essen & Trinken

Spanische Gemütlichkeit – **Mesón de Cervantes:** Calle Arzobispo Nouel 79, Tel. 809 554 25 06, 10.30–24 Uhr, Hauptgericht ca. 10 US-$. Nach der Art einer Bodega eingerichtet: rustikal, stilvoll und dunkel.
Nüchtern dominikanisch – **Don Carlos:** Restaurant im gleichnamigen Hotel, z. B. Bistec a la Criolla 150 RD-$, Langusten 500 RD-$. Auf dominikanische Art vornehm, d. h. in erster Linie kühl. Zahlreiche populäre Restaurants und *comedores* in der Nähe der Kathedrale.

Infos & Termine

Touristeninformation: Av. Altagracia 85, Salvaleón De Higuey, Tel. 809 554 26 72, Fax 809 746 07 02.

Termine
Tage der Hohen Gnade: Am 21. Januar, dem Día de la Altagracia – einem der wichtigsten Feste in der Dominikanischen Republik –, und am 15. August vermehrt sich die Zahl der Pilger zu einer gewaltigen, freudig gestimmten Menge. Die Messen werden in verschiedenen Sprachen zelebriert, vor allem für die vielen Haitianer auch in ihrem heimischen Kreolisch. Viele Kranke werden zum Fest in den Wallfahrtsort gebracht, nicht zuletzt, weil sie an diesem Tag, aufgereiht an den Rändern der Zufahrtswege, erfolgreich Almosen erbitten können.

Von Punta Cana zur Samaná-Bucht

Punta Cana ▶ M 5

Eine 50 und mehr Kilometer lange Küste wie aus einem Reiseprospekt: feiner Sandstand, Kokoswälder, Lagunen und ein über die ganze Strecke schützendes Riff, das das Meer besänftigt, dazu ein verlässlich trockenes Klima, eine leichte Brise – das ist das Kapital, das die Natur zur Entstehung der Ferienlandschaft der ›Costa de Coco‹ und Punta Cana eingebracht hat.

Zur Zeit seiner ›Entdeckung‹ war Punta Cana nur der Name eines Dorfes, der Endpunkt einer eher schlechten Straße, die von Higüey ausging und die einzige Verbindung zwischen dem damals ›wilden‹, trockenen und unterentwickelten Osten und dem Rest der Welt darstellte. Heute steht der Name für ein großes Gebiet, dessen Entwicklung weiterhin boomt und immer mehr Raum einnimmt. Die Karriere dieser Küste und ihres Hinterlandes beruht auf einem besonderen Glücksfall: Das trockene Buschland östlich von Higüey war seit jeher dünn besiedelt; selbst an der Küste, die mit Fischfang und Nutzung der Kokoswälder noch ein gewisses Auskommen bietet, lagen nur sehr wenige Dörfer der Einheimischen. So gab es kaum Widerstand, als ab 1975 das Land und die von Kokospalmen gesäumten Sandstrände der ›Costa de Coco‹ genannten Küste parzelliert, erschlossen und bis heute mit über 40 großen Hotelanlagen bestückt wurden.

Gleichzeitig mit der Küstenbebauung entstand ein riesiges unstrukturiertes Hinterland mit quasi-städtischem Anstrich, das wirtschaftlich gänzlich auf die zahlreichen Hotelburgen und ihre Strände – im ›alten‹ Punta Cana nahezu alle ›all-inclusive‹ – ausgerichtet ist.

In Punta Cana selbst liegt der Flughafen, der mit seiner mit Palmwedeln gedeckten Halle bereits bei den Ankommenden Ferienstimmung erzeugt. Obgleich er fast nur die Hotels von Punta Cana bedient, ist er bereits zum drittgrößten der Dominikanischen Republik geworden.

Playa de Bávaro ! ▶ M 5

Die bisher größten Hotel- und Strandkomplexe lagen lange Zeit im mittleren ›Ortsteil‹ Bávaro, etwa 10 km nördlich vom Flughafen. Diese inzwischen als ›traditionell‹ zu bezeichnende Hotelsiedlung gliedert sich allerdings in mehrere unterschiedliche Strandabschnitte, viele unübersichtliche und voneinander abgrenzbare Teile, die nur mit Mühe als Ortschaften oder Viertel verstanden werden können. Von den ursprünglichen Dörfern in diesem Bereich hat sich nur eines, **El Cortecito,** erfolgreich gegen den Druck großer Hotelkonzerne behauptet und wurde schließlich als Kuriosum akzeptiert.

Im Allgemeinen darf man sich unter Ortsnamen wie Arena Gorda, Bávaro, Cabeza de Toro und Punta Gorda keine Dörfer mit eigener Infrastruktur vorstellen, vielmehr handelt es sich um Be-

Amerikaner, Kanadier und zahllose Europäer haben die Punta-Cana-Region entdeckt

Der Osten

zeichnungen von Gebieten, in denen die Hotelanlagen außer Sichtweite zueinander liegen.

Es gibt einige, meist von den verschiedenen Hotels und Resorts unterhaltene Busdienste nach außen, doch für die Mehrzahl der Besucher liegt der Reiz gerade darin, dass sie die Hotelanlage nicht verlassen müssen, weil sie – wie ein Schiff oder eine Insel in einem Meer von Palmen – alles Notwendige und Wünschenswerte bietet: Essen und Trinken, Restaurants, Bars, ausreichend Gesellschaft, Unterhaltung und eine unendliche Menge an Sportmöglichkeiten.

Eine Welt für sich

Es ist eine kleine Welt für sich, die man nicht verlassen muss – morgens Fitness, dann Tauchen und Gruppenspiele, abends Folklore, Musik und Disco in den Bars unter freiem Himmel. Zum ›karibischen Traum‹, dem sich die Architekten verpflichtet fühlten, gehört auch die Illusion von Platz und Freiheit. Selbst benachbarte Hotels bleiben unter sich; die Zimmer liegen in eigenen, abgeschlossenen Bungalows und überragen nicht die Palmwipfel.

So ist das Gelände, wenn möglich, weitläufig und abwechslungsreich gegliedert und passt sich der ursprünglichen Landschaft weitestgehend an. Es versteht sich fast von selbst, dass solche Hotelaufenthalte ›all-inclusive‹ vom Heimatland aus gebucht werden; die Urlaubsreise wird damit wesentlich günstiger. Es bedeutet aber auch, dass die dominikanische Geschäftswelt im Hinterland nur wenig verdient.

Cap Cana ▶ M 5

Zurzeit ist der südlich von Punta Cana gelegene Teil eine große Baustelle: die Hotelzone wächst weiter. Der beliebte dominikanische Ferienstrand des Dor-

Mein Tipp

Verantwortungsvoller All-inclusive-Tourismus
Welche Möglichkeiten gibt es, um zu verhindern, dass kleine und nicht sehr kapitalkräftige Länder wie die Dominikanische Republik zu rasch den ›Umarmungen‹ durch Finanzinvestoren zum Opfer fallen? Immerhin gibt es auch in Punta Cana Initiativen, die, wenn auch in kleinen Bereichen, Ökologie, Technologietransfer und Partizipation der lokalen Bevölkerung fördern:

Die umfassendste ist eine nordamerikanische Initiative, die Puntacana Ecological Foundation (www.puntacana.org), die einen Resort & Club an der **Bahía Tortuga** in Cap Cana, d. h. ein eigenes Hotel, betreibt, in dem, wenn auch im Kleinen, aber doch aktiv und demonstrativ den ökologischen Fehlentwicklungen entgegengesteuert wird: mit dem Schutz der Schildkrötengelege, der Bepflanzung mit einheimischer Vegetation, dem Korallenschutz, durch Anstrengungen bei der Kompostierung und der Suche nach erneuerbaren Energien. Hinzu kommt der Schutz eines eigenen größeren Stücks Regenwald, die Einbeziehung lokaler Gemeinschaften und andere Projekte (Puntacana Resort & Club, Tel. 809 959 22 62, www.puntacana.com).

fes Juanillo am südlichen Rande des ›alten‹ Punta Cana ist mittlerweile einer neuen, mehrere Kilometer langen Anlage zum Opfer gefallen, der im Bau befindlichen Ultra-Luxus-Zone von Cap Cana, die die dominikanische Ferienlandschaft aus der Domaine des billigen Pauschalurlaubs herausholen soll.

Statt Hotelresorts baut man nun *condominios,* d. h. für die Öffentlichkeit unzugängliche Gelände mit privaten Ferienvillen und -apartments, die momentan für teures Geld zum Verkauf angeboten werden. Die Investoren gehören zur Crême de la Crême der internationalen, vor allem nordamerikanischen Ferienindustrie.

Es werden Milliarden investiert, mit denen eine ganze Region umgekrempelt wird: Villensiedlungen, Golfplätze, Gourmetrestaurants, Terrassenlandschaften mit Pools und gepflegten Gärten. Ganze Ortschaften wurden auf diese Weise einverleibt und ›privatisiert‹.

Ähnliches droht auch am nördlichen Ende der Küste, dessen Mittelpunkt, ein sehr dominikanisches, etwas landeinwärts gelegenes Dorf, **El Macao,** bislang noch überlebt hat. Die wunderbare, azurblaue, mal von Wind und Wellen gepeitschte nördliche Strandzone um den Ort ist einer der letzten naturbelassenen Strände der gesamten Region und dient nun den Punta-Cana-Hotels als ein freies Gelände, auf dem sich Reiter, aber auch Strandbuggys austoben dürfen.

Tierparks

Ebenfalls in Projekte zu Umweltschutz, Erhaltung der Artenvielfalt und der Aufklärung investiert der altgediente und bei Kindern höchst beliebte **Manatí-Park** (in Bávaro, ausgeschildert, Tel. 809 221 94 44, www.manatipark.com, tgl. 9–18 Uhr, Eintritt 30 US-$), der allerdings in erster Linie ein kommerzielles Spektakel darstellt. **Schwimmen mit Delfinen, Tiershows** mit Kunststücken von Delfinen, Seelöwen oder Papageien oder auch eine ›**echte Taino-Show**‹ in einem nachgebauten Taino-Dorf stehen hier für die Touristen auf dem Programm. Immer wieder wurde allerdings auch Kritik laut, der Park würde die Tiere nicht artgerecht halten. Dazu findet sich hier die übliche touristische Infrastruktur wie Restaurants (»Flamingo-Burger«) und Souvenirshops.

Auf kommerzieller Linie funktioniert auch der **Animal Adventure Park** in Cabeza de Toro, der unter anderem in einem Stück Regenwald Papageien, aber auch Seelöwen und Haie vorführt (tgl. 9–12, 14.30–17.30 Uhr).

Nach dem Modell gleichnamiger nordamerikanischer Institutionen wird in Punta Cana ein **Marine-Park** und **Aquarium** angeboten. Es ist eine Art Schwimmbad, in dem die Besucher in der Gesellschaft verschiedener (harmloser!) Fische schwimmen können.

El Cortecito ▶ M 5

Es bleibt das zwischen Hotel-Großanlagen westlich von Bávaro eingeklemmte Fischerdorf El Cortecito, dessen Bewohner sich der Legende nach viele Jahre zuvor geweigert hatten, ihr Land zu verkaufen und die nun – wie Asterix und seine tapferen Gallier – weiter innerhalb einer eroberten Welt überleben. Das Ereignis ist jedoch nur in Maßen subversiv. Noch gibt es dort zwar so etwas wie eine selbstständige Infrastruktur, Läden, Restaurants und es werden etwas kleinere Hotels von Privatpersonen – darunter sogar Dominikaner! – betrieben, die dem Individualreisenden (allerdings zu teuren Preisen) Unterkunft und Mahlzeiten anbieten. Doch ist auch El Cortecito

Der Osten

mittlerweile wesentlich bestimmt vom Urlaubsrummel der Umgebung.

Übernachten

Überbleibsel für Individualreisende – **Cortecito Inn:** Tel. 809 552 06 39, Fax 809 552 06 40, EZ 60, DZ 70 US-$ inklusive Frühstücksbüfett. Von außen schicke und auffällige Hotelanlage, innen etwas verwohnt. 67 Zimmer in verschiedenen Gebäuden, nicht ganz sauberer Pool, schöner Garten.

Essen & Trinken

Direkt am Strand – **Captain Cook:** in El Cortecito, Tel. 809 552 06 45, Captain.cook@verizon.net.do, tgl. 12–24 Uhr, Gerichte 10–15 US-$. Bekanntes Restaurant am Strand unter Kokospalmen, freundlicher Service, die meisten der Fische und Meeresfrüchte werden direkt am Grill zubereitet. Der gesellschaftliche Mittelpunkt von Cortecito.

Das benachbarte **Langosta del Caribe** stellt nur eine Scheinalternative dar, da beide Restaurants mittlerweile dem gleichen Besitzer gehören und auch aus der gleichen Küche versorgt werden.

Infos

Touristeninformation: Calle Friusa/Plaza El Tronco, Bávaro, Tel. 809 552 12 37.
Internet: www.playa-bavaro.de.

Die Lagunen Redonda y Limón und Miches ▶ K/L 4

Ganz im Gegensatz zur umtriebigen Punta-Cana-Region ist der westlich daran anschließende Teil der Costa de Coco wenig erschlossen. Die niedrigen Ausläufer der Cordillera Oriental reichen aus, um ›über dem Winde‹ und am Rande der von Viehzucht lebenden Trockengebiete ein **feuchteres Bergland** zu schaffen, in dem der Anbau von Kakao und eine kleinbäuerliche Subsistenzwirtschaft überwiegen.

Plantage bei Miches

Im Nationalpark der Lagunen

Folgt man der Straße an der nördlichen Küste nach Westen, erreicht man ein Gebiet mit mehreren Lagunen, von denen zwei das Kernstück der **Reserva Científica Lagunas Redonda y Limón** bilden. Vom Meer durch Dämme aus Sedimenten getrennt und von immergrünem Regenwald umgeben, bieten sie in ihrem nährstoffreichen Brackwasser Krabben, gut angepassten Fischarten und zahlreichen Wasservögeln eine Heimat. Einen Zugang zum Reservat findet man im Dorf Los Guineos einige Kilometer vor Miches.

Miches, das größte Städtchen an der Strecke, ist ein etwas verschlafener, mit seinen karibischen Holzhäuschen aber auch netter Ort an der Küste. Gold, das man beim Ort Las Minas in kleinsten Mengen findet, mehr aber der Schmuggel von und nach Puerto Rico, bieten zusätzliche Erwerbsmöglichkeiten für die Bewohner der bäuerlichen Gegend. Diese illegalen Aktivitäten machen das sonst so harmlos wirkende Städtchen manchmal etwas gefährlich; es wird von Überfällen berichtet und man sollte sich nicht allein an unbelebten Stränden aufhalten.

Übernachten

Küstenblick – **La Loma**: links auf dem Hügel hinter Miches Richtung Sábana de la Mar gelegen, Tel. 809 980 79 03, DZ ca. 40 US-$. 10 bequeme, ordentliche Zimmer, von Schweizern verwaltet, mit Blick auf Miches und das Meer.

Infos

Anreise & Verkehr
Minibusse: Zwischen Higüey und Sábana de la Mar.

Fähre: Zwischen Sábana de la Mar und Santa Bárbara de Samaná verkehrt eine Fähre um 10.30 und 16.30 Uhr (zusätzlich vor Ort erkundigen, Zeiten werden nach Bedarf und Umständen geändert!).
Bus: Für die Strecke zwischen Higüey und Sábana de la Mar ist man auf Minibusse angewiesen.

Sábana de la Mar ▶ J 3

Sábana de la Mar kann man von Higüey aus direkter über El Seibo und Hato Mayor erreichen, doch die Strecke entlang der Nordküste ist landschaftlich bei weitem attraktiver als die Fahrt durch das trockene Weideland des Landesinneren.

Der Endpunkt dieser Küstenstraße in westlicher Richtung ist das Fischerdorf Sábana de la Mar. Es weist aus zwei Gründen eine, wenn auch bescheidene touristische Infrastruktur auf. Zum einen laufen von hier die Fähren zur **Halbinsel Samaná** aus, zum anderen ist es ein Ausgangspunkt zum **Parque Nacional Los Haitises**, einem der schönsten und beliebtesten Naturschutzparks der Republik, den man unbedingt besuchen sollte (s. S. 218 im Kapitel »Sosúa und die Küste bis Samaná«).

Übernachten, Essen

Folklorismus am Fluss – **Paraíso Caño Hondo**: Carretera Los Haitises, ca. 9 km von Sábana de la Mar beim Nationalpark Los Haitises, Tel. 809 248 59 95, Fax. 809 556 75 80, www.paraisocanohondo.com, DZ mit Frühstück 45 US-$. Liebevoll in rustikalem Stil ausgestattete Zimmer am Naturbecken eines Flusses, mit Restaurant und Ausflugsangeboten.

Das Beste auf einen Blick

Der Südwesten

Highlight !

Die Küstenstraße der Sierra de Baoruco: Das Gebirgsmassiv im äußersten Südwesten der Republik ist ein unerschlossenes und unwirtliches Gebiet, in dem nur wenige Menschen leben – eine große Einöde, wären da nicht die Fischerdörfer an seiner östlichen, zum Meer hin steil abbrechenden Kante. Von der Küstenstraße, die sie verbindet, bieten sich phantastische Ausblicke auf ein bewegtes smaragdgrünes Meer. Es geht vorbei an Badeplätzen in Flussmündungen und kleinen Wasserfällen mit Naturschwimmbädern, in denen sich dominikanische Familien vergnügen. S. 272

Auf Entdeckungstour

Die »Zuckerroute«: An der Mündung des Nagua wurde karibische Geschichte geschrieben: Zuckerrohr wurde bald nach der Landnahme zur wohl wichtigsten Kulturpflanze der Kolonie. Davon zeugen die Ruinen der frühen Zuckermühlen, die schon ab 1518 unter Einsatz schwarzer Sklaven Rohrzucker produzierten. S. 252

Isla Cabritos: Bereits am Eingang zum Nationalparks werden die Besucher von den neugierigen Riesenleguanen beäugt, die hier frei die Natur bevölkern. Nach einer Fahrt über den Salzsee Enriquillo erreicht man die mit stacheligen Pflanzen bedeckte Insel – eine Arche Noah für eine archaische Tierwelt, darunter sogar die letzten Kaimane der Karibik. S. 266

Kultur & Sehenswertes

Baní bietet in einer Sammlung im Rathaus ein fröhliches Durcheinander aus Dokumenten der Stadtgeschichte und Alltagsgegenständen des 19. Jahrhunderts. Doch ist der Südwesten ist vor allem für Naturfreunde spannend, für Kultur- und Museumsliebhaber ist er beinahe ein ›Wüstengebiet‹. S. 256

Der Corral de los Indios: Die prähistorische Kultstätte der Tainos im abgeschiedenen Tal von San Juan ist von Legenden über seine ursprüngliche Form und Funktion umrankt. S. 262

Aktiv & Kreativ

Auf der Baoruco-Halbinsel findet man fast gänzlich unerschlossene Nationalparks, in denen man – ausgerüstet mit Verpflegung, Zelt und Jeep – eine Abenteuertour unternehmen kann. Im Parque Nacional de Jaragua kann man z. B. eine Salzwasserlagune mit Flamingos entdecken, am Cabo Rojo einsame Strände. S. 278

Genießen & Atmosphäre

Casa Bonita: Wahren Luxus und völlige Abgeschiedenheit genießt man in der Casa Bonita, die versteckt einige Kilometer südlich von Barahona über dem Hang liegt. Hier kann man auf einem unendlich langen weißen Sofa über der Küste sitzen, während vor den Augen die Blautöne von Meer, Pool und Horizont verschmelzen. S. 273

Abends & Nachts

Barahona: In dieser Region merkt man schnell, was Provinz in der Dominikanischen Republik bedeutet. Vielleicht versuchen Sie es mit einem eher artigen Tanzlokal, wie dem Costazur in Barahona, das ab 21 Uhr zur Disco für alle Generationen wird. S. 271

Unbekannte Welten entdecken

Die Küstenzone, die unterhalb des Gebirgsstocks der Zentralkordilleren verläuft, ist eine geschichtsträchtige und landwirtschaftlich besonders vielfältige Region. Sie umfasst die ariden oder semiariden Gebiete des gewaltigen und nahezu unbewohnten Baoruco-Gebirges, das früher dem letzten Führer der Tainos, Enriquillo, als Versteck diente. Piraten wählten es als Rückzugsgebiet, um an der grandiosen Küste ihre Schätze zu vergraben; es war Fluchtpunkt von Sklaven, die aus dem französischen und spanischen Herrschaftsgebiet kamen und in diesem ›Niemandsland‹ über 200 Jahre überlebten. Heute hat sich entlang der Küstenstraße ein bescheidener Tourismus ausgebildet, reizvoll für Individualreisende, die die Einsamkeit einer rauen Küste dem Trubel der Sandstrände vorziehen.

Nördlich davon liegen dumpfschwüle Ebenen, in denen sich bis zum Horizont die Zuckerrohrfelder ausbreiten – wogende grüne Meere, nur unterbrochen von staubigen Straßen, Eisenbahnlinien, Bewässerungsgräben: eine Kultur und Technologie abseits des Tourismusgewerbes, die nur der Produktion dient und dennoch ihre ganz eigene Poesie hat.

Es folgt die heiße **Enriquillo-Senke**, in deren Becken sich ein unter dem Meeresspiegel liegender See befindet, der salziger ist als das Meer – eine scheinbar lebensfeindliche Landschaft. Ihr Boden besteht aus Muscheln und Korallenstücken, Überbleibsel des in einer Vorzeit hier befindlichen Meeres. Dennoch ist diese Gegend mit ihren verschiedenen Arten von Reptilien und Vögeln voller Leben.

Direkt hinter den Dörfern des nördlichen Seeufers ragen die Ausläufer der Zentralkordilleren ins Land, die hier von den Seetiefen jäh bis zu den höchsten Gipfeln der Karibik aufsteigen. In diesem abweisenden und menschenleeren Gebirgsstock liegt das Tal von San Juan, eine urtümliche Gegend der Viehhirten und landlosen Kleinbauern, arme Leute, deren Welt mehr durch die aufragenden Berge begrenzt wird als durch das dominikanische Staatsgebiet – eine eigentümliche Welt, spannend für Reisende mit Lust auf Abenteuer und Improvisation.

Infobox

Anreise und Weiterkommen
Obwohl hier Busse und Minibusse verkehren, sollte man sich bei Touren in den Südwesten doch besser auf einen Mietwagen verlassen. Nur mit ihm lassen sich die oft einsamen, unzugänglichen Gegenden erforschen. Wer den abgelegenen Jaragua-Nationalpark entdecken will, der sollte auch an eine Campingausrüstung und Verpflegung denken.

Auf der Zuckerroute

Der Küstenabschnitt westlich von Santo Domingo spielte kolonialgeschichtlich für die Karibik eine besondere Rolle: Zunächst vermutete man hier Gold – und fand es offensichtlich, doch die Spuren der damaligen Goldgräberstadt Buenaventura hat man bis heute nicht wiedergefunden.

San Cristóbal und La Toma

Immerhin wurde dadurch die Region verkehrstechnisch gut erschlossen und so versuchte man schon in den ersten Jahren nach der Entdeckung im gut bewässerten Einzugsbereich der Flüsse Haina und Nigua eine koloniallandwirtschaftliche Nutzung einer Pflanze, mit der die Spanier schon auf den Kanarischen Inseln eine Zeit lang experimentiert hatten: dem Zuckerrohr (s. Entdeckungstour S. 252).

Die Zuckermühlen

Ein erster Zeuge dieser Neuerung ist die aus dem frühen 16. Jh. stammende, inzwischen teilweise renovierte Zuckermühle von Engombe (Ingenio de Engombe), die, etwas versteckt in der Nähe des Haina-Flusses, am äußersten Rande von Santo Domingo liegt (s. S. 258). Man erreicht sie, indem man der Avenida 27 de Febrero und ab der Plaza de la Bandera der Avenida 6 de Noviembre folgt, bis rechts der Camino de Engombe abzweigt. Umgeben von saftigem Grün stehen hier die Mauern des zweistöckigen Herrenhauses, das deutlich an den Alcázar de Colón erinnert, eine kleine Kapelle und ein weiteres, von Pflanzen überwuchertes Gebäude, das wahrscheinlich ein Magazin war. Zusammen mit den Resten einer wassergetriebenen Mühle ergibt sich ein idyllisches Ensemble, das auch den Dominikanern kaum bekannt und daher nur mit einiger Mühe zu finden ist.

San Cristóbal und La Toma ▶ G 6

Einige Kilometer westlich von Santo Domingo erreicht man San Cristóbal. die Stadt geht auf eine Festung zurück, die bereits von Batolomé Colón, dem Bruder des Kolumbus, gegründet wurde. Diese sollte die Goldsucher schützen, die die Flüsse Haina, Nigua und Nizao durchsiebten. Die Stadt entstand wesentlich später: Bis heute ist San Cristóbal untrennbar mit dem Namen Trujillo verbunden. Sie war die Hei- ▷ S. 255

Noch immer wird das Zuckerrohr mit dem Ochsenkarren eingefahren

Auf Entdeckungstour

Die »Zuckerroute«

An der Küste zwischen Santo Domingo und San Cristóbal wurde Wirtschaftsgeschichte geschrieben: Kurz nach der Entdeckung Amerikas, lange vor dem eigentlichen karibischen Zuckerboom, wurde hier schon Rohrzucker mit industriellen Techniken hergestellt. Von diesen frühen Versuchen, bei denen auch schon Sklaven in größerer Zahl eingesetzt wurden, sind einige Anlagen in unterschiedlichem Rekonstruktions- und Renovierungszustand erhalten.

Reisekarte: ▶ G 6

Anfahrt: Der Weg ist nicht ausgeschildert. Von Santo Domingo folgt man der Straße nach San Cristóbal und biegt bei Hatillo nach Nigua ab. Von dort geht es weiter nach Boca de Nigua, wo Einheimische den Weg zu den nahen Ruinen weisen.

Öffnungszeiten: tgl. 8–17 Uhr.

Eintritt: frei.

Endlos reihen sich die Felder mit den meterhohen, saftig grünen Gräsern aneinander. Ochsenkarren ziehen ihre schwere Last zu den modernen Zuckerfabriken; an den Straßen stehen Händler, die frisch gepressten Zuckerrohrsaft anbieten. Es ist eine eigentümliche Landschaft – das Land des Zuckerrohrs. Die ehemals wichtigste Wirtschaftsregion des Landes gleicht in unseren Augen einer ländlichen Idylle, wird hier doch wie vor Jahrhunderten das Zuckerrohr mit Macheten per Hand geerntet und mit Ochsengespannen transportiert; und zeugen doch nur noch Ruinen von dem vergangenen Reichtum und der Wirtschaftskraft dieses Gebietes.

Eine Frühgeschichte der Plantagenwirtschaft

Die wasserreiche Region westlich von Santo Domingo bis in die Flussniederungen südlich von San Cristóbal wurde schon unmittelbar nach der Entdeckung Hispaniolas zu einer bedeutenden Wirtschaftsregion der jungen Kolonie. Die Ruinen der bereits zu dieser Zeit betriebenen Zuckermühlen reichen bis in das Jahr 1518 zurück, also bis in die Generation der Gründerväter der Kolonie. Selbst Diego Colón, der Sohn des Kolumbus, hatte hier eine Zuckerplantage, auf der im Übrigen schon 1521 ein Sklavenaufstand ausbrach. Historisch ist dies bedeutsam, denn es macht deutlich, dass Zucker und Sklaverei nicht erst im 17./18. Jh. über Brasilien in die Karibik kamen, sondern im 16. Jh. über die Kanarischen Inseln. Die Zuckerproduktion beruhte bereits auf relativ ›modernen‹ Technologien, die später vergessen und wieder neu erfunden werden mussten. Hauptgründe für den geringen Erfolg der frühen dominikanischen Zuckermühlen waren die restriktive Politik des spanischen Westindienrates beim Import schwarzer Sklaven, vor allem aber die Isolierung der Kolonie ab dem 17. Jh.

Ingenios und trapiches: Technologien der Zuckerproduktion

Las Casas berichtet von 26 Plantagen und Zuckermühlen im Santo Domingo des 16. Jh.; von ihnen standen 23 in und um Nigua. Namhaft bekannt ist vor allem die Zuckermühle des Diego Caballero, die unweit der späteren Mühle Boca de Nigua, ebenfalls an der Flussmündung, stand. Die im Wesentlichen aus den Grundmauern und dem die Mühle betreibenden Wasserkanal bestehenden Ruinenreste liegen in einer beeindruckenden Landschaft direkt am Meer. Doch die beiden Anlagen sind neben ihrer Schönheit in einer malerischen Umgebung auch aus einem anderen Grund interessant: Technologisch gesehen verkörpern die Zuckermühlen die zwei wichtigsten gängigen Mühlen-Typen: Die Mühle des Diego Caballero, der unter anderem Sekretär der königlichen Audienz war, gehört zum Typ *ingenio*, bei dem die Presswalzen des Zuckerrohrs mit Wasserkraft angetrieben wurden. Die viel später gebaute Anlage von Boca de Nigua hingegen präsentiert sich als *trapiche*, d. h. als von Ochsen bewegte Presse – und ist doch der ältere und auch für Spanien charakteristische Typus. Dass die Mühle von Diego Caballero technisch und auch logistisch viel komplexer war, zeigt sich auch an der raumgreifenden Anlage, in der Höhenunterschiede und andere Umstände des Terrains ausgenutzt wurden, um das Wasser dienstbar zu machen.

Die Mühle des Diego Caballero

Dank einer detaillierten Beschreibung in einer von Diego Caballero selbst verfassten Petition von 1538 ist es möglich, die einzelnen Teile der Anlage zu identifizieren: ein langer Bewässerungskanal, der zu einer Zisterne führt, das Sudhaus mit Kesseln in verschiedenen Größen und ein Brunnen. Allzu viel ist nicht zu sehen, doch die wunderbare Lage des saftig grünen Geländes direkt über dem blauen Ozean macht dies wett.

Hinzu kommt die historische Bedeutung der Mühle als ein Denkmal einer frühen und dann wieder verlorenen spanischen Moderne in Form einer Industrie, die allerdings auf dem Rücken der indianischen Arbeitssklaven entwickelt wurde.

Die Mühle von Boca de Nigua

Bei der Mühle von Boca de Nigua ist das anders. Die *trapiches* kommen aus einer kleinbäuerlichen Vergangenheit; in abgelegenen Gebieten wird Zucker und Schnaps sogar immer noch mittels von Tieren gezogenen Pressen gewonnen. Doch Boca de Nigua war, in der 2. Hälfte des 18. Jh. gebaut, bereits eine Zuckermühle der nächsten Generation: Die Anlage ist erstaunlich klein und kompakt, aber wohldurchdacht. Das geschnittene und geschälte Rohr wurde von Ochsenkarren an den oberen Teil der Mühle geliefert und unmittelbar in die Presse geschoben, die hier wahrscheinlich von geblendeten oder sichtbehinderten Pferden gedreht wurde.

Der Saft floss aus dem Mühlstein über Rinnen in die von den Seitentoren aus befeuerten Kessel, in denen er sofort verkocht wurde. Nach stundenlangem Rühren und Abschöpfen des Schaums setzte sich der kristallisierte Zucker am Kesselrand ab. Der verbleibende, klebrig-flüssige Rest – die Melasse – wurde abgeschöpft und, je nach Konsistenz und Marktlage, in Formen getrocknet oder zu Rum verarbeitet. Noch heute gibt es mehrere Ernten im Jahr, in denen Tag und Nacht hart gearbeitet wird, denn das Rohr verliert schnell an Sacherose. Nach der damaligen Überzeugung hielten diese schwere Arbeit nur afrikanische Sklaven aus, die auch in Boca de Nigua eingesetzt wurden.

Das Ende der Mühle von Nigua

Das Ende der Mühle von Nigua ist exemplarisch für jene Zeit: 1791 brach in der französischen Nachbarkolonie St. Domingue ein nicht mehr zu unterdrückender Sklavenaufstand aus. Als dann Spanien 1795 seine Insel-Kolonie an Frankreich – das heißt, an die revolutionären und bereits freien Sklaven – abtrat, kam es 1796 auch in Boca de Nigua zu einer Sklavenrevolte: Der Besitzer der Mühle, Juan Baptista Olarazaba, ließ sie niederschlagen und verkaufte die aufrührerischen Sklaven nach Venezuela. Als Toussaint Louverture, ehemaliger Sklave und nun französischer Gouverneur, mit seinen Truppen nach Boca de Nigua einzog und 1801 per Dekret die Sklaverei abschaffte, war die Mühle schon stillgelegt und die Sklaven, deren Rückkehr Louverture vergeblich forderte, bereits verkauft.

Das Ende der Sklaverei bedeutet auch das Ende von Boca de Nigua, der damals modernsten und profitabelsten Zuckerfabrik von Santo Domingo. Erst 1974–78 wurde eines der beiden **Sudhäuser** wieder aufgebaut und restauriert, denn man erkannte, dass die Anlage wohl die besterhaltene Zuckermühle der gesamten Karibik darstellt, an der man die Abfolge der einzelnen Arbeitsgänge gut nachvollziehen kann.

In der Folgezeit kam die Anlage als Schauplatz zahlreicher – nicht nur dominikanischer – Filme zu Ehren.

San Cristóbal und La Toma

Die Kirche von San Cristóbal – eines der wenigen Gebäude ohne Trujillo-Geschichte

matstadt des Diktators, mit der er sein Leben lang sehr verbunden war.

Castillo de Cerro und Casa Caoba

Trujillo verewigte sich westlich von Santo Domingo in diversen Bauten, z. B. seinem Stadthaus, das auf einem Hügel in San Cristóbal gelegene und weithin sichtbare **Castillo de Cerro,** ein pompöser, hoher Bau, in dem Trujillo angeblich nie, seine Tochter Angelíta und sein Sohn Ramfís hingegen oft wohnten. Dort sollen Orgien und grausige Zeremonien abgehalten worden sein, bei denen auch Menschen starben. Jahrelang verfiel das Haus, doch heute ist es ein Museum mit der Originalausstattung (Mo–Fr 8–18, Sa/So 8–17 Uhr, Eintritt frei; kein Einlass mit Shorts, Sandalen oder ärmellosen Hemden; Führung obligatorisch, nur auf Spanisch).

Trujillo selbst bevorzugte die außerhalb bei La Toma auf einem Hügel gelegene **Casa Caoba** (»Mahagoni-Haus«) als Ferienhaus und Liebesnest, das heute verrottet ist. Man erreicht es ab La Toma mit dem Geländewagen oder zu Fuß (15 Min.). Im Haus führt eine Familie durch die einst prächtigen Räume. Der Umgang mit dieser Hinterlassenschaft Trujillos zeigt, wie schwer man sich nach wie vor mit der Aufarbeitung der Vergangenheit tut.

Naturbad

Ein weiteres Baudenkmal Trujillos genießen jedoch die Dominikaner ganz unbefangen: das *balneario* (Badeanstalt) von La Toma, 5 km nordwestlich

Der Südwesten

von San Cristóbal in der Nähe der Casa Caoba gelegen und über eine eigene Autobahnausfahrt zu erreichen. Mit seiner üppigen Vegetation im Schatten alter Bäume ist es ein luxuriöses Beispiel für die Naturbäder, die sich überall in der Republik finden. Wie die meisten *balnearios*, ist La Toma ein Süßwasserbecken, das durch die Aufstauung eine Flusses entstanden ist.

Mit seinen Imbissbuden, Spielwiesen und einem Campingplatz wird es gerne von Dominikanern, vor allem den Jugendlichen, besucht, kaum aber von ausländischen Touristen. Abends und nachts wird hier auch, manchmal sogar bei Livekonzerten, gefeiert.

Übernachten

Aufgrund der Nähe zu Santo Domingo hat sich in San Cristóbal kein nennenswertes Hotelwesen entwickelt. Es gibt hier keine empfehlenswerte Hotels.

Infos

Touristeninformation
Av. Constitución (Gobernación), Tel. 809 582 18 44.

Verkehr
Unendlich viele Minibusse nach Santo Domingo; Reisebusse nach Azua und Santo Domingo mehrmals stdl. vom Parque Central. Die Stadt ist mit Santo Domingo eng verbunden; es gibt viele Pendler, sodass die Verbindungen mit *colectivos* sehr dicht sind.

Baní ▶ F 6

Zurzeit reicht die Westautobahn nur noch bis Baní, dem nächsten größeren Ort und Hauptstadt der Provinz Peralta. Baní bedeutet in der Taino-Sprache nicht umsonst »Reichtum an Wasser«, denn die Stadt liegt noch in der tropisch-feuchten Zone und wird zudem von den Staubecken und Flüssen aus den nahen Kordilleren versorgt. So konnte der Ort mit seiner landwirtschaftlichen Produktion, vor allem von Kaffee, reich werden, was sich noch heute am Stadtbild zeigt.

Ein berühmter Sohn der Stadt ist Máximo Gómez. Er wurde 1836 hier geboren und machte sich als General im ersten kubanischen Befreiungskrieg einen Namen. Máximo Gómez wird man in Baní immer wieder begegnen: in den Straßennamen und auf großen Wandbildern am Parque Central. Die Stadt besitzt einige Erinnerungsstücke an ihn, die zusammen mit anderen Ausstellungsobjekten der **Stadtgeschichte** im ersten Stock des Rathauses zu sehen sind (**Museo Archivos Históricos de Baní,** 8–12 und 15–18 Uhr, kleine Spende erwünscht); weitere Zeugnisse aus dem Leben des Revolutionärs werden in seinem Geburtshaus (Calle Máximo Gómez/Calle Nuestra Señora de la Regla, Mo–Sa 9–12 Uhr, Eintritt frei) aufbewahrt.

Baden in Baní
Südlich von Baní liegen mehrere Strände, die von den Dominikanern zum Wochenende besucht werden. Sie entsprechen, wie an der ganzen Südküste bis Barahona, nicht dem typischen Bild von tropischen Stränden: Es handelt sich meist um Kieselstrände mit wenig Vegetation vor einem stahlblauen wellenbewegtem Meer.

Gerade im Bereich von Baní sind die Strände – die **Playa de Nizao,** die **Bahía de las Calderas** und **Las Salinas** – aufgrund von Wellengang und Strömungen nicht ungefährlich. Es rächt sich hier die ständige Sandentnahme durch die dominikanische Bauindustrie.

Übernachten

Baní ist kein Urlaubsort und hat nur einige kleinere, schlichte Hotels.
Akzeptabel und zentral – **Caribaní:** Calle Sánchez 12, Tel. 809 522 38 71, DZ 1400 RD-$. Am Parque Central gelegen, 28 Zimmer mit Aircondition, etwas verwohnt und daher zur zweiten Wahl geworden; das Restaurant schläft einen Dornröschenschlaf.
Familiär – **Alba:** Calle Padre Billini 25, Tel. 809 380 00 83, DZ ab 800 RD-$. Einfaches und sauberes Hotel, freundlicher Familienbetrieb im Zentrum.

Essen & Trinken

Wilder Westen – **Barbecue House:** Calle Mella 54, Tel. 809 522 14 94, So–Do 12–24, Fr/Sa 12–2 Uhr, Hauptgericht um 300 RD-$. Großes Freiluftrestaurant und Bar im amerikanischen Stil. Die freundlichen, als Cowboy verkleideten Kellner servieren z. B. große Portionen Grillfleisch und Ofenkartoffeln. Am Wochenende ist dies auch ein Ort zum Ausgehen.
Schnell- und Großrestaurant – **La Gran Parada:** Calle Presidente Billini 11, an der Ausfahrt Richtung Azua, Gerichte für ca. 120 RD-$. Fast immer geöffnete riesige Fernfahrer-Cafeteria, in der man viel und billig, nicht aber in schöner Atmosphäre essen kann.

Infos

Verkehr
Baní liegt an der großen, viel befahrenen Strecke, die sowohl in den Süden wie auch nach Haiti führt. Es gibt eine ständige Verbindung mit Bussen und Minibussen nach Azua wie auch nach Santo Domingo von der Av. Máximo Gómez aus.

Der Weg nach Westen

Auf dem weiteren Weg nach Westen bemerkt man nun deutlich den Übergang zum Trockenklima, das den ganzen Südwesten mit Ausnahme einiger feuchterer Enklaven prägt. Zwischen der fast vegetationslosen Küste, auf die man daher einen freien Blick hat, und den kahlen Abhängen der Zentralkordilleren geht es auf einer geraden, schnellen und heißen Straße rasch nach Westen. Eine belebte Kreuzung mit Dutzenden von Restaurants bezeichnet die Abzweigung nach San José de Ocoa. Diese Strecke soll nach Beseitigung von heute noch schwierigen Teilstücken eines Tages als gut befahrbare Gebirgsstraße durch die gesamten Zentralkordilleren bis nach La Vega führen.

Azua ▶ E 5

Die Hauptstrecke führt geradeaus weiter zu dem bereits 1504 gegründeten Azua de Compostela. Damals war Azua allerdings an der Küste gelegen, an einem Ort, der heute Pueblo Viejo heißt und ebenfalls durch Verlandungen mittlerweile landeinwärts gerückt ist.

Pueblo Viejo ist ein armseliges, staubiges Dorf, das im Grunde nur der Hüter der mächtigen Grundfesten der frühen **Kirche mit Kloster** ist, unter der wahrscheinlich der große indianische Nationalheld des Landes, **Enriquillo,** begraben liegt. Die Ruinen, denen man ansonsten wenig Achtung zollt, sind immerhin eingezäunt; der Wächter und Herr der Schlüssel ist leicht zu finden, wenn er sich nicht selbst zeigt. Gegen ein Trinkgeld führt er Besucher durch die Anlage und erzählt allerlei Anekdoten.

Lieblingsort

Ruinen von Engombe

Am Rande von Santo Domingo, inmitten wuchernden Grüns und stiller Verlassenheit, liegen an einem Bach die Ruinen einer der ältesten Zuckermühle der Neuen Welt. Eindrucksvoll überragt das einstige Herrenhaus, ein Renaissancegebäude aus schweren Quadern, mit seiner Kapelle und dem Magazin das Dickicht, Überbleibsel einer Plantage, die früher ein Ort des Leidens war, heute aber ein idyllischer, fast melancholischer Ort des Erinnerns an eine scheinbar unendlich ferne Vergangenheit ist.

Der Südwesten

Als prominenter Einwohner der so unspektakulären Region muss schließlich Hernán Cortés genannt werden, der 1505 bis 1511 Stadtschreiber in Azua war und im nahe gelegenen Monte Río lebte, bevor er von Kuba aus zur Eroberung Mexikos aufbrach.

Das ›neue‹ Azua hatte eine strategische Position auf der Route, auf der im 19. Jh. die haitianischen Armeen in Richtung Santo Domingo marschierten. Dreimal wurde die Stadt überrannt und niedergebrannt.

Die für die Unabhängigkeit entscheidende Schlacht von Azua am 19. März 1844 wurde allerdings gewonnen. Die Erinnerung daran bestimmt immer noch das Selbstverständnis des Ortes, für die der 19. März der Name von Straßen und Plätzen und eine Gelegenheit für einen großen Festtag ist.

Übernachten, Essen

Für Übernachtungen ist Azua nicht zu empfehlen. Im Notfall finden sich jedoch einige sehr schlichte Herbergen in der Calle Duarte und Umgebung. Dort findet man auch einfache *comedores* mit dominikanischer Küche.

Infos

Verkehr
Busse (Terra Bus, Caribe Tours) und **Minibusse** nach Baní alle 15 Min., nach Barahona alle 30–60 Min., nach San Juan de Maguana stündlich.

Das Tal von San Juan ▶ B/C 4

Das trockene Tal, das durch eine Abzweigung hinter Azua seinen einzigen Straßenzugang hat und von dort über fast 80 km bis zur haitianischen Grenze reicht, ist eine der abgelegensten Regionen des Landes. Es hat seinen eigenen, großartigen Charme, der zunächst die Natur zu verdanken ist, denn fast über seine ganze Länge wird es auf der Nordseite von 2000–3000 m hohen Bergen eingerahmt. Zudem hat das Tal, insbesondere sein Hauptort San Juan, eine besondere Bedeutung in der Geschichte des Landes.

Das Königreich der Tainos
In dieser Gegend befand sich in präkolumbischer Zeit das alte Kazikenreich von Maguana, das vor der Ankunft der Europäer möglicherweise ein – oder sogar der – Mittelpunkt der Insel war. In der epischen Erzählung über die Vernichtung der Tainos spielt dieses ›Königreich‹ – an das der Beiname der Stadt San Juan erinnert – eine große Rolle, die durch den Chronisten Bartolomé de las Casas überliefert worden ist. Die alten Chroniken behaupten, dass die Konquistadoren hier herzlich empfangen wurden und dann gegen die Tainos ihren ersten großen Verrat begingen – mit der Ermordung des ganzen Adels der Indianer. Auch wenn manches der Schriften von Las Casas nicht den Fakten entspricht oder tendenziös eingefärbt ist: Fast alles, was wir über die Tainos und ihre Kultur wissen, bezieht sich auf dieses Kazikat.

Die spätere Isolierung dieser Region war eine Folge der Grenzziehung zu Haiti. Zwischen der Cordillera Central und der Sierra de Neiba eingezwängt, war sie nun über Jahrhunderte ein wildes Land der Reiter und Jäger, der verwilderten Rinder und vor allem der entflohenen Sklaven *(cimarrones)* – oft Menschen ungeklärter Nationalität, die sich aufgrund ungenauer Grenzverhältnisse genauso viel oder wenig der Dominikanischen Republik zugehörig fühlten wie Haiti.

An der haitianischen Grenze ▶ A/B 4/5

Die engen wirtschaftlichen und menschlichen Verbindungen, die zu dem Nachbarland bestanden, wurden erst durch die von Trujillo eingeleiteten Maßnahmen der ›Dominikanisierung‹ und Abgrenzung gegen die haitianische Einwanderung eingeschränkt (s. S. 80). Begleitet wurde diese Politik durch die Erschließung landwirtschaftlicher Flächen mittels Bewässerung vor allem in den Flusssenken, wo heute Reisfelder das Bild bestimmen. Heute hat der zwischenstaatliche Handel seine Bedeutung zurückgewonnen. Täglich finden vor allem in **Elías Piña/Comendador** Grenzmärkte statt, wobei die Bewohner frei die Grenze passieren dürfen.

Abseits der Straße kann man noch urtümliche Wirtschafts- und Lebensformen in kleinen Dörfern finden, deren Bewohner von der Viehzucht, der Imkerei und dem Anbau einfacher Tabaksorten leben und die sehr selten ausländischen Touristen zu Gesicht bekommen haben. Die Dörfer am Straßenrand zeigen selbst, was auch die Statistiken bestätigen: dass das Tal von San Juan bis heute die ärmste Region des Landes ist.

Armut und Widerstand
Seit der Enteignungskampagne von Trujillo, dessen Familie bis zu 80 % des gesamten Bodens an sich riss, sind die meisten Dörfler Landarbeiter und Halbpächter für wenige Großgrundbesitzer. Die Kargheit, Armut und Abgeschiedenheit des Landes begünstigt – ähnlich wie im Nordosten Brasiliens – die Entstehung fundamentalistisch-religiöser Bewegungen. Eine bis heute lebendige Bewegung ist die der **Liboristas,** die unter Führung des bäuerlichen ›Heiligen‹ Don Liborio schon von 1910 einen Kleinkrieg gegen die Behörden führten. 1962 verübte die Armee in Palma Sola, einer zwischen der haitianischen Grenze und der Kreisstadt Las Matas de Farfan gelegenen Landgemeinde, ein Massaker unter den angeblich staatsfeindlichen *Liboristas*, denen mehrere Hundert Menschen zum Opfer fielen. Doch bis heute kämpfen die *Liboristas* um eine Neuverteilung des Landes.

Infos

Verkehr
Die meisten Orte des Tals erreicht man mit **Minibussen,** eventuell auch Pickups. **Reisebusse** bieten direkte Verbindungen nur nach Santo Domingo.

San Juan und Umgebung ▶ C 4

Anklänge an die ursprüngliche bäuerliche Kultur findet man noch in **San Juan de la Maguana** (ca. 60 000 Einwohner), dem traditionellen Marktzentrum der Region. Die erste Gründung des Ortes, etwa 5 km südlich der heutigen Stadt, geht zwar auf das Jahr 1503 zurück, doch besitzt die Stadt außer ihrem Flair einer typischen dominikanischen Landstadt keine besonderen Sehenswürdigkeiten. Erwähnenswert ist der am Fuß der Zentralkordilleren gelegene **Stausee von Sabaneta** mit seiner reichen Flora und Fauna.

Im Zentrum Maguanas ▶ C 4

Auf dem Weg zum Stausee von Sabaneta, etwa 5 km nördlich von San Juan,

Der Südwesten

liegt nahe der Straße ein für die ganzen Antillen einzigartiges prähistorisches Baudenkmal: der **Corral de los Indios**, ein Zeremonialplatz der Tainos. Er besteht aus einem Kreis von behauenen Steinen, in dessen Mitte eine Stele mit einem einfachen eingemeißelten Gesicht steht. Als wir den Platz 1965 das erste Mal besuchten, war das Ensemble in weiten Teilen noch intakt: Um die Mittelstele stand ein Kreis von grob behauenen, senkrecht stehenden Randsteinen. Mittlerweile sind die meisten der Umrundungssteine von den Bewohnern des nahe gelegenen Dorfes weggeschleppt worden.

Von früheren Generationen sind Gerüchte überliefert, dass es hier einmal zwei konzentrische Steinkreise und einen über 1 km reichenden gepflasterten Weg gegeben habe. Wahrscheinlich werden die Form und die Bedeutung ungeklärt bleiben, auf jeden Fall jedoch waren die Steinkreise ein bedeutender, vielleicht sogar der wichtigste Zeremonialplatz der Urbewohner der Insel. (Viele Dominikaner lehnen daher die Bezeichnung Korral als abwertend ab.) Dies würde erklären, warum San Juan an der Stelle gegründet wurde, an der sich der im Zuge der Eroberung aufgegebene Hauptort des Kaziken-›Staates‹ Maguana befand. Es ist außerdem eine schöne, allerdings nicht bewiesene Annahme, dass der Mittelstein sich genau in der geografischen Mitte der ganzen Insel befindet, sodass der Zeremonialplatz also ein mit magischen Vorstellungen verbundenes geografisches Bewusstsein der Tainos dokumentiert.

Übernachten

Akzeptabel – **D'Angel:** Calle 19 de Marzo 3, Tel./Fax 809 557 34 84, DZ mit Ventilator 23 US-$, die wenigen DZ mit Aircondition um 25 US-$. Mit 30 Zimmern das größte und für durchschnittliche Ansprüche auch empfehlenswerteste Hotel.

Essen & Trinken

An den beiden nebeneinander liegenden Hauptstraßen Av. Independencia und Av. 16 de Agosto gibt es eine ganze Reihe ländlicher *comedores*, in denen es große Portionen für wenig Geld gibt.

Empfehlenswert – **Comedor Lina:** Av. Independencia 32, geöffnet 8–22 Uhr.

Im Zentrum Maguanas

Aktiv & Kreativ

Wander- oder Reitausflüge in die Sierras – Von San Juan aus bieten sich schöne Touren an, etwa nach Norden in das Vulkangebiet der **Sierra de Mato Grillo,** zu den typischen bäuerlichen Siedlungen **El Hatico** oder **Yabonico.** Da die Straßen nur bedingt zu befahren sind, muss man entweder laufen oder auf einen Esel steigen. Wanderungen entlang der vielen Flusstäler oder zu den warmen schwefelhaltigen Quellen – den Weg erklären die Bewohnern gern – lohnen die anstrengende Tour.

Auch das Gebirgstal der **Sierra de Ocoa** rund um den einzigen größeren Ort **Padre Las Casas** bietet vielfältige Wandermöglichkeiten durch eine urtümliche, ländliche Gegend mit freundlichen Menschen und wunderbaren Aussichtspunkten. Man sollte jedoch berücksichtigen, dass die Gegend touristisch nicht erschlossen ist. Daher ist es auch ratsam, sich über den Zustand der Straßen und etwaige Unterkünfte vorher zu erkundigen.

Ein weiteres Ausflugsziel ist das Dorf **Sabaneta,** gelegen an einem großen Stausee; es befindet sich 22 km nördlich von San Juan und wird von *colecti-*

Vor allem Nahrungsmittel werden auf dem Markt von Elías Piña feilgeboten

Der Südwesten

vos angefahren (vor Ort vorher Erkundigungen einholen!). Oberhalb des Stausees ist der Zugang zum **Nationalpark Jose Carmens Ramírez** und damit ein Zugang zum **Pico Duarte** (s. S. 145). Auch Führer und Maultiere können hier gemietet werden, doch sollte man diese Wanderung schon in San Juan organisieren.

Elías Piña ▶ B 4

Vor der großartigen Kulisse der Zentralkordilleren mit Ausblicken auf ihre höchsten Gipfel führt die Straße durch das Tal von San Juan bis Elías Piña und zur haitianischen Grenze. Im Zuge der ›Dominikanisierung‹ ist dieser ursprünglich unbedeutende Grenzort mit breiten Straßen, Parks und modernen Gebäuden ausgebaut worden – wie im Übrigen auch der gegenüberliegende haitianische Grenzort Belladère. Seitdem der Grenzübergang nur noch von Fußgängern benutzt werden kann und auch die an der Grenze entlangführende Nord-Süd-Straßenverbindung kaum unterhalten wird, verfällt er jedoch mehr und mehr. Hier gibt es einen **haitianischen Markt** (Mo, Fr morgens), der aber nur lokalen Charakter hat: Gehandelt werden Kleidung, Lebensmittel, auch Rum und Presstabak. Es gibt einen kleinen Grenzverkehr mit dem Motoconcho nach Belladère; man muss sich allerdings dort bei der örtlichen Polizei melden. Einige Dollarscheine erleichtern die Prozedur.

Die Enriquillo-Senke

Die Enriquillo-Senke bietet ein besonderes, für die Karibik merkwürdiges Landschaftsbild mit einer eigentümlichen Stimmung. Zwischen den Gebirgszügen **Sierra de Neiba** und **Sierra de Baoruco** gelegen, gleicht sie einer riesigen Wanne, deren tiefste Stellen bis 40 m unter den Meeresspiegel reichen. Hier liegt wie eine riesige Pfütze der flache Enriquillo-See. Tatsächlich war die Senke in erdgeschichtlich noch relativ junger Zeit ein Meeresarm, der vom haitianischen Westen herkommend tief in das Land reichte und durch tektonische Bewegungen und Flusssedimente abgeschnitten wurde.

Der Enriquillo-See ist mit 260 km^2 der größte zusammenhängende Teil der verbliebenen Wasserreste, der dementsprechend auch Salzwasser enthält. Die südöstlich davon gelegene **Laguna del Rincón** gehört zum gleichen System, ebenso wie der direkt hinter der haitianischen Grenze gelegene Etang Saumâtre. An den jeweiligen Uferstreifen sieht man, dass der Boden mit gut erhaltenen Meeressedimenten wie Korallen- und Muschelresten bedeckt ist. Er enthält Salz und Gips, die im Süden im Tagebau abgebaut werden.

Auf der Nordroute zum Lago Enriquillo ▶ B 5

Der Lago Enriquillo kann auf mehr oder minder guten Straßen ganz umfahren werden. Interessanter ist die nördliche Route, die durch mehrere Ortschaften führt und in Seenähe verläuft. Dazu muss man von der Carretera Sánchez in Richtung Vincente Noble abbiegen. Man kommt nun schnell in eine weite, heiße und **baumlose Ebene** mit unendlich scheinenden Zuckerrohrfeldern. Zur Erntezeit sieht man Männer, die mit der Machete das Rohr schlagen, und große Wagen mit mächtigen Ochsengespannen, die mit der geschnittenen Tagesausbeute beladen werden und an Sammelpunkten mit Kränen auf Züge umgeladen werden – ein pittoreskes,

Die Enriquillo-Senke

Der Kazike Enriquillo – von den Spaniern verfolgt, ist er heute der Nationalheld der Dominikanischen Republik

fast archaisches Bild, das vergessen lässt, dass Arbeit im Zucker die schlechtest beleumundete und bezahlte Arbeit ist. Die Arbeiter sind meist armselig gekleidet und von besonders dunkler Hautfarbe; es sind Haitianer, die, für die Saison angeheuert, in armseligen *bateyes*, Barackensiedlungen, leben. Diese Dörfer haben keinen zivilen Status, ihre Bewohner haben keine Papiere und können legal ihre Plantage nicht verlassen. Ein großer Teil des mageren Lohnes wird ihnen erst am Ende der Saison ausbezahlt, wenn sie, auf Lastwagen gepfercht, in ihre Heimat zurückgebracht werden. Einige können bleiben, da sie auch während der ›toten‹ Zeit gebraucht werden, und so kommt es zu der paradoxen Situation, dass in den *bateyes* seit Jahren Men- ▷ S. 268

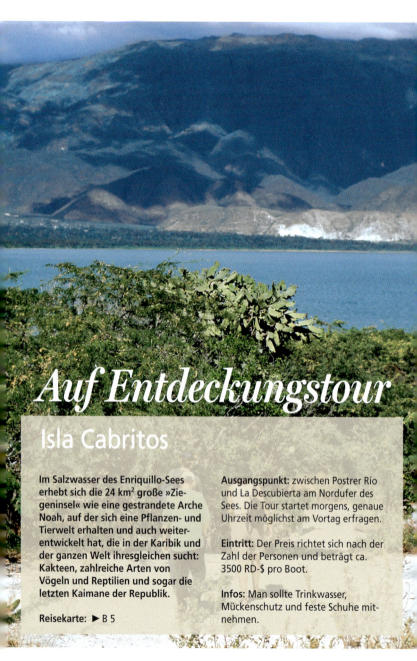

Auf Entdeckungstour

Isla Cabritos

Im Salzwasser des Enriquillo-Sees erhebt sich die 24 km² große »Ziegeninsel« wie eine gestrandete Arche Noah, auf der sich eine Pflanzen- und Tierwelt erhalten und auch weiterentwickelt hat, die in der Karibik und der ganzen Welt ihresgleichen sucht: Kakteen, zahlreiche Arten von Vögeln und Reptilien und sogar die letzten Kaimane der Republik.

Reisekarte: ▶ B 5

Ausgangspunkt: zwischen Postrer Río und La Descubierta am Nordufer des Sees. Die Tour startet morgens, genaue Uhrzeit möglichst am Vortag erfragen.

Eintritt: Der Preis richtet sich nach der Zahl der Personen und beträgt ca. 3500 RD-$ pro Boot.

Infos: Man sollte Trinkwasser, Mückenschutz und feste Schuhe mitnehmen.

Eine besondere Welt

Die Insel ist ein Naturphänomen mit einer eigentümlichen Landschaft, die ›erst‹ vor etwa einer Million Jahren durch eine erdgeschichtliche ›Katastrophe‹ entstanden ist.

Schon der Besuch der Nationalparkstation in ihrem kleinen Häuschen am Seeufer stimmt einen auf ein Erlebnis besonderer Art ein: Rundherum riecht es höllisch nach Schwefel, der aus einer nahen **Quelle** austritt; je nach Höhe des Wasserspiegels kommt auch ein Becken zum Vorschein, in dem man sich eventuelle Wartezeiten mit Schwefelbädern verkürzen kann.

Rundherum lagern die **Riesenleguane**, die man sonst nirgendwo in der Republik so sieht und die keineswegs schüchtern sind: Ihr forsches Betteln zeigt, dass sie sich längst nicht mehr fürchten müssen, im Kochtopf zu landen und mit Touristen und Rangern vertraut sind.

Hier war einmal Meer

Auf der Fahrt zur Insel macht man die erste Bekanntschaft mit dem **salzigen See**, der in Urzeiten einmal ein vom heutigen Haiti aus hereinreichender Meeresarm war; Muscheln und Korallenstücke, aus denen der weiße Sand an Festland- und Inselufer besteht, weisen auf die maritime Vergangenheit hin. Die Insel selbst, früher eine Ziegenweide und auch Zufluchtsort des letzten Führers der Tainos, Enriquillo, ist von Menschen verlassen und dicht mit Trockenwald und stacheligem Gestrüpp bewachsen. Ein kompetenter Führer leitet die Besucher über schmale Pfade durch die trockene, brütende Hitze hin zu einem Informations- und Picknickhäuschen, in dem die Tier- und Pflanzenwelt sowie die geologische Entstehungsgeschichte des Sees und der Insel erklärt werden. Mit viel Glück kann man die letzten amerikanischen **Spitzkrokodile** der Karibik *(crocodylus acutus)* hier sehen, aber sie zeigen sich nicht oft.

Eine unvorstellbare Artenvielfalt

Dafür geben sich andere seltene Reptilien ein Stelldichein. Am sichtbarsten sind die zwei hier ansässigen Arten von Riesenleguanen: der Rhinozeros-Leguan *(cyclura cornuta)*, den wir schon vom Wärterhäuschen kennen, und eine etwas kleinere endemische Art, der noch seltenere Ricord-Leguan *(cyclura ricordi)*, der an seinen roten Augen zu erkennen ist. Beide Arten sind bedroht und geschützt. 62 Arten von Vögeln nisten in dem grünen Gewirr, neben den rosa Flamingos mehrere Reiherarten, Ibisse, Wasserhühnchen, Eulen und selbst den großen Unbekannten, den Hispaniola-Papagei, will man hier gesehen haben.

Kleine Drachen: ein Leguan auf der Insel

Der Südwesten

schen leben und dort Kinder geboren werden, die keine Rechte und Staatsangehörigkeit haben – was auch der dominikanischen Verfassung widerspricht (s. S. 80).

Am Lago Enriquillo

Nachdem man die kleine Provinzstadt Neiba passiert hat, sieht man links in der Senke den See liegen. Er bleibt aber auf dieser Seite nur auf Fußwegen erreichbar. Auch die Ortschaften liegen in einiger Entfernung vom Wasser in einer dichten tropischen Vegetation, die sich deutlich von der Trockenheit der Region unterscheidet. Wir durchfahren hier ein Mikroklima, das sich ausschließlich auf dem schmalen Landstreifen zwischen See und Neiba-Gebirge erstreckt. In der Nähe der Ortschaft Postrer Río finden sich hoch oben in einer Höhle, die auf einer schmalen Treppe erklommen werden kann, Felszeichnungen aus der Tainokultur, die »Caritas« (Gesichtchen).

Kurz davor befindet sich auf der rechten Seite der Parkplatz und Zugang zum Nationalpark der **Isla Cabritos** (s. Entdeckungstour S. 266).

Übernachten

Es gibt kaum akzeptable Übernachtungsmöglichkeiten, außer einem netten Hotel in La Descubierta:

Liebevoll umsorgt – **Mi Pequeño Hotel:** in La Descubierta, Calle Padre Billini 26, Tel. 809 890 93 60. Man findet das kleine Hotel im Stadtkern, eine Straßenecke vom Hauptplatz; es wird von einer älteren Dame betreut, die im Nebenhaus links wohnt. Einfache, saubere Zimmer in mehrstöckigem Haus mit Veranda, mit blühenden Bäumen davor. Ein friedlicher Ort, wenn er nicht am Wochenende von der nahen Diskothek lautstark beschallt wird.

Essen & Trinken

In der Gegend des Lago Enriquillo gibt es keine richtigen Restaurants. Bis etwa 8 Uhr abends kann man sich in den örtlichen *colmados* versorgen, in

Flamingos am Lago Enriquillo

einer der Snackbars an der Ortsdurchfahrtsstraße einen kleinen Imbiss nehmen oder sich an einer der *frituras* mit Fisch und Patacones satt essen – was am meisten zu empfehlen ist. Die am schönsten gelegene Garküche ist die im *balneario* von **La Descubierta.**

Aktiv & Kreativ

Baden – Das *balneario* von **La Descubierta,** ein weiteres Naturbad, liegt direkt im Ort hinter Mauern versteckt. Hier kann man in Gesellschaft von dominikanischen Familien planschen, picknicken und unter Bäumen dösen.

Infos

Verkehr
Auf der nördlichen Seeseite verkehren Kleinbusse bis Neiba. Von dort aus kann man weiter nach Jimaní reisen – ebenfalls mit Bussen.

Jimaní ▶ A 5

Jimaní, unweit des westlichen Seezipfels, ist ebenfalls eine Stadt, die im Zuge des Dominikanisierungsprogramms Trujillos ausgebaut wurde. Von hier gelangt man rasch an die Grenzstationen von **Mal Paso** bzw. **Malpasse.**

Vor dem Bau der neuen Brücke bei Dajabón ganz im Norden der Dominikanischen Republik war hier die einzige Möglichkeit, offiziell nach Haiti einzureisen; bis zur haitianischen Hauptstadt und Mal Paso hat die Straße bis heute den größten Teil des kommerziellen Verkehrs nach Haiti zu bewältigen. Direkt an der Grenze – aber auf haitianischer Seite – findet am Montag, Donnerstag und Samstag ein großer Grenzmarkt statt, auf dem Kochtöpfe, Hemden, aber keine für Touristen interessanten Waren verkauft werden.

Man kann aber ohne Probleme durch ein kleines Türchen am Rande des großen Tores die Grenze überschreiten, sich eine Weile in dem Niemandsland aufhalten und wieder zurückkehren. Die haitianische Kontrolle folgt erst 100 m landeinwärts. Aber auch hier liegt, wie auf den anderen haitianischen Grenzmärkten eine starke Spannung in der Luft, die auf das steile Wohlstandsgefälle zwischen den Ländern zurückzuführen ist. Die Armut auf der anderen Seite ist erschreckend.

Die südliche Route am See ▶ B 5/6

Von Jimaní aus kann man auf einer guten Straße auf der anderen Seite des Lago Enriquillo zurückfahren. Sie berührt schon die Ausläufer des trockenen Baoruco-Gebirges und bietet von den Anhöhen aus mehrmals einen guten Blick über den Enriquillo-See. In Duvergé zweigt eine kleine Straße in das 2367 m hoch gelegene El Aguacate

Mein Tipp

Feste & Festivals
Um Ostern herum: Zur Folklore von Cabral gehören die in Tierhäute und bunte Fetzen gekleideten ›Teufel‹, die zum Osterfest und in den Wochen davor ihr Unwesen treiben, bevor sie am Ostermontag symbolisch den ›Judas‹ verbrennen.

ab, einer der Zugänge zum Parque Nacional Sierra de Baoruco.

Die Hauptstraße führt weiter nach Cabral, ein an sich uninteressanter Ort, der ursprünglich Rincón hieß. Dieser Name wird noch für den kleinen, weniger salzhaltigen See verwendet, der hinter Cabral liegt und von dort auf einer kleinen Straße erreicht werden kann. Die fast kreisrunde Laguna de Rincón ist zum ›wissenschaftlichen Reservat‹ (Reserva Cientifica) erklärt worden, um eine Reihe hier vorkommender endemischen Spezies zu schützen: Mehrere Fischarten und eine Art kleiner Wasserschildkröten; hinzu kommt eine bemerkenswerte Vogelpopulation, die man auch von der Straße aus sehen kann – bestimmte endemische Arten von Enten, Flamingos, Ibissen und Wasserhühnchen.

Gegen die Schwerkraft
Am Schluss ist noch der seltsame ›Polo Magnético‹ zu nennen, der in Cabral ausgeschildert ist: Dort gibt es eine Straßenstelle, an der Autos bei abgeschaltetem Motor den Berg hinaufrollen – angeblich aufgrund eines magnetischen Feldes, das Eisen anzieht. In Wirklichkeit handelt es sich dabei wahrscheinlich um eine optische Täuschung. Allzu lang sollte man darüber nicht grübeln, denn nun erreicht man Barahona, die einzige größere Stadt der Region und zugleich der – schlecht ausgeschilderte – Zugang zur Halbinsel Baoruco.

Barahona ▶ C6

Die Geografie von Barahona ist auch für Ortsfremde recht einfach, solange

Wenige Kilometer von der trockenen Enriquillo-Senke entfernt: die Strände um Barahona

man sich an die großen Achsen hält: Die von Nordwesten herführende Ortseinfahrt bleibt in der Stadt die Hauptverkehrsader, die direkt zur Küste führt. Dort trifft sie auf den Malecón, der links zum Hafen und rechts zu den wichtigsten Hotels führt und von dort aus in die Küstenstraße der Baoruco-Halbinsel übergeht.

Barahona ist das Zentrum einer Grenzzone, deren Verlauf zu kolonialen Zeiten umstritten war, letztlich ist und war es aber wirtschaftlich uninteressant. So verbargen sich hier gerne Randgruppen: Zunächst die letzten Tainos unter ihrem Führer Enriquillo, dann Piraten und ihre Helfer zu Lande, die Boukaniere, und schließlich, in großer Zahl und über lange Zeiträume, die *cimarrones*, flüchtige Sklaven aus beiden Kolonien. 1802 zog Toussaint Louverture, der Freiheitsheld der Haitianer, der sich zu dieser Zeit noch als französischer Gouverneur verstand, mit einem Heer nach Osten, um die im Frieden von Basel 1795 Frankreich zugestandenen Ostgebiete der Insel auch tatsächlich in Besitz zu nehmen. Im ›Vorrübergehen‹ gründete er in dem unsicheren Grenzland eine Stadt, das zukünftige Barahona.

Barahona war lange Zeit tiefste Provinz, selbst als in den 1930er-Jahren die Zucker- und Kaffeebarone kamen und eine befestigte Straße dorthin gebaut wurde, blieb Barahona ein kümmerliches Nest. Später träumte man von einer großen Zukunft im Tourismusgeschäft. Trujillo legte einen ersten Stein, in dem er den noch dörflichen Ort mit einem seiner monumentalen Hotels, dem Guarucosur und dem heutigen Malecón versah. Dies stand noch ganz unter dem Zeichen seines Programm der ›Zivilisierung‹ der Grenzregionen. Sein Nachfolger im Geiste, Balaguer, wollte das Seine beitragen, indem er die Stadt und ihre Umgebung als neue

Der Südwesten

Tourismusregion auswies und einen internationalen Flughafen bauen ließ, der heute wieder geschlossen ist. Wohl siedelten sich einige Hotels in der Region an, doch Barahona blieb weiterhin eine ruhige Stadt, deren Tempo durch den sie umgebenden Vorhang flimmernder Hitze bestimmt wird.

Übernachten

Barahona hat einige schöne Hotels, wer aber noch ein paar Kilometer die Küste in Richtung Süden entlangfährt, findet atmosphärisch noch nettere, an der Steilküste gelegene Unterkünfte.
Piratenklause – **Loro Tuerte:** Calle Luis Delmonte 33, Tel/Fax 809 524 66 00, www.lorotuerto.com. DZ 1500 RD-$. Der „einäugige Papagei" ist die freundlichste Unterkunft im Ort. 9 einfache Zimmer mit Bildern von Frida Kahlo in einem Hinterhaus mit Holzveranda. Dazu eine mit Postern geschmückte Bar mit Straßenterrasse. Wi-Fi.
Trujillos Megalomanie – **Guarocuya:** Av. Enriquillo/Malecón, Tel. 809 524 41 21, ab 1300 RD-$. Traditionshotel dominikanischer Familien, teilweise etwas verwohnt. Die große Lobby hat einen eigentümlichen Charme. Im Restaurant (tägl. 7–23 Uhr) gibt es Frühstück, Meeresfrüchte und Fleischgerichte für rund 250 RD-$.
Strand und Stadt – **Caribe:** Av. Enriquillo/Calle Duarte, Tel. 809 524 41 11, www.hotelcaribe.do, DZ ca. 1000 RD-$, Suite 1500 RD-$. Schönes Hotel in Strandnähe mit 28 Zimmern, Aircondition, TV, Pool.

Essen & Trinken

Bewährt und gut – **Brisas del Caribe:** Carretera del Batey Central (Verlängerung des Malecón in Richtung Hafen), Tel. 809 524 27 94, tgl. 9–23 Uhr, Hauptgerichte ca. 500 RD-$. Meeresfrüchte und Fisch, aber auch chinesische Gerichte, insgesamt eine exzellente Küche.
Speise- und Tanzlokal – **Costasur:** Av. Enriquillo, tägl. 8–24 Uhr, Gericht um 300 RD-$. Großes dominikanisches Restaurant mit chinesischem Einschlag und reichlichen Portionen, das auch für Veranstaltungen gebucht wird.

Abends & Nachts

Nachtschwärmer vergnügen sich am liebsten in den Bars und Diskotheken am Malecón.
Das **Costasur** (s. oben) verwandelt sich ab 21 Uhr in ein traditionelles Tanzlokal mit dominikanischer Musik für alle Altersgruppen.

Infos

Verkehr

Bus: Caribe Tours verbindet Barahona mit Santo Domingo 2 x tgl.; etwas unbequemer sind die Minibusse.
Flugzeug: Seit 1996 gibt es den internationalen Flughafen María Montéz, über den Caribair Barahona theoretisch tgl. mit Santo Domingo und Port-au-Prince verbunden ist. Doch kann man nicht mit einem fahrplanmäßigen Flugverkehr rechnen.

Küstenstraße der Sierra de Baoruco !

Im Zuge des Balaguer'schen Förderungsprogramms wurden in den 1990er-Jahren die Straßen auf der Baoruco-Halbinsel ausgebaut. Die erste Strecke fährt man an den Hängen des Baoruco-Gebirges direkt am Meer entlang bis zu dem kleinen Ort

Küstenstraße der Sierra de Baoruco

Das Süßwasserbad von Los Patos

Oviedo. Mit immer neuen Ausblicken auf Meeresbuchten, Strände und Vorgebirge ist sie eine der schönsten Straßen der Karibik. Vor allem am Wochenende verwandelt sie sich auf unaufdringliche Weise zu einem Eldorado des dominikanischen Kleintourismus, der mit Freiluftkneipen und *balnearios* in Flussmündungen seine eigenen Freizeiteinrichtungen improvisiert: Merengue für alle, Autoreifen und Gummienten für die Kinder, rumselige Gespräche unter Männern, Friedens- und Versorgungsaufgaben für die Frauen.

Im Alltag nutzen die Fischer vor allem mit Schleppnetzen die Kieselstrände und leisten ihren Beitrag zur fotogenen Idylle. Die Gegend ist wunderschön, friedlich und abwechslungsreich; sie ist aber auch provinziell geblieben. Die Strände sind schmal und steinig, das Meer tief, bewegt und aufgrund der Unterströmungen unsicher. Und letztlich fehlt es auch an geeignetem Baugrund für Mammuthotels.

Übernachten

Außerhalb von Barahona Richtung Süden

Die folgenden Hotels sind, bis auf das Paraíso, etwas abseits von Ortschaften gelegen. Für die traumhafte Ruhe und raue Schönheit der Küste muss man in Kauf nehmen, dass keine weitere Infrastruktur in Laufnähe vorhanden ist. Ein Auto wird daher empfohlen.

Herrlich gelegen – **Playazul:** km 7 der Küstenstraße, Tel. 809 424 53 75 oder 204 80 10, DZ inkl. Frühstück 2400 RD-$. Neues, sehr attraktiv ausgelegSchjreites Hotel mit Blick auf das türkisfarbene Meer. Pool, Restaurant, über einen kleinen Pfad kann man zu einem Kiesstrand heruntersteigen.

Miniatur-Luxushotel – **Casa Bonita:** Carretera de la Costa, auf der Anhöhe von Baoruco, Tel. 809 540 59 08 oder 809 476 50 59, www.casabonitadr.com, DZ 200 US-$ mit Frühstück. Ein kleines, etwas abgelegenes Hotel für höchste Ansprüche, das man hinter der be-

Lieblingsort

San Rafael

Aus dem Inneren der Halbinsel von Baoruco fließt ein kleiner Fluss die Sierra hinunter, der einige Kilometer südlich von Barahona das Meer erreicht. Auf der Bergseite der Küstenstraße umspielt sein Wasser herabgestürzte und ausgewaschene Felsen, auf denen, vor allem am Wochenende, Tische und Stühle aufgestellt werden. Dominikanische Familien installieren sich hier mit Freunden, Kind und Kegel, genießen das eiskalte Wasser und den Schatten der Bäume. Zwischendurch tauchen sie nach einer Flasche Rum, der sorgsam zwischen den Steinen in den Naturbecken gekühlt wird.

Der Südwesten

scheidenen Fassade und der löchrigen Erdstraße kaum vermuten würde. Harmonisch fügen sich die 12 Zimmer auf unterschiedlichen Ebenen in die Landschaft mit dem schönen Pool. Restaurant, Bar, Jacuzzi sowie verschiedene Ausflugsmöglichkeiten.

Charmant und schön – **Casablanca:** Juan Esteban, km 10 der Küstenstraße, Tel. 809 856 25 29, www.hotelcasablanca.com.do, DZ ab 60 US-$, üppiges Frühstück (RD-$ 250). Kleines, ruhiges Hotel mit 6 geschmackvoll eingerichteten Zimmern, Garten mit Meerblick und einem kurzen Spazierpfad zum Kiesstrand. Mit einem Tag Voranmeldung und ab 3 Pers. serviert die charmante Schweizer Gastgeberin Susanna ein 3-Gänge-Menü mit marktfrischen Zutaten.

Dominikanische Freizeit – **Paraíso:** in Paraíso, Tel. 809 243 10 80, www.hotelparaisodr.com, DZ ca. 1000 RD-$. Ferienhotel für einheimische Familien, am Kieselstrand gelegen, verwinkelt gebaut, einfach und nett, mit hilfsbereitem Personal und Pool.

Essen & Trinken

Außerhalb von Barahona Richtung Süden

Über den Klippen – **Playazul:** km 7 der Küstenstraße im gleichnamigen Hotel, tgl. geöffnet, Hauptgerichte um 300 RD-$. Terrasse mit Meerblick und frischer Brise, guter Service und schmackhafte Speisen.

Garküchen – **Balneario San Rafael:** Auf halber Strecke zwischen Baoruco und Paraíso. Man sitzt an einem wackeligen Holztischchen beim rauschenden Wasserfall und kann in unterhaltsamer Umgebung an improvisierten Ständen die typisch dominikanisch frittierten Fisch- und Fleischstücke mit Kochbananen essen. Gleiches findet man im

Mein Tipp

Nationalstein Larimar

Auf der Baoruco-Halbinsel und nirgendwo sonst auf der Welt gibt es den strahlend hellblauen Edelstein Larimar, eine Sonderart des Gesteins Pektolith. Der Legende nach kannten schon die Tainos diesen Halbedelstein, dessen Existenz dann jedoch vergessen wurde: Denn erst 1974 entdeckte man den – Geologen bis dahin unbekannten – Schmuckstein im Südwesten der Dominikanischen Republik. Ein Wanderer fand ihn an der Küste der Sierra de Baoruco und brachte ihn, so heißt es, zu einem dominikanischen Edelsteinkenner. Dieser gab ihm seinen Namen Lari – nach seiner Tochter Larissa – und mar für das Meer. Mittlerweile hat man ein paar Kilometer von der Küste entfernt eine Mine entdeckt und baut den Stein in größeren Mengen ab. Zum dominikanischen Nationalstein erklärt, ist er eine beliebte Einlage für Silberschmuck, den man überall im Land kaufen kann. Ein kleines Hinweisschild an der Küstenstraße bei der Playa Quemaito bezeichnet die Erdstraße, die zur Mine führt. Das Betreten ist möglich, jedoch auf eigene Gefahr! Davor wird der Stein in unbehauener Form verkauft – jedoch Vorsicht: Die Ausfuhr des Steins in Rohform ist verboten!

Küstenstraße der Sierra de Baoruco

Wer wirklich einsame Strände sucht, ist im äußersten Südwesten der Republik genau richtig

nahe gelegenen, beinahe so schönen Balneario Los Patos.
Entlang der ganzen Küstenstraße finden sich *frituras*, die frittierten Fisch oder Huhn, Kochbananen und Reis anbieten. Weitere, etwas besser ausgestattete Restaurants in **Paraíso** und **Oviedo**.

Aktiv & Kreativ

Baden – **Balneario San Rafael:** Naturbad mit kaltem Süßwasser in Form eines in Becken aufgestauten Flusses (s. S. 274). Am Wochenende kann es hier hoch hergehen, unter der Woche ist es relativ ruhig. Das Bad ist jederzeit zugänglich.

Oberhalb des *balnearios* befindet sich ein Aussichtspunkt mit einer atemberaubenden Aussicht über die Küstenlinie.

Balneario Los Patos: einige km südlich von Paraíso (große Flussmündung, von der Straße aus sichtbar). An dieser bezaubernden Badestelle fließt der Fluss Los Patos ins Meer.

Trotz des vielen Platzes zum Baden wird es auch hier am Wochenende meist ziemlich voll, denn es handelt sich um eine der wenigen ungefährli-

Der Südwesten

chen Badestellen der an Unterströmungen reichen Küste.

Nationalparks der Baoruco-Halbinsel

Die ganze Halbinsel ist gebirgig, zerfällt aber durch eine weitere von Nordwest nach Südost verlaufende Talrinne in zwei Teile: der nördliche gehört zum großen Teil zum Parque Nacional Sierra de Baoruco (800 km²), der südliche ist der 1400 km² große Parque Nacional Jaragua.

Beide Teile sind gleichermaßen unerschlossen. Zur Fortbewegung ist man auf Autos mit Vierradantrieb angewiesen, für die Verpflegung auf eigenen Proviant, zum Übernachten auf mitgebrachte Zelte. Dafür hat man hier die Möglichkeit, eine echte Abenteuertour in einsamer Natur zu unternehmen.

Besuch in der Sierra de Baoruco ▶ B/C 6/7

Der Nationalpark Sierra de Baoruco, der in Aguacate mit 2367 m eine beträchtliche Höhe erreicht, bietet ein sehr typisches Beispiel des trockenen Bergwaldes mit entsprechenden Übergängen in größeren Höhen. Vorherrschende Baumarten sind die kreolische Pinie, die für die Region typischen Varianten des Lorbeerbaums und des Mahagoni. Bemerkenswert ist die Vielzahl und Varietät der Orchideen, die zu einem Drittel endemischen Gattungen angehören. Die Abgeschlossenheit der Arten in dieser Region zeigt sich sogar bei den Vögeln: Es gibt 19 endemische Arten, z. B. Arten von Raben- und Trogonvögeln, die aus anderen Landesteilen und von anderen Inseln verschwunden sind.

Nicht zuletzt spielt diese trockene Region zwischen Salzsee und Gebirge im historischen Bewusstsein der Dominikaner eine große Rolle: Sie war das Rückzugsgebiet der Tainos, die 1532 von hier unter ihrem Führer Enriquillo einen letzten verzweifelten Versuch unternahmen, als Volk zu überleben.

Im Jaragua-Nationalpark ▶ B 7/8

Nationalparkbüro: *ca. 3 km vor dem Ortseingang nach Oviedo, tgl. 8–16 Uhr, Eintritt 50 RD-$*

Der Jaragua-Nationalpark, benannt nach dem dieser Region beherrschenden Taino-Kazikat, umfasst den südlichen Zipfel der Halbinsel, eine trockene, mit Dornbüschen und Kakteen bestandene Ebene. Sie ist von Oviedo aus zugänglich, wo ein gelbes Ranger-Häuschen vor dem Ortseingang den Beginn des Nationalparks markiert. Dort gibt es auch ein Besucherzentrum mit einem Turm, von dem aus man morgens ab 7 Uhr Flamingos in der direkt daneben gelegenen Salzwasser-Lagune beobachten kann.

Vorsicht ist geboten, wenn man versucht, den teils verkrusteten, teils offenen Bereich dieser Lagune mit dem Auto zu erkunden. Auch die scheinbar festen Partien sind trügerisch, und wer erst einmal bis zur Achse im stinkenden Schlamm versunken ist, braucht viel Mühe und Zeit, um wieder auf festes Land zu kommen.

Mit einem Boot sind die große Lagune, die Mangrovensümpfe und auch unberührte Strände einfacher zu erreichen; die Wächter im Parkhäuschen an der Einfahrt nach Oviedo können bei der Vereinbarung einer Bootstour helfen. Wanderungen, die auch die große, unbewohnte, der Halbinsel vorgelagerte Isla Beata einschließen, sind etwas schwieriger zu organisieren. Sie lohnen aber, wenn man Zeit hat – nicht nur wegen der herben Schönheit der Trockenwaldlandschaft. Mit einigem Glück hat man das ganze Repertoire der dominikanischen Tierwelt vor Augen und der Kameralinse: Wasservögel, die dominikanischen Papageien, den Schlitzrüssler und Rhinozeros-Leguane.

Zusätzlich bietet der Park mehrere Fundstätten der Taino-Kultur mit Höhlenbildern: **El Guanal, Cueva la Poza, Cueva Mongo** und andere, deren Lage beim Parkbüro zu erfahren ist. Es sind die letzten Zeugnisse des großen Kaziken-Staates Xaragua, der einst den ganzen südlichen Bereich umfasste und dessen Namen der Nationalpark in Erinnerung hält.

Pedernales ▶ A 7

Von Oviedo aus durchquert eine asphaltierte Straße den fast menschenleeren Süden der Halbinsel und die Ausläufer des Baoruco-Gebirges, von denen man einen grandiosen Ausblick auf die Trockenwälder genießen kann. Pedernales selbst ist der alleräußerste Außenposten der dominikanischen Welt.

Für die Fischerei und die Bauxit Gewinnung hat die Stadt Bedeutung. Ihr wichtigstes Attribut ist jedoch die direkt hinter der Stadt verlaufende Grenze zu einer haitianischen Region, die selbst kaum mit dem Rest des Landes verbunden ist.

Pedernales und das haitianische Grenzland sind damit gleichermaßen isoliert und bilden – allen Gesetzen und Vorurteilen zum Trotz – eine natürliche Wirtschaftseinheit. Ein nicht abreißender Strom von Menschen, Lasttieren und Waren wandert an dem kleinen Grenzhäuschen vorbei. Man sollte zwar seinen Pass mitnehmen, aber in den meisten Fällen kann man ebenfalls völlig unbehelligt und begleitet von Kindern und Jugendlichen bis in das erste haitianische Dorf Anse-à-Pitre wandern.

Übernachten, Essen

Erste Wahl im Ort – **Hostal Doña Chava:** Calle Segunda 5, Pedernales, Tel: 809 524 03 32, www.donachava.com, DZ ab 650 RD-$. Freundliches Hotel mit 19 Zimmern um einen grünen Hof. Touren in die Umgebung und sogar zum berühmten Fest von Jacmel in Haiti werden organisiert. Einfach die hilfsbereite Teresa fragen.

Mein Tipp

Ausflug nach Cabo Rojo
Kurz vor dem Endpunkt der Straße in Pedernales führt eine Abzweigung nach Cabo Rojo und der Playa de Águilas, einem echten ›Geheimtipp‹. Dort am ›roten Kap‹ findet man einen paradiesischen Sandstrand, der noch um das Cap Falso herumreicht. Es ist der längste und einsamste Strand der Republik, aber wer ihn besucht, hat lange Wege vor sich, zu Fuß, mit Booten und immer schwer beladen mit Wasser und Proviant, denn hier gibt es keinerlei Infrastruktur.

Zählt man die mehrstündige Anfahrt von Barahona hinzu (120 km), so ist klar: Dieser Strand wird wohl vorerst noch einsamen Glücksjägern vorbehalten bleiben – es sei denn, es kommt ein großer Investor und macht ein zweites Punta Cana daraus …

Sprachführer

Ausspracheregeln

In der Regel wird Spanisch so ausgesprochen wie geschrieben. Treffen zwei **Vokale** aufeinander, so werden beide einzeln gesprochen (z. B. E-uropa). Die **Betonung** liegt bei Wörtern, die auf Vokal, n oder s enden, auf der vorletzten Silbe, bei allen anderen auf der letzten Silbe. Liegt sie woanders, wird ein Akzent gesetzt (z. B. teléfono).

Konsonanten:

c	vor a, o, u wie k, z. B. casa; vor e, i wie englisches th, z. B. cien
ch	wie tsch, z. B. chico
g	vor e, i wie deutsches ch, z. B. gente
h	wird nicht gesprochen
j	wie deutsches ch, z. B. jefe
ll	wie deutsches j, z. B. llamo
ñ	wie gn bei Champagner, z. B. niña
qu	wie k, z. B. porque
y	am Wortende wie i, z. B. hay; sonst wie deutsches j, z. B. yo
z	wie englisches th, z. B. azúcar

Allgemeines

guten Morgen/Tag	buenos días
guten Tag (ab 12 Uhr)	buenas tardes
guten Abend/gute Nacht	buenas noches
auf Wiedersehen	adiós
Entschuldigung	perdón
hallo/grüß dich	hola/¿Qué tal?
bitte	de nada/por favor
danke	gracias
ja/nein	si/no
Wie bitte?	¿Perdón?
criollo	kreolisch

Unterwegs

Haltestelle	parada
Bus/Auto	autobús/coche
Ausfahrt/-gang	salida
Tankstelle	gasolinera
rechts	a la derecha
links	a la izquierda
geradeaus	todo recto
Auskunft	información
Telefon	teléfono
Postamt	correos
Bahnhof/Flughafen	estación/aeropuerto
Stadtplan	mapa de la ciudad
alle Richtungen	todas las direcciones
Eingang	entrada
geöffnet	abierto/-a
geschlossen	cerrado/-a
Kirche	iglesia
Museum	museo
Strand	playa
Brücke	puente
Platz	plaza/sitio

Zeit

Stunde	hora
Tag	día
Woche	semana
Monat	mes
Jahr	año
heute	hoy
gestern	ayer
morgen	mañana
morgens	por la mañana
mittags	al mediodía
abends	a la noche
früh	temprano
spät	tarde
Montag	lunes
Dienstag	martes
Mittwoch	miércoles
Donnerstag	jueves
Freitag	viernes
Samstag	sábado
Sonntag	domingo

Notfall

Hilfe!	¡Socorro!
Polizei	policía
Arzt/Zahnarzt	médico/dentista
Apotheke	farmacia
Krankenhaus	hospital

Unfall	accidente
Schmerzen	dolores
Panne	avería

Übernachten

Hotel	hotel
Pension	pensión
Einzelzimmer	habitación individual
Doppelzimmer	habitación doble
mit/ohne Bad	con/sin baño
Toilette	servicio
Dusche	ducha
mit Frühstück	con desayuno
Halbpension	media pensión
Gepäck	equipaje
Rechnung	cuenta

Einkaufen

Geschäft/Markt	tienda/mercado
Kreditkarte	tarjeta de crédito
Geld	dinero
Geldautomat	cajero (automático)

Lebensmittel	víveres
teuer	caro/-a
billig	barato/-a
Größe	talla

Zahlen

1	uno	17	diecisiete
2	dos	18	dieciocho
3	tres	19	diecinueve
4	cuatro	20	veinte
5	cinco	21	veintiuno
6	seis	30	treinta
7	siete	40	cuarenta
8	ocho	50	cincuenta
9	nueve	60	sesenta
10	diez	70	setenta
11	once	80	ochenta
12	doce	90	noventa
13	trece	100	cien
14	catorce	150	cientocincuenta
15	quince	200	doscientos
16	dieciséis	1000	mil

Die wichtigsten Sätze

Allgemeines

Sprechen Sie Deutsch/Englisch?	¿Habla Usted alemán/inglés?
Ich verstehe nicht.	No entiendo.
Ich spreche kein Spanisch.	No hablo español.
Ich heiße …	Me llamo …
Wie heißt Du/ heißen Sie?	¿Cómo te llamas/ se llama?
Wie geht es Dir/ Ihnen?	¿Cómo estás/ está Usted?
Danke, gut.	Muy bien, gracias.
Wie viel Uhr ist es?	¿Qué hora es?

Unterwegs

Wie komme ich zu/nach …?	¿Cómo se llega a …?
Wo ist …?	¿Dónde está …?
Könnten Sie mir bitte … zeigen?	¿Me podría enseñar …, por favor?

Notfall

Können Sie mir bitte helfen?	¿Me podría ayudar, por favor?
Ich brauche einen Arzt.	Necesito un médico.
Hier tut es mir weh.	Me duele aqui.

Übernachten

Haben Sie ein freies Zimmer?	¿Hay una habitación libre?
Wie viel kostet das Zimmer pro Nacht?	¿Cuánto vale la habitación al día?
Ich habe ein Zimmer bestellt.	He reservado una habitación.

Einkaufen

Wie viel kostet …?	¿Cuánto vale …?
Ich brauche …	Necesito …
Wann öffnet/ schließt …?	¿Cuándo abre/ cierra …?

Kulinarisches Lexikon

Zubereitung/Spezialitäten

a la plancha	gegrillt
al ajillo	in Knoblauchsoße
ahumado/-a	geräuchert
arroz congrí	Reis mit schwarzen Bohnen
asado/-a	gebraten/gegrillt
brocheta	Spieß
crudo/-a	roh
empanado/-a	paniert
frito/-a	frittiert
gambas al ajillo	Krevetten in Knoblauchöl
guisado/-a	geschmort
hervido/-a	gekocht
moros y cristianos	Reis mit roten/schwarzen Bohnen
picadillo habanero	Rinderhack mit Tomaten und Oliven
plátanos fritos	frittierte süße Bananen
tostones	frittierte Kochbananen

Snacks und Suppen

bocadillo	belegtes Brötchen
sopa de pollo	Hühnersuppe
crema de queso	Käsesuppe
huevos fritos	Spiegeleier
jamón	Schinken
pan (tostado)	(getoastetes) Brot
pan con lechón	mit Spanferkelfleisch belegtes Brot
panecillo	Brötchen
perro caliente	Hotdog
queso	Käse
revoltillo	Rührei
sopa de chícharo	Kichererbsensuppe
tortilla	Omelette

Fisch und Meeresfrüchte

atún	Thunfisch
almeja	Muschel
camarón	Garnele
cangrejo	Krebs
croqueta de pescado	Fischkrokette
langosta	Languste
mariscos	Meeresfrüchte
mejillón	Miesmuschel
pescado	Fisch

Fleisch und Geflügel

albóndiga	Frikadelle
aves	Geflügel
cabrito/chivo	Zicklein
carne	Fleisch
carne en salsa	Fleischstücke in Soße
chuleta	Schweinekotelett
chuletas de cerdo	geräuchertes Kasseler (Schwein)
cerdo	Schweinefleisch
conejo	Kaninchen
cordero	Lamm
escalope	Schnitzel
pato	Ente
pavo	Truthahn
pechuga de pollo	Hähnchenbrust
picadillo	Hackfleisch
pierna de puerco asado	Schweinshaxe
pollo	Hühnchen
rés	Rind
salchicha	Würstchen
solomillo	Filet
ternera	Kalb
langostos	Langusten
camarones	Krabben
lambí	Meeresschnecke

Gemüse und Beilagen

plátano	Kochbanane
aceituna	Olive
aguacuate	Avocado
ajo	Knoblauch
maniok	typisches Wurzelgemüse
yuca	süße Variante des Maniok
alcachofa	Artischocke

arroz blanco	weißer Reis
berenjena	Aubergine
boniato	Süßkartoffel
calabaza	Kürbis
cebolla	Zwiebel
col	Weißkohlsalat
ensalada	Salat
espinaca	Spinat
fideo	Nudel
frijol negro	schwarze Bohne
garbanzo	Kichererbse
guisante	Erbse
judía verde	grüne Bohne
lechuga	grüner Blattsalat
lenteja	Linse
malanga	stärkehaltige, kartoffelähnliche Knolle
papa	Kartoffel
papas fritas	Pommes frites
pepino	Gurke
pimiento	Paprikaschote
puré de papas	Kartoffelbrei
remolacha	rote Bete
verdura	Gemüse
zanahoria	Möhre
Yams	stärkehaltiges Wurzelgemüse

Nachspeisen und Obst

frío-frío	geschabtes Wassereis
arroz con leche	Milchreis mit Zimt und Zucker
cake	Torte
cereza	Kirsche
coco	Kokosnuss
fresa	Erdbeere
fruta bomba	Papaya
galleta	Keks
guanábana	Stachelanemone
guayaba	Guave
chinolas	Passionsfrucht
helado	Eiscreme
limón	Limone
cajuil	Frucht des Cashew-Baums
manzana	Apfel
cimito	Pflaumenart
melocotón	Pfirsich
melón	(Honig-)Melone
naranja	Apfelsine
natillas	Cremespeise
pastel	Kuchen
piña	Ananas
guineo/plátano	Banane
sandía	Wassermelone

Im Restaurant

Ich möchte einen Tisch reservieren.	Quisiera reservar una mesa.
Einen Tisch für eine Person/zwei Personen, bitte.	Una mesa para una (dos) persona(s).
Die Speisekarte, bitte.	El menú, por favor.
Gibt es eine lokale Spezialität?	¿Hay una especialidad de la región?
Ich bin Vegetarier.	Soy vegetariano/-a.
Ich esse kein Schweinefleisch.	No como carne de cerdo.
Könnte ich ein Glas von ____ haben?	¿Podría tomar un vaso de ___?
Die Rechnung, bitte.	La cuenta, por favor.
Weinkarte	carta de vinos
Vorspeise	entrada/primer plato
Suppe	sopa
Hauptgericht	plato principal
Nachspeise	postre
Beilagen	guarnición
Tagesgericht	plato del día
Gedeck	cubierto
Messer	cuchillo
Gabel	tenedor
Löffel	cuchara
Glas	vaso
Flasche	botella
Salz/Pfeffer	sal/pimienta
Zucker/Süßstoff	azúcar/sacarina
Kellner/Kellnerin	camarero/camarera

Kulinarisches Lexikon

toronja	Grapefruit
uva	Weintraube
tamarindo	Tamarindenschote
guanábana	Stachelannone

Getränke

agua (con/sin gas)	Wasser (mit/ohne Kohlensäure)
agua mineral	Mineralwasser
añejo	mindestens 6 Jahre alter brauner Rum
batida de leche	Milchshake
café	Kaffee
café con leche	heller Milchkaffee
cerveza	Bier
champán	Sekt
hielo	Eis
jerez	Sherry
licuado	Saft
leche	Milch
rón	Rum
vino blanco/tinto	Weiß-/Rotwein

Spezialitäten der Dominikanischen Republik

sancocho	Eintopf mit vielerlei Fleisch, Kochbananen, Yuca etc. – Nationalgericht
asopao	Eintopf mit Tomaten und Erbsen
la bandera dominicana	Reis mit braunen Bohnen und Fisch oder Fleisch
mangú	kreolisches Frühstück aus gekochten Bananen, roten Zwiebeln, Gewürzen
frito verde/patacón	frittierte, grüne Kochbanane
plátano maduro	frittierte, reife Kochbanane

Register

Altos de Chavón 220, **232**
Anreise 20
Apotheken 32
Ärztliche Versorgung 32
Auto fahren 32, **72**
Azua 257

Bahía Tortuga 244
Balaguer, Joaquin 48
Balneario La Toma 255
Balneario Los Patos 277
Balneario San Rafael 274, **277**
Baní 249, **256**
Baoruco-Gebirge 269
Baoruco-Halbinsel 249
Baoruco-Provinz 272
Barahona 249, **271**
Bayahibe 221, **234**
Behinderte 37
Boca Chica 221, **224**
Boca de Yuma 220, 237, **238**
Bonao 138
Botschaften 33

Cabarete 189, 196, **198**
Cabo Francés Viejo 202, **203**
Cabo Rojo 279
Camino Real 165
Cap Cana 245
Caritas 239, 268
Carretera Duarte 137
Carretera Internacional 165
Casa Bonita 249
Casa Caoba 255
Castillo de Cerro 255
Cayo Levantado 205
Centro León 134, **158**, 161
Centro Neoarte 137
Cibao 135, 136, **147**
Científica Valle Nuevo 141
Constanza 134, 135, **141**
Cordillera Central 139
Corral de los Indios 249, **262**
Cueva de Berna 239
Cueva de La Línea 219
Cueva de Maravillas 220, 230
Cueva del Puente 236
Cueva José María 236
Cueva la Poza 279
Cueva Mongo 279

Dajabón 163
Diplomatische Vertretungen 32
Drake, Francis 45, 54
Drogen 33
Duarte, Juan Pablo 46, **56**

Einreisebestimmungen 20
El Castillo del Pirata **182**
El Castillo 182
El Cortecito 245
Elektrizität 33
El Guanal 279
El Macao 245
Elias Piña 264
Engombe 258
Enriquillo 44, 267, 278
Enriquillo-Senke 264

Faro a Colón 76
Fernández, Leonel 49
Feste 30
Fotografieren 33
Francifol 135, 162
Frauen unterwegs 35
Fremdenverkehrsämter 14

Geld 34
Gesundheitsvorsorge 34
Guayacanes 226

Haiti **80**, 261
Haitianer 80
Higüey 67, **240**
– Nuestra Señora de la Altagracia 66, 240
– San Diosisio 242
Hotel Todo Blanco 210, 211
Hotel Viejo Pirata 237
Hotels 22

Internet 35
Internetadressen 14
Isabel de Torres 167
Isla Cabritos 248, **266**
Isla Saona 221, **234**

Jarabacoa 135, **143**
Jaragua-Nationalpark 278
Jimaní 269
Jimenao 147
Juan Dolio 226

Karneval in San Pedro de Macorís 230

Karneval von La Vega 148
Kleinklimazonen 16
Klima 16
Kolumbus, Christoph 44, **76**
Kreolen 61

La Caleta 222
– Museo-Panteón 223
La Isabela 166, **178**, **182**
La Romana 222, **230**
La Toma 251, **255**
La Trinitaria 46
La Vega Vieja 134, **150**
La Vega 135, 148
Lago Enriquillo 264, 266, **268**
Laguna del Rincón 264
Laguna Gri-Gri 201
Lagune Redonda y Límon 246
Las Galeras 189, **210**
Las Terrenas 188, 189, **213**
Lesetipps 15
Luperón 177

Macho 78
Maguana 261
Massacre 81
Maßeinheiten 35
Mella, Ramón 56
Merengue 63
Miches 246
Moca 154
Monte Cristi 166, **184**
Morro 166, 185
Museo de las Hermanas Mirabal 135, **154**

Nagua 202
Nahrungsmittel 24
Notruf 35
Nuestra Senora de la Concepción 52

Öffnungszeiten 36
Ojo de Agua 154
Oviedo 273

Parque Nacional de Monte Cristi 167
Parque Nacional del Este 234
Parque Nacional Los Haitises 188, **218**, 247

Register

Parque Nacional Monte Cristi 185
Parque Nacional Submarino 221, 223
Pedernales 279
Pepillo Salcedo 165
Pico Duarte 145
Piedras del Río 135, 144
Playa Cofresi 177
Playa de Bávaro 220, 243, **243**
Playa Dorada 167
Playa Grande 201
Playa Maimón 177
Playa Las Galeras 210
Playa Rincón 210
Post 36
Puerto Plata – Region 168
Puerto Plata 166, 170
– Festung San Felipe 170
– Isabel de Torres 171
– Museo del Âmbar 171
– Playa Dorada 173
– Playa Long Beach 172
– Rumfabrik Brugal 171
Punta Cana 242
Punta Rucia 167, **183**

Radio und Fernsehen 37
Rafael de Yuma 240
Rauchen 37
Regenzeiten 16
Reisekasse und Preise 37
Restauración 165
Río San Juan 201
Rum 68

Sábana de la Mar 247
Salcedo 154
Salto de Baiguate 134, 147
Salto de Jimenao 147
Salto de Limón 188, 214
Samaná 204
San Cristóbal 251
San José de Ocoa 140
San Juan 261
San Pedro de Macorís 228
– San Pedro Apóstol 229
San Rafael de Yuma 240
– Casa Ponce de León 221, **240**
San Rafael 274, 277
Sánchez 218
Sánchez, Francisco del Rosario 56

Santa Bárbara de Samaná 189, **205**
Santiago de Los Caballeros 154
– Casa del Arte 160
– Centro de la Cultura 160
– Centro León **158**, 161
– Festung San Luís 160
– Instituto del Tabaco 156
– Mercado Modelo 160
– Monumento a los Héroes de la Restauración de la República 161
– Museo Tomás Morel 160
– Palacio Consistorial 160
– Santiago Apóstol 160
– Santiago de Los Caballeros 154
Santo Cerro 134, **150**
Santo Domingo 86
– Acuario Nacional 131
– Alcázar de Colón 86, **106**
– Altar de la Patria 110
– Altstadt 86, **89**
– Atarazana 110, **113**
– Calle el Conde 105
– Calle Isabel la Católica 92
– Calle Las Damas 87, 93
– Calle Padre Billini 105
– Callejón-Viertel 92
– Casa de Bastidas 99
– Casa de los Gargolas 100
– Casa de Nicolás de Ovando 99
– Casa de Teatro 87, 119
– Casa del Cordón 101
– Dominikanerkloster 104
– El Conde 111, **117**
– El Macho 120, **122**, 155
– Faro a Colón 130
– Festung am Río Ozama 93
– Fundacíon Garcia-Arevalo 128
– Guácara Taina 87, 129
– Hotel Atarazana 115
– Jardín Botánico 123
– La Hembra 123
– Las Mercedes 112
– Los Tres Ojos 87, **131**
– Malecón 120
– Mercado Modelo 118
– Mesón de Luís 117
– Museo de la Familia Dominicana 104

– Museo de las Casas Reales 86, **101**
– Palacio de Bellas Artes 123
– Palacio de Borgellá 92
– Pantéon Nacional 100
– Parque Colón 92
– Plaza de la Cultura 126
– Präsidentenpalast 127
– Puerta de la Misericordia 110
– Restaurant Vizcaya 129
– Río Ozama 129
– San Andrés 110
– San Francisco 102
– San Lázaro 112
– Santa Bárbara 113
– Santa Clara 92
– Santa María la Menor 55, 86, 92, **94**
– Torre de Homenaje 99
Sicherheit 37
Sierra de Baoruco 248, 264, 278
Sierra de Neiba 264
Sosúa 189, **190**
– El Batey 191
– Los Charamicos 191
– Museo Judio 189
Souvenirs 38
Sport 27

Tabak 68
Tainos 44, **50**, 239, 260, 278
Tal von San Juan 260
Telefonieren 38
Trinkgeld 38
Trujillo, Rafael Leonidas 47, **58**, 255

Verkehrsmittel 20
Villa Altagracia 138

Wassertemperaturen 17
Whale-Watching 189, 209

Yaque del Norte 147

Zeit 39
Zeitungen und Zeitschriften 39
Zuckermühlen 248, 251, **252**

Notizen

Das Klima im Blick   atmosfair

Reisen bereichert und verbindet Menschen und Kulturen. Wer reist, erzeugt auch CO_2. Der Flugverkehr trägt mit einem Anteil von bis zu 10 % zur globalen Erwärmung bei. Wer das Klima schützen will, sollte sich für eine schonendere Reiseform (z. B. die Bahn) entscheiden – oder die Projekte von *atmosfair* unterstützen. *Atmosfair* ist eine gemeinnützige Klimaschutzorganisation. Die Idee: Flugpassagiere spenden einen kilometerabhängigen Beitrag für die von ihnen verursachten Emissionen und finanzieren damit Projekte in Entwicklungsländern, die dort den Ausstoß von Klimagasen verringern helfen. Dazu berechnet man mit dem Emissionsrechner auf *www.atmosfair.de,* wie viel CO_2 der Flug produziert und was es kostet, eine vergleichbare Menge Klimagase einzusparen (z. B. Berlin – London – Berlin 13 €). *Atmosfair* garantiert die sorgfältige Verwendung Ihres Beitrags. Klar – auch der DuMont Reiseverlag fliegt mit *atmosfair!*

Abbildungsnachweis/Impressum

Abbildungsnachweis

Bildagentur Huber, Garmisch-Partenkirchen: S. 84/85 (Gräfenhain), S. 116 (Pavan), S. 189 l., 194 (Kreder)
Bilderberg, Hamburg: Titelbild (Fischer)
Corbis, Düsseldorf: S. 57, 76/77 (Horner), S. 112/113 (Eisele), S. 145, S. 164 (Giraud), S. 172 (Karnow), S. 178, 181 (Sugar), S. 233 (Lehman)
dpa, Frankfurt: S. 39, 123 (Apa Publications), S. 109, 241 (Gierth), S. 219 (Gosset), S. 10 l.o., 11 r. u., 23, 75, 93, 102/103, 126/127, 134 l., 150, 188 r., 199, 209, 274/275 (Hackenberg), S. 214, 220 l., 227 (Huber/Biscaro), S. 9, 166 l., 169, 220 r., 232, Umschlagrückseite (Huber/ Gräfenhain), S. 188 l., 191 (Huber/Kolley), S. 246 (Huber/Mehlig), S. 158 (Huber/Siering), S. 70/71 (Meschede), S. 66 (Rauchwetter), S. 58/59 (UPI)
DuMont Bildarchiv, Ostfildern: Umschlagklappe vorn, S. 19, 50, 68, 72, 97, 114, 133, 135 l., 146, 152, 166 r., 185, 230, 243, 255, 268, 270 (Huber)
F1online, Frankfurt: S. 28
Stephanie und Ulrich Fleischmann, Berlin: S. 8, 10 r.o., 11 r.o., 11 l.u., 36, 109, 149, 167 l., 186, 203, 258/259, 267
Getty Images, München: S. 130 (AFP), S. 82/83 (Blair), S. 277 (De Agostini Picture Libary), S. 45 (de Bry), S. 11 l.o., 196/197 (National Geographic), S. 80, 251 (Steson Freeman), S. 262/263 (Thayer), S. 47 (Walker)
laif, Köln: S. 40/41 (Gardel), S. 252 (Gerber), S. 55, 94 (Heeb), S. 52 (Hemis), S. 78 (Hoffmann), S. 61, 63, 86 r.o., 87, 119, 120, 134 r., 140/141, 142, 160, 221 l., 224, 235, 238, 266 (Huber), S. 86 l. o., 100/101, 106 (Le Figaro Magazine), S. 65, 273 (Tophoven), S. 223 (Reiner), S. 10 l. u., 206/207 (Clemens Zahn)
Lichterbeck, Philipp, Berlin: S. 12/13
Martin Thomas, Aachen: S. 201
Todo Blanco, Las Galeras: S. 10 r. u., 211

Kartografie

DuMont Reisekartografie, Fürstenfeldbruck
© DuMont Reiseverlag, Ostfildern

Umschlagfotos

Titelbild: Fischerdorf, Boote am Strand
Umschlagklappe vorn: Mofafahrer in Santo Domingo

Hinweis: Autoren und Verlag haben alle Informationen mit größtmöglicher Sorgfalt geprüft. Gleichwohl sind Fehler nicht vollständig auszuschließen. Alle Angaben erfolgen ohne Gewähr. Bitte, schreiben Sie uns! Über Ihre Rückmeldung zum Buch und über Verbesserungsvorschläge freuen sich Autoren und Verlag: **DuMont Reiseverlag,** Postfach 3151, 73751 Ostfildern, info@dumontreise.de, www.dumontreise.de

3., aktualisierte Auflage 2012
© DuMont Reiseverlag, Ostfildern
Alle Rechte vorbehalten
Grafisches Konzept: Groschwitz/Blachnierek, Hamburg
Printed in China